# VORSEHUNG UND HANDELN GOTTES

# QUAESTIONES DISPUTATAE

Begründet von
KARL RAHNER UND HEINRICH SCHLIER

Herausgegeben von
HEINRICH FRIES UND RUDOLF SCHNACKENBURG

115

VORSEHUNG UND HANDELN GOTTES

# VORSEHUNG UND HANDELN GOTTES

GOTTFRIED BACHL
HERMANN HÄRING
FRANK-LOTHAR HOSSFELD
HANS JORISSEN
RAPHAEL SCHULTE
BASIL STUDER
LUDWIG WEIMER

MIT EINER PREDIGT VON
JOACHIM WANKE

HERAUSGEGEBEN VON
THEODOR SCHNEIDER UND LOTHAR ULLRICH

HERDER
FREIBURG · BASEL · WIEN

Die Originalausgabe erschien als Band 16 der Reihe „Erfurter theologische Schriften", im Auftrag des Philosopisch-theologischen Studiums Erfurt herausgegeben von Wilhelm Ernst und Konrad Feiereis

CIP-Titelaufnahme der Deutschen Bibliothek
**Vorsehung und Handeln Gottes** / Gottfried Bachl ... Mit e. Predigt von Joachim Wanke. Hrsg. von Theodor Schneider u. Lothar Ullrich. – Freiburg im Breisgau; Basel; Wien: Herder, 1988
(Quaestiones disputatae; 115)
ISBN 3-451-02115-3
NE: Bachl, Gottfried [Mitverf.]; Schneider, Theodor [Hrsg.]; GT


Kirchliche Druckerlaubnis: Dresden, den 8. Dezember 1987
H. J. Weisbender, Diözesanadministrator
Satz: Eichsfelddruck Heiligenstadt
Druck und Einband: Freiburger Graphische Betriebe 1988
ISBN 3-451-02115-3

# Inhalt

# Einführung

Das Bekenntnis des Schöpfungsglaubens im Neuen Testament und seine dogmengeschichtliche Entfaltung ist in Fortführung des alttestamentlichen Schöpfungs- und Vorsehungsglaubens personal und damit christologisch bestimmt. Schon in der vorpaulinischen Glaubensformel 1 Kor 8,6 ist vom Vater als dem Urgrund des Alls und unserem Endziel und von der Schöpfungs- und Erlösungsmittlerschaft Jesu Christi die Rede: „So haben wir doch nur einen Gott, den Vater, von dem alle Dinge sind und wir zu ihm, und einen Herrn Jesus Christus, durch den alle Dinge sind und wir durch ihn" (vgl. Hebr 1,1–3; Kol 1,15–20; Joh 1,1–3).[1] Als trinitarische Präzisierung dieser Glaubensformel erweist sich nach einem langen, oft leidenschaftlich-kämpferischen Erkenntnisprozeß die Aussage im ersten Kanon des Zweiten Konzils von Konstantinopel (553): „Denn es ist nur ein Gott und Vater, aus welchem alles ist, und nur ein Herr Jesus Christus, durch den alles, und ein Heiliger Geist, in dem alles ist." Die trinitarisch-personale Sicht der Schöpfung trat in der dogmatischen Reflexion seit dem Mittelalter, wo sie noch weitgehend vorhanden war, immer mehr in den Hintergrund und wurde erst in neuerer Zeit wieder betont.[2] Im Vordergrund systematischen Schöpfungs- und Vorsehungsdenkens standen ontologische Fragestellungen, etwa die begriffliche Fassung der Schöpfung aus dem Nichts, Fragen der Seinserhaltung und Mitwirkung u. ä. Man reflektierte den Schöpfungs- und Vorsehungsglauben im Rahmen eines stärker sachlich-metaphysischen Denkens; die Kategorie der Kausalität wurde bevorzugt, die Auseinandersetzung mit naturwissenschaftlichen Fragen hatte Vorrang.[3] Etwas verkürzt und plakativ könnte man von einer „ontologisch-metaphysischen" Sicht des Schöpfungsglaubens sprechen, während die neutestamentliche und patristische Sicht „personal-geschichtlich" bestimmt war. Beide Sichtweisen haben ihre Berechtigung, sind jedoch in ihrer gegenseitigen Bedingtheit und Durchdringung noch nicht genügend reflektiert, so daß sich schon im verschiedenen hermeneutischen Ansatz manches Problem des Schöpfungsglaubens und seiner systematisch-theologischen Reflexion verbirgt. Daß auch in einer mehr heilsgeschichtlich orientierten Schöpfungslehre die Auseinandersetzung mit naturwissenschaftlichen Fragen nicht beiseite gelassen werden darf, liegt auf der Hand. Dabei geht es keineswegs um einen Rückzug in die „sturmfreie Zone" der Theologie, sondern um die Vermittlung des Glaubens mit dem jeweils zeitgenössischen Weltbilddenken. So fehlt es in jüngster Zeit nicht an Versuchen, die Selbstorganisation von Natur und Mensch,

d. h. den heutigen zeitgenössischen evolutionären Weltbildkontext, mit der christlichen Schöpfungslehre zu konfrontieren und zu vermitteln.[4]
Auch die weltweit anstehenden und immer drängender werdenden ökologischen Probleme fordern den christlichen Schöpfungs- und Vorsehungsglauben auf neue Weise heraus. Christliche Kosmologie als Theologie der Natur wird so zu einer dringenden Frage. Die weitreichenden Implikationen dieser neuen Fragestellungen und Herausforderungen werden nicht mehr nur intern zwischen Naturwissenschaftlern, Philosophen, Theologen und Ethikern verhandelt, sondern haben besonders in ihren anthropologisch-ethischen Problemen die interne Fachdiskussion weit hinter sich gelassen und tangieren die breite Öffentlichkeit.[5]
Angesichts eines solchen Problemstandes war es naheliegend, daß sich die internationale deutschsprachige „Arbeitsgemeinschaft Katholischer Dogmatiker und Fundamentaltheologen" auf ihrer Tagung vom 2. bis 6. Januar 1987 in Erfurt der Schöpfungslehre widmete. Sie tat das unter dem Thema „Vorsehung und Handeln Gottes", weil darin viele Fragen und Probleme einer heilsgeschichtlich orientierten Schöpfungslehre gebündelt sind.[6] Von vornherein mußte jedoch eine Begrenzung der Fragestellung vorgenommen werden, sollte sich das ganze Unternehmen nicht im Uferlosen verlieren. Im Verlaufe der Tagung wurde allerdings immer deutlicher, daß auch auf diese begrenzten Fragen keine abschließenden Antworten gegeben, sondern allenfalls Lösungsrichtungen für Antworten aufgezeigt werden konnten. Fragen der Schöpfungslehre bleiben weiterhin quaestiones disputatae et disputandae.
In seinem breit angelegten Referat „Wodurch kam das Sprechen von Vorsehung und Handeln Gottes in die Krise?" versucht *Ludwig Weimer* eine Analyse und Deutung des Problemstandes seit der Aufklärung. Die Lösungsrichtung seines Essays zielt auf die „Vermittlung" von Gottes Handeln und dem Eigenstand der Geschöpfe im „Je-ganz-Modell"[7]. Von daher deutet er die Geschichte des Problems von der Aufklärung bis heute „als Geschichte des Fastfindens und des Vorbeiirrens am ‚mediante'" und verweist sowohl auf die kritischen, den Vorsehungsglauben anfragenden und auflösenden als auch auf die dem Glauben an Gottes Handeln hilfreichen Elemente dieser Geschichte. In mehreren Anläufen versucht er das „Konkurrenzmodell" in Frage zu stellen und aufzulösen, wobei ihm jüdische Philosophie und Exegese hilfreich erscheint. Ähnliche Hilfestellung erwartet er in bezug auf das Wunder-Verständnis. Die abschließende, sich auf den jüdischen Messianismus berufende, aber die konkrete Verantwortung der Christen einfordernde Behandlung der Theodizeefrage nimmt ihre Wendung ins Ekklesiologische. Ein sicher zu bedenkender Hinweis. Aber vermag er zu tragen, was zu tragen ist, oder ist er allenfalls ein Appell an die Hoffnung? Ohne daß der Schöpfungs- und Vorsehungsglauben auf Heilsgeschichte

reduziert wird, steht in Weimers Essay die personale Denkform im Vordergrund: Gottes Handeln aus liebender Freiheit und die frei gesetzte Eigenständigkeit (Freiheit) des Geschöpfs.
Im alttestamentlichen Beitrag „Wie sprechen die Heiligen Schriften, insbesondere das Alte Testament, von der Vorsehung Gottes?" von *Frank-Lothar Hossfeld* wird auf die Vielfalt von Rede-Modellen und Vorstellungsweisen aufmerksam gemacht, wie Gottes Handeln und Vorsehung in einer langen Wirkungs- und Deutegeschichte verstanden wird. Alttestamentliches Glaubensdenken zeigt so eine Offenheit, die nicht in *ein* System gepreßt werden kann. Bei aller lenkenden Präsenz Gottes im Alltag wird auch seine Unverfügbarkeit deutlich. Durchgehend zeigt sich aber das Interesse an der Lebendigkeit Gottes und seinem Engagement in der Schöpfung und der Geschichte der Menschen. Offen bleibt die Frage nach der Vermittlung des göttlichen Handelns in der Geschichte.
Die theologiegeschichtliche Besinnung auf das Tagungsthema macht *Hans Jorissen* in seinem Referat „Schöpfung und Heil" leider nur bei einem einzigen, wenn auch sehr wichtigen Knotenpunkt der Tradition fest, bei Thomas von Aquin. Seine Vorsehungs- und Schöpfungslehre ist nach Jorissen nicht so sehr kosmologisch, sondern eher geschichtstheologisch und heilsgeschichtlich zu sehen; denn der Grund der Schöpfung ist der Selbstmitteilungswille Gottes. Schöpfung und Vorsehung erschließen sich deshalb im tiefsten nur dem Glaubenden. Gottes Handeln und das des Menschen werden im „Je-ganz-Modell" verbunden: ihre Wirkung wird der Zweitursache und der göttlichen Allmacht so zugeschrieben, daß der Effekt „totus ab utroque secundum alium modum" (C. G. III 70) erfolgt. Die Welt ist in ihren Selbststand und ihre Selbsttätigkeit frei gegeben; das gilt generell und für die Freiheit des Menschen im Besonderen. Allerdings hat Thomas diese Konzeption (etwa in der Prädestinationslehre) nicht voll durchgehalten. Deshalb möchte Jorissen die thomanischen Ansätze mit Berufung auf O. H. Pesch und G. Greshake weiter ausziehen in eine „vom absoluten Heilswillen Gottes als Grund und Ziel der Schöpfung ausgehende Konzeption" und verweist abschließend auf die gläubige Praxis in der Nachfolge Jesu als Hoffnungszeichen für die Welt. Zweifellos wäre es aufschlußreich gewesen, noch andere Problemfelder des Handelns Gottes in der Sicht des Aquinaten anzupacken, etwa das des Wunders; bei ihm wird nämlich eindeutig die *unmittelbare* transzendente Kausalität Gottes betont (S. Th. I 105,7; 110,4), so daß der Mensch zur subjektiven Gewißheit der Erkenntnis des Wunders als eines Handelns Gottes des Glaubenslichtes bedarf (II-II 1,5 ad 1).
Für die Tagung war ein breiterer theologiegeschichtlicher Einstieg in die Problematik von Vorsehung und Handeln Gottes geplant. Deshalb

entspricht es dieser Intention, wenn *Basil Studer* dankenswerter Weise seinen Diskussionsbeitrag in erweiterter Form zur Verfügung stellte. Es ist zu begrüßen, daß damit noch andere Zeugen der Tradition zu Wort kommen. Anhand dieser Übersicht „Zur frühchristlichen Lehre über die Vorsehung und das Wirken Gottes" zeigt sich, wie stark die Väter den Schöpfungs- und Vorsehungsglauben in Auseinandersetzung mit zeitgenössischen Trends, aber auch in Anlehnung an sie reflektieren.

In Erweiterung früherer Veröffentlichungen[8] behandelt *Raphael Schulte* die Kernfrage „Wie ist Gottes Wirken in Welt und Geschichte theologisch zu verstehen?" Damit spricht er wohl *die* Quaestio disputanda des Tagungsthemas an. Unter Zurückstellung der fundamentaltheologischen Fragestellung geht es ihm zunächst um die dogmatisch-systematische Seite der Problematik.

Kritische Anfragen richtet er an das Verständnis der Begriffe „Erst- und Zweitursächlichkeit" und „innerweltlich", wie es heute allgemein angenommen wird, um das Wirken Gottes zu erklären; zur Frage steht vor allem die These, daß Gott *nur* durch Vermittlung von Zweitursachen wirkt. Mit diesen Anfragen bringt Schulte eigentlich eine längst überfällige Diskussion (neu) in Gang, die zumindest die Frag-Würdigkeit mancher zu unreflektiert gebrauchten Begriffe ans Licht hebt und zum Weiterbedenken anregt. Ihm geht es aber nicht nur um Kritik, sondern um eine Grundlagenbesinnung auf die biblisch-christliche Wirklichkeitserfahrung und die Weise ihrer Aneignung, um daraus die entsprechenden Kategorien für die anstehende Problematik zu gewinnen. Die dialogisch-glaubende (empfangend-aktive) Wirklichkeitserfassung, der „personale Rahmen", wird für ihn zum hermeneutischen Schlüssel, um die „Richtung einer Antwort auf die gestellte Frage" zu bedenken. Gewiß wird hier sehr „binnen-dogmatisch" – wenn auch in ständiger Rückkoppelung zum Zeugnis der Heiligen Schrift – argumentiert, und die fundamentaltheologische Vermittlung bleibt ausgeklammert, was schon in Erfurt Anfragen an die begrenzte Konzeption der Tagung laut werden ließ. Andererseits ist unbestreitbar, daß Begrenzung im Sinn der Konzentration auf den springenden Punkt zuweilen notwendig ist, um das Problembewußtsein anzuschärfen und zur Diskussion herauszufordern. Daß geplante Konzeption und faktische Ausführung noch einmal erheblich differieren, gehört wohl zur Eigenart solcher Tagungen. Gerade angesichts des nachaufklärerischen Problemstandes geht es darum, gegenüber allen reduktionistischen Tendenzen das Handeln Gottes als eine unverzichtbare theologische Kategorie in angemessener Weise zur Geltung zu bringen.[9]

Ihre konkrete Verdichtung erfahren Vorsehung und Handeln Gottes kritisch in Frage gestellt, aber auf Hoffnung hin geöffnet in der Leiderfahrung und im Bittgebet. *Hermann Häring* erinnert in seinem Referat

„Ijob in unserer Zeit" an das Problem des Leidens in der Welt, um selbstkritisch und ohne Aufhebung von Klage und Protest das Theodizeeproblem wieder besprechbar zu machen, aber auch um zur Solidarität mit den Leidenden anzustiften.[10] Dieser im angriffigen Stil einer politischen Theologie geschriebene Versuch einer Theodizee bewegt sich zwar auch im Bereich personaler Kategorien, ihm liegt aber alles an einer lebenspraktischen Vermittlung: Wenn die Ohnmacht Gottes als die Erfahrung ursprünglicher Liebe in Jesu Christi Leiden und Tod zu erfassen ist, dann kann in der Annahme des Leidens zugunsten der Leidenden die Macht Gottes wieder erscheinen, und trotz allem die gewaltlose Macht der Liebe Gottes gemäß christlicher Auferstehungshoffnung das letzte Wort behalten.

In seinen „Thesen zum Bittgebet" bündelt *Gottfried Bachl* das Tagungsthema kurz und prägnant. Diese umfassende Skizze einer Theologie des Bittgebetes ist tief in der Erfahrung biblischen Betens begründet und aus der Perspektive eines gereiften Glaubens konzipiert. Bittgebet als „Urakt des Glaubens" richtet sich an den Gott, der in der Welt und an ihr handelt, nicht alles in Freiheit auflöst, aber sehr wohl alle bestehenbleibende Notwendigkeit in seiner endgültig freimachenden Liebe umfängt und die Menschen in der Teilhabe am Verhältnis Jesu zu sich „zu Organen des göttlichen Tuns in der Welt" werden läßt: Bitten und christliches Handeln sind untrennbar verbunden. Bei allem Bedenken des Anders-Seins Gottes ist diese Konzeption des Bittgebetes von dem Kernsatz durchzogen: „Vor Gott sein ist der absolute Ernstfall des Personalen." Bitte ist somit nicht nur „Mangelbewältigung", sondern Weg in die Freiheit. Resumée: Wie ein roter Faden durchzieht das personale Denken alle Beiträge der Arbeitstagung, bei aller Unterschiedenheit im einzelnen.

Zur Tagung nach Erfurt hatte der Apostolische Administrator und Bischof in Erfurt, Dr. Joachim Wanke, eingeladen. Dafür sei ihm herzlich gedankt. Der Beirat der Arbeitsgemeinschaft und die Herausgeber meinen deshalb, die Predigt des Bischofs anläßlich der Eucharistiefeier mit den Tagungsteilnehmern im Erfurter Dom am 4. Januar 1987 gehöre ebenfalls in diesen Sammelband. Herzlicher Dank gebührt schließlich dem St. Benno-Verlag, Leipzig, und dem Verlag Herder, Freiburg Br., die die gleichzeitige Herausgabe dieser Quaestio disputata et disputanda in der DDR und der Bundesrepublik Deutschland ermöglichten.

Mainz und Erfurt, im September 1987

*Theodor Schneider* *Lothar Ullrich*

1 Vgl. *W. Thüsing,* Gott und Christus in der paulinischen Soteriologie I. Per Christum in Deum (NTA NS I/1), Münster ³1986; *A. Grillmeier,* Jesus der Christus im Glauben der Kirche I, II/1, Freiburg Br. 1979, 1986.

2 Vgl. etwa *J. Ratzinger,* Schöpfung: LThK² IX, Freiburg Br. 1964, 460–466, nach dem „die Grundkategorie der Schöpfungslehre das Wort" ist, und *W. Kern,* Zur theologischen Auslegung des Schöpfungsglaubens: MySal II, Einsiedeln 1967, 464 bis 545, der den personalen Charakter der Schöpfung und (ähnlich wie Ratzinger) ihre auf dem Gegenüber von setzender und gesetzter Freiheit beruhende Dynamik betont.

3 Vgl. *J. Pohle – J. Gummersbach,* Lehrbuch der Dogmatik I, Paderborn ¹⁰1952; *F. Diekamp – K. Jüssen,* Katholische Dogmatik nach den Grundsätzen des heiligen Thomas II, Münster ¹²1959; *M. Schmaus,* Katholische Dogmatik II, München ⁶1962; *L. Ott,* Grundriß der katholischen Dogmatik, Freiburg Br. ⁹1978.

4 Vgl. *St. N. Bosshard,* Erschafft die Welt sich selbst? Die Selbstorganisation von Natur und Mensch in naturwissenschaftlicher, philosophischer und theologischer Sicht (QD 103), Freiburg Br. 1985; *R. Spaemann – R. Löw – P. Koslowski* (Hrsg.), Evolutionismus und Christentum (Civitas – Resultate 9), Weinheim 1986.

5 Vgl. etwa *A. M. K. Müller – W. Pannenberg,* Erwägungen zu einer Theologie der Natur, Gütersloh 1970; *A. Ganoczy – J. Schmid,* Schöpfung und Kreativität, Düsseldorf 1980; *Ph. Schmitz* (Hrsg.), Macht euch die Erde untertan? Schöpfungsglaube und Umweltkrise, Würzburg 1981; *A. Ganoczy,* Theologie der Natur, Einsiedeln 1982; *A. Auer,* Umweltethik, Düsseldorf 1984; *J. Moltmann,* Gott in der Schöpfung. Ökologische Schöpfungslehre, Gütersloh 1985. *G. Altner,* Die Überlebenskrise in der Gegenwart. Ansätze zum Dialog mit der Natur in Naturwissenschaft und Theologie, Darmstadt 1987.

6 *U. Ruh,* Wo und wie handelt Gott? Zur Erfurter Tagung der Dogmatiker und Fundamentaltheologen: HerKor 41 (1987) 81–84.

7 Vgl. auch die Ausführungen zum „Je-ganz-Modell" in *L. Weimer,* Die Lust an Gott und seiner Sache oder: Lassen sich Gnade und Freiheit, Glaube und Vernunft, Erlösung und Befreiung vereinbaren?, Freiburg Br. ²1982, 81–312.

8 *R. Schulte,* Die Entstehung des (Einzel-)Menschen in der Sicht des Dogmatikers, in: *N. A. Luyten* (Hrsg.), Aspekte der Personalisation (Grenzfragen 8), Freiburg Br. – München 1979, 37–91 (92–101); *ders.,* Gottes Wirken in Welt und Geschichte, in: *H. Waldenfels* (Hrsg.), Theologie – Grund und Grenzen (FS f. H. Dolch), Paderborn 1982, 161–172.

9 Vgl. *H. Kessler,* Der Begriff des Handeln Gottes. Überlegungen zu einer unverzichtbaren theologischen Kategorie, in: *H. U. v. Brachel – N. Mette* (Hrsg.), Kommunikation und Solidarität, Freiburg Schw. – Münster 1985, 117–130; *ders.,* Sucht den Lebenden nicht bei den Toten, Düsseldorf 1985, 283–311.

10 Vgl. *H. Häring,* Die Macht des Bösen. Das Erbe Augustins, Zürich 1979; *ders.,* Das Problem des Bösen in der Theologie, Darmstadt 1985.

# Das Evangelium – eine „kritische“ Botschaft

*Predigt am 4. Januar 1987 im Dom zu Erfurt*

Von Bischof Joachim Wanke, Erfurt

Der johanneische Prolog ist einem Evangelium vorangestellt, das in Gegensätzen denkt: Licht und Finsternis, Leben und Tod, oben und unten, Wahrheit und Lüge. Der Evangelist weiß, daß mit dem Kommen Christi eine große Scheidung einsetzt. Jesus Christus bringt die Krisis für die Welt.
Von Romano Guardini stammt das Wort: Das Evangelium macht die Guten besser und die Bösen schlechter. Ein merkwürdiges Wort! Es greift zutreffend die Intention des vierten Evangelisten auf: Die Finsternis wird erst recht eigentlich als Finsternis erkannt, wenn in sie das Licht eintritt. Mit dem Kommen Christi ist eine Phase der theologischen Unschuld der Menschheit beendet, in die wir niemals mehr zurückkehren können. Dort, wo das Licht aufgeleuchtet ist, kann es nur die Entscheidung für oder gegen das Licht geben. „Er kam in sein Eigentum, aber die Seinen nahmen ihn nicht auf. Allen aber, die ihn aufnahmen, gab er Macht, Kinder Gottes zu werden.“
Das Kommen Christi bringt Scheidung in die Welt. Die Botschaft vom Wort, das vom Vater kommt und um unseretwillen Fleisch wird, zwingt zur Glaubensentscheidung. Und erst diese von Gott her provozierte Entscheidung macht die Guten wirklich gut – und die Bösen in Wahrheit böse und verloren. Das Guardini-Wort will sicher mehr als nur eine religionspädagogische Erfahrung aussagen. Doch hat das Wort auch auf dieser Ebene seine Richtigkeit. Wer hat sich nicht schon über das offensichtliche Unrecht aufgeregt, das ein Frommer begeht, ein Theologe, ein Bischof – einem Heiden würden wir das ja noch nachsehen. Gemeinheit, von Christen begangen, verletzt tiefer und nachhaltiger als solche von dezidierten Atheisten. Denn da steht sofort in uns die bittere Erfahrung auf: Eigentlich dürfte so etwas nicht passieren. Eigentlich müßte ein Christ, ein Jünger Jesu, „die Kirche“ anders handeln. Es ist vergleichsweise wie bei einem Fehler, etwa eine Lüge, die wir bei einem Kind noch durchgehen lassen, bei einem Erwachsenen aber als bewußte Schuld, als Irreführung oder Täuschung werten müssen. Wenn es eine Folge des Evangelium gibt, die unstrittig ist, dann ist es diese: Das Evangelium hat uns „wissender“ gemacht. Es hat uns aus der theologischen „Pubertät“, aus der religiösen Kindheits-Unschuld herausgeführt

und uns auf ein gefährliches Feld gelockt – das Feld, auf dem letzte Entscheidungen fallen müssen.
Aber ehe wir von unseren Entscheidungen sprechen, müssen wir von Gottes Entscheidungen reden, die er zu unseren Gunsten gefällt hat. Denn daß sich da – wie am ersten Schöpfungstag – überhaupt etwas scheiden kann, ist ja schon Folge einer Entscheidung Gottes. Er hat uns gnädig in Christus, seinem ewigen Wort, angesprochen. Er hat den ewigen Logos seiner Liebe für uns anschaulich gemacht, er hat ihn für uns vernehmlich werden lassen. Das ist ja der Inhalt des Evangeliums: diese Tat Gottes, die allen menschlichen Taten vorausliegt. Qui propter nos homines et propter nostram salutem descendit de coelis. In diesem rettenden Hinabsteigen Christi zu uns Menschen ist das Geheimnis seines sühnenden Sterbens einbezogen. Betlehem ist Heilsereignis, weil in ihm Golgota eingeschlossen ist, aber Golgota ist deswegen stellvertretende, rettende Sühne, weil da einer von uns, der im Fleisch Gekommene, für uns litt und die Sünde der Welt hinwegnahm. An der Person Jesu Christi ist gleichsam das Minenfeld entschärft worden, das uns den Weg zum Heil versperrte, jenes Minenfeld, das menschliche Sünde und Rebellion gegen Gott gelegt hat und immer wieder neu legt. Dieses Geheimnis stellvertretender Sühne ist nur zu verstehen, wenn Gott in Christus war bei diesem Geschehen von Golgota, wie Paulus sagt: „Ja, Gott war es, der in Christus die Welt mit sich versöhnt hat . . ." Darum ist für den Christen der Kampf gegen die Sünde aussichtsreich: Er muß nicht durch eigene Werke die Versöhnung mit Gott schaffen, sondern er braucht nur der von Gott geschenkten Versöhnung in einem neuen Leben zu entsprechen.
Das also muß als Erstes verkündet werden: Die gnädige Entscheidung Gottes in Christus für uns, seine rebellische Schöpfung. Er hat die Grundlagenbedingungen verändert, aufgrund derer nun den Glaubenden ein Leben im Dienst der Gerechtigkeit möglich ist. Nun ruft uns das Evangelium dazu auf, ein solches neues Leben auch tatsächlich zu wagen, gleichsam auf dem „Gleis" nun auch tatsächlich zu „rollen", auf das Gott unseren „Lebenswagen" gesetzt hat.
Das Evangelium kommt also dort zum Ziel, wo es zur Änderung des Lebens führt, zur Umkehr im biblischen Sinn. Darum ist das Evangelium eine gefährliche Botschaft, eine „kritische" Botschaft. Es überführt den Menschen in mehrfacher Weise:
– Einmal den Menschen, der allein aufgrund eigener Anstrengung einen Weg aus dem Gefängnis seines ichverfangenen Lebens finden will: Heilssuche mit verbissenem Gesicht. Treffend hat Jerzy Lec, ein polnischer Satiriker, diese Art von Heilssuche so karikiert: „Was rennst Du dauernd mit dem Kopf vor die Wand? Was willst Du denn in der Nachbarzelle?"

– Das Evangelium überführt aber auch diesen müden Skeptizismus eines Jerzy Lec, und dieser Autor spricht wohl für viele unserer Zeitgenossen. Das ist ein Skeptizismus, der sagt: „Es hat doch alles keinen Zweck. Alle Anstrengungen sind Illusion, wir bleiben gefangen hinter den Mauern unseres Ich, dieser Welt und ihren Gegebenheiten. Wir haben uns hier eben nur recht und schlecht einzurichten!“ Und wir erleben, wie man sich einrichtet: bei Ihnen so, bei uns so, aber letztlich wohl sehr ähnlich.

– Aber das Evangelium überführt auch eine müde gewordene Christenheit, eine Christenheit, die nicht wagt, die vom Evangelium geforderte Umkehr zu leisten, die an Sicherheiten festhält, die in Wirklichkeit keine sind – ein „Limonadenchristentum“, das der Welt den Nachweis für die Möglichkeit und Tatsächlichkeit einer neuen Lebensweise schuldig bleibt. Hier entsteht der Ideologieverdacht gegenüber dem Glauben, der nur aufgelöst werden kann, wenn Menschen tatsächlich in der Nachfolge Christi Lebensänderung wagen, wenn sie sich aufmachen – weg von sich selbst, ihrem eigenen Können, ihrer eigenen Gerechtigkeit, hin zu einem Leben für Gott und für den Nächsten in der Freiheit der gehorsamen Söhne und Töchter. Im Tun des Wortes Christi wird dessen Wahrheit erkannt und die Kraft des Geistes erspürt, der unserem Tun immer schon einen Schritt voraus ist. Gefährlich wird das Evangelium dort, wo man sich ihm verweigert. Es gibt neben der glatten Ablehnung und der gewollten Ignoranz noch sehr sublime Formen der Ablehnung auch unter jenen, die das Evangelium formell bejahen. Albert Görres spricht einmal in einer seiner Schriften von der Gruppe der „Evangeliumsgeschädigten“ in der Kirche.

Aber die Gefährlichkeit des Evangeliums Jesu Christi ist nur die Kehrseite seiner wunderbaren und tröstlichen Botschaft: „Allen aber, die ihn aufnahmen, gab er Macht, Kinder Gottes zu werden.“ Das Evangelium redet von der aufregendsten Sache der Welt: Das zu werden, was ich eigentlich sein will; so zu leben, wie es meinem innersten Verlangen entspricht; die Welt so zu verändern, wie sie eigentlich von ihrem Schöpfer gedacht ist.

Ich habe die Erfahrung gemacht, daß diese Botschaft Echo findet in den Herzen der Menschen, auch hier bei uns. Das Salz des Evangeliums ist noch lange nicht schal geworden. Natürlich: die Leute werden nicht alle sofort katholisch (warum eigentlich nicht?), aber sie spüren, daß die Christen einen kostbaren Schatz anbieten können, der sonst nirgendwo zu haben ist, aber um dessentwillen es sich lohnt zu leben.

Es ist bedauerlich, daß 90 % unserer Seelsorge nicht Vorzeigen des Schatzes ist, sondern Wegräumen von Schutt, den wir Menschen und wir Christen um und über dem Schatz aufgehäuft haben. Aber in den besten Augenblicken unseres priesterlich-seelsorglichen Dienstes dürfen wir das erfahren: daß Menschen zu dem durchstoßen, was das Evangelium eigentlich bringen kann, die köstliche Freiheit der Kinder Gottes, die nicht mehr sich selbst zu leben brauchen, sondern die für Gott leben in Jesus Christus.

Ich tröste manchmal Mitbrüder, die über die Erfahrung der Fremdheit des Evangeliums in unserer säkularisierten Welt klagen, mit diesem Bild: In unserer so häufig dunstigen Stadt ist saubere, sauerstoffreiche Luft auch fremd geworden. Wir merken schon nicht mehr, was uns fehlt – aber dennoch bleibt es dabei: Saubere Luft entspricht der Bestimmung unserer Lungen doch mehr als die Luft, an die wir uns hier gewöhnt haben.

Zum Schluß möchte ich an Sie, die theologischen Lehrer unserer Kirche, eine Bitte richten: Helfen Sie uns Seelsorgern, den kostbaren Schatz, das Evangelium Jesu Christi, für die Menschen unserer Tage zum Leuchten zu bringen. Helfen Sie uns, ihn so zu präsentieren, daß er in seiner Kostbarkeit erkannt und ergriffen werden kann. Dazu ist notwendig, daß wir alle, Bischöfe, Theologen und Seelsorger, vom Evangelium Ergriffene sind. Was im Feuer der Liebe Gottes geglüht ist, fängt von allein zu leuchten an. Die letzte römische Bischofssynode wagte es ganz lapidar so zu formulieren: „Heute brauchen wir dringend Heilige, um die wir Gott bitten müssen." Wir alle dürfen uns in dieser Bitte angesprochen fühlen.

In den bekannten Kalendergeschichten von Bertolt Brecht lesen wir: Herr Keuner traf einst einen Bekannten, den er schon längere Zeit nicht mehr gesehen hatte. Dieser kam freudig auf ihn zu, schüttelte ihm die Hand und sagte: „Sie haben sich ja überhaupt nicht verändert!" – „Oh", sagte da Herr K. – und erbleichte.

Sorgen wir dafür, daß uns Gott nicht einst so begrüßen muß. Amen.

# Wodurch kam das Sprechen von Vorsehung und Handeln Gottes in die Krise?

*Analyse und Deutung des Problemstands seit der Aufklärung*

Von Ludwig Weimer, München

Als ich dreieinhalb Jahre alt war, wurde mein Vater vom Blitzschlag getötet, als er im Kriegsurlaub Holz für das Dorf fällte. Der Pfarrer gab der Warumfrage meiner Mutter die Antwort: „Das ist eine Strafe Gottes." Sie trug sieben Jahre Schwarz, ratlos, und lehrte die fünf Halbwaisen sehr früh die Unterscheidung zwischen Amt und Träger. Damals erwachte wohl mein theologisches Interesse.

Dieser autobiographische Fall soll dazu dienen, in einige Fäden meiner Krisenbeschreibung einzuführen: Wann und warum wurden die alten Sprachschlüssel der Kirche unverständlich, ja zum Ärgernis? Wandten sich Vernunft und Humanismus der Aufklärung nur gegen Unbegriffe? Hatte die Christenheit in ihrer Glaubenspraxis etwas verloren? Warum wurden Heilswissen und Naturwissen, Gnade und Freiheit zu einem Konkurrenzmodell, gebar die Entdeckung der Zeit und des unendlichen Raums eine ständige Verkümmerung des Gottesbildes, zeitigte das Wachsen des Wissens eine wachsende Refatalisierung und errichtete dem Zufall und der Statistik sein expandierendes Pantheon? Warum konnten Geschichtswissenschaft und historisch-kritische, mythenkritische Exegese die Taten Gottes durch die Natur oder durch Menschen auflösen und lächerlich machen? Warum gingen von den Symbolen der Wende und des Verlustes, die man mit den Namen Kopernikus, Darwin und Freud verbindet und von der großen Kränkung des Menschen, Auschwitz,[1] keine Theologien und Bekehrungswunder mehr aus, als seien diese Exile der Verlorenheit im All endgültig und gleichsam nur zoologisch zu beenden? Das päpstliche Festhalten, gegen Fernrohr und Mikroskop, an der Allmachtsklausel und der Generalkausalität Gottes, war es, so berechtigt es war, nicht auch ebenso hilflos-abstrakt, wie der inzwischen erfundene, konkrete Blitzableiter[2] hilflos war, weil ihn die Wissenschaft nicht auf dem Baum installiert hatte, an dem mein Vater lehnte? Heute weiß ich: Der Fehler lag in der unexakten Anwendung durch den Pfarrer, der lakonischen Tradierung einer verschlüsselten Kurz(schluß)formel – „Strafe Gottes bei Unglück" – auf eine *privatisierte* Geschichtstheologie ohne Beachtung des Kontextes der rechten Adressaten, Umstände und des Skopus. Er hätte sagen müssen: Wenn jetzt die Gemeinde dieser Familie nicht hilft, sondern der

Zustand anhält, daß die Schwachen den Starken zum Dienst willkommen sind, dann war dieser Blitz ein Gericht Gottes an uns.

Selbstverständlich ist die Krise des Vorsehungsglaubens wohl schon so alt wie der religiöse Mensch. Der Bettler pflegt meist nicht nur Gott, sondern auch den Vorübergehenden anzuflehen, die Zweitursache. Es muß nicht einmal wie im Ijobdrama die Theodizeefrage im Vordergrund stehen; Homer und Vergil gerieten vor die epische Forderung, die Götter als Geschehens-Antriebsmächte niemals so weit in die Handlung ‚hineinregieren' zu lassen, daß sie die Leistung des Helden schmälern.[3]

Aber warum hat erst die Moderne daraus das Bewußtsein eines Konflikts und rationalistischen Grabenbruchs mit der naiven Vorgeschichte gemacht?[4] Der heutige Problemstand ist zum guten Teil noch unerledigtes Erbe der mit dem 17. Jh. im englischen Deismus ausbrechenden Erkenntniskritik und noch nicht ganz vollzogener Grunddenkformwechsel, den uns vor allem die deutsche Leidenschaft zum System und zu radikalen Lösungen bei Reimarus, Kant, Hegel, Strauß und Feuerbach aufgenötigt hat. Der status quaestionis ist aber, ohne die Kinderkrankheiten der jahrhundertebreiten Epochenschwelle der europäischen Aufklärung ausgeheilt zu haben, längst fortgeschritten und neu verschärft. Bei der Diagnose der verschleppten Krise werden wir anzusetzen haben, um auf die Wurzel des falschen Denkens, auf welcher Seite immer, zu stoßen. Die Beschäftigung mit dem Zeitraum seit der Renaissance korrigiert, je intensiver man sie betreibt, viele Vormeinungen. Man entdeckt, wie lange anfänglich die Naturwissenschaft euphorisch die Theologie unterstützte, wie sie sich als Spurenleser göttlicher Weisheit und Doxa verstand und warum diese Physikotheologie scheitern mußte. Und man sieht neben der Linie der natürlichen, immanentistischen Erklärung der Offenbarung eine zweite, ganz andere mit wirkungsgeschichtlich meist noch nicht voll ausgeschöpften Namen: Spinoza, Mendelssohn, Herder, Fichte, Schelling, mit dem Paradigma der Antwort, mit einem Offenbarungsbegriff, der Gott und Welt auseinanderhält, aber – auf je verschiedene Weise – durch die Begabung der Kreatur mit Vernunft und Hl. Geist so vereinigt, daß keine Eingriffe Gottes in einer ihm gewiß nicht eigenen, ganz unwahrscheinlichen Weise nötig, aber Wunder dennoch möglich sind.

Heute reden die Theologiestudenten munter von Selbsttranszendenz, Korrelation, Interaktion, unvermischter Einheit und strapazieren das Perichorese-Modell: alles scheint gelöst. Aber der Frieden ist faul. Offenbarung, Vorsehung und Wunder sind Reflexionsideen, Kategorien, wie man sich Gottes Freiheit in der Welt vorstellt; ohne die konkrete Anschauung aber, ohne die Anwendung der genannten Lösungs-Axiome auf Erdbeben, Vulkanausbrüche, Kriege, auf den Holocaust, oder ohne die Applikation der biblischen Wunder auf die Gegenwart –

siehe Lessings Kritik – nützen die Verträge zwischen Glaube und Wissenschaft nichts. Daher wurden viele vom neuerlichen Streit – besonders im amerikanischen Protestantismus – zwischen Evolutionisten und Kreationisten ebenso überrascht wie vom Rückfall in Panpsychismus und Kosmognosis, volkstümlicher: in den Glauben, der Gravitationskraft entspreche eine Geisteskraft, deren Entdeckung und Gebrauch uns das Wirken Gottes durch unseren Glauben ersetzen.
Dieser Aberglaube an die Selbsterlösung ist kaum weniger heidnisch als die Wohnungssuche für den unendlichen Gott beim Indeterminismus der Atomphysik, in der Untermiete bei den Quanten mit Spin und Isospin mit gewissen Freiheitsgraden,[5] als die Platzsuche für sein Vorhersehen in dem Wahrscheinlichkeitsbegriff für die Voraussagen der Quantenmechanik[6]. Um Mißverständnissen vorzubeugen: Die Theologie begänne da, wo Gott nicht *in* der statistischen Kausalität wie ein missing link gesucht, sondern gezeigt wird, daß und wie er *durch* scinc Schöpfung, und zwar Er als Er handelt, nicht Er als der Zufall. Der Weg dahin ist noch weit; noch stehen sich, um es griffig zu sagen, die Kritik eines Runcie (Primas der engl. Hochkirche) am „göttlichen Laserstrahl"-Eingriffsdenken[7] und der charismatische Glaube an den „Auferstehungsblitz" als „Entstehungsursache" für das Turiner Grabtuch[8] gegenüber wie grundverschiedene Diskursuniversen.

Ich zitiere das Beispiel nicht einseitig gegen das naive Hineinreichen Gottes in das Physikalische und Biologische, sondern betone, daß darin, im Festhalten am Gott der Schöpfung, mehr Weisheit *wie* mehr Lächerlichkeit liegt, verglichen mit dem Runcie-Deismus. Die Spannung zwischen beiden Positionen pädagogisiert das Problem des Paradigmenwandels auch gewiß mehr, als ein Katechismus es vermag. Ich bin überzeugt, daß das neue Weltbild vom endlichen, aber unbegrenzten Weltall mit seinen Milliarden Milchstraßen und lebensprühenden Planeteninseln oder der tödlichen Kälte und Hitze in seinem Schock noch gar nicht angekommen ist in unserem Bewußtsein, vergleichbar dem langen Unterwegssein der Nachricht Hegels, Jean Pauls und Nietzsches vom Tode des (alten) Gottes(bildes). Und das aufgeklärte, um 180 von Theophilus (Bischof von Antiochien) an Autolykus, den Heiden, gerichtete Granatapfelgleichnis, wir sähen so wenig wie die Kerne unter der Schale die Hand Gottes und seinen Odem, der die Welt umgreift?[9] Kann es den Logos der Evolutionären Erkenntnistheorie an Gott zurückbinden: „Im Anfang war der Logos, und der Logos war bei Gott und ohne ihn wurde nichts"?
Es scheint, daß die Argumentationsfigur, gerade weil die Hand Gottes uns umgreife, sähen wir sie nicht, (und damit das Feld des Schöpfungsgedankens) weder beweisnoch widerlegbar ist, mithin die Krise des Vorsehungsglaubens eher auf dem Feld der Geschichte zu suchen ist. Dem entspricht die Beobachtung, daß die Vermitteltheit des Wirkens Gottes für das Schöpfungsgeschehen als die creatio continua weit leichter zugegeben wurde, während sich kaum jemand traut, eine Vermitteltheit auch bezüglich des innovatorischen Handelns – bei der Wunderfrage als dem Vollendungsgeschehen – probeweise einmal durchzudenken.[10]
Auffällig ist auch, daß die sprachliche und bildliche Darstellung der Hand Gottes in der Bibel und jüdisch-christlichen Kunst häufiger als die Umwelt die Hand Gottes als Bild für den Bundespartner verwendet und dazu noch häufiger für die Ge-

schichte als für die Schöpfung.[11] Die trinitarische Deutung legt konsequent die Hand als die entgegengestreckte Hand des Messias aus.[12] Lyrik und Ikonographie bezeugen die geschichtliche Vermitteltheit, gleichsam die Taten Gottes in der Geschichte durch den Glauben Jesu und seines Volkes. Auch die Deutung des Fingers Gottes auf den Hl. Geist hin bewegt sich in der Denkform der Vermitteltheit des Eingreifens.[13]
Viel verwirrender sind unsere heutigen Vorstellungswelten. Wir leben in vielen Weltbildern gleichzeitig. Wir stehen sozusagen mit Ptolomäus auf, vermeiden beim Essen das Gift mit dem Wissen der neueren Physik, lesen abends im Bett z. B. den Schlußsatz „Zerstört ist Gottes Ebenbild" im Hauptwerk „Die letzten Tage der Menschheit" von Karl Kraus, beten dann aufgrund der universalen Neigung, doch der Vorsehung zu vertrauen[14], und träumen anschließend von den Fernseh-Auschwitzbildern.
Siegfried Kracauer warnt: „Die Geschichte der Ideen ist eine Geschichte von Mißverständnissen."[15] Die Warnung gilt auch unserer Fragestellung. Hier soll eine Besinnung auf den *chronologischen Aspekt* der Fragestellung eingeschaltet werden. Die Fragen, *wann* und *warum* die Krise für die Vorstellung vom Planen und Eingreifen Gottes kam, fasse ich methodisch zusammen unter der Frage: *Wodurch* kam die neuzeitliche Krise zustande? Die Frage „wann?" müßte notwendig auf die innertheologische Vorgeschichte (im Alten Testament) und auf die Kritik von außen seit der Philsophie der Alten eingehen. Die Beschränkung auf die den status quaestionis am meisten bestimmende Epochenphysiognomie „seit der Aufklärung" erlaubt uns, die Frage nach den *Wurzeln* dieser europäischen Aufklärung – wieweit sie in die Spätscholastik, in die Renaissance und in die Reformation zurückreichen – nur soweit zu streifen, als unser spezielles Thema der Auflösung der Vorstellungen des schöpferischen Handelns Gottes betroffen ist.
Der Theologe kann besonders auf die philosophischen Werke von *Hans Blumenberg* hingewiesen werden.[16] Neben diesem Philosophen sind besonders die Arbeiten von *Wolfgang Philipp* zum Werden der Aufklärung in theologiegeschichtlicher Sicht[17] und das Werk von *Udo Krolzik* zu nennen.[18] Einsehen mag man auch den Versuch einer Antwort von Hermann Lübbe.[19] Lübbe geht aber weniger auf die Verursachung des einmaligen Prozesses der Aufklärung ein, er sieht die Aufklärung als gesellschaftliche Ausdifferenzierung des Ringens um Wahrheit oder Unwahrheit, als Ablehnung der Eingriffsansprüche von Moral und Religion, so daß der Begriff Religion nach der Aufklärung in das Licht Sicharrangieren mit dem Weltbild der Wissenschaften gerät, zumal er die Funktion der Religion auf die Kontingenzbewältigung einengen läßt. Art und Sprechen der Theologie werden damit fraglich, z. B.: Wofür soll das Erntedankfest jetzt stehen? Für die Umstände, die nicht vom eigenen Handeln abhängen? Für die Subventionen? Nach der Aufklärung denkt man ja weniger an Spezialprovidenz und mehr an politisch und technisch mögliche Alternativen. Wird die Religion auf das Feld der Kontingenz eingeengt, muß sie sich dem Problem stellen: sie darf nicht davon abhalten, alle Möglichkeiten der Lageänderung wirklich zu nutzen.
Wolfgang Philipp datiert die „große Cäsur" (Paul Hazard) in das Jahr *1680*.[20] Er sieht nicht erst in Kant den Grabenbruch zum theologischen Rationalismus hin, sondern arbeitet die vielschichtigen Ströme und die Bandbreite zwischen Physikotheologie und Atheismus heraus. Für das hier untersuchte Thema aber können wir insofern die Vorgeschichte bis Reimarus und Kant fast übergehen, als erst mit den deutschen Idealisten der Konflikt systematisiert wird. Wir können in diesem Aufsatz auch nicht näher unterscheiden zwischen den Vertretern der Krise außerhalb der Kirchen und den Vertretern unter den Theologen der Kirche selbst, sondern müssen uns auf die Gründe konzentrieren, die beide Seiten bewogen haben. Ausschließen müssen wir leider auch die Frage nach der jeweiligen kontroversen Wirkungsge-

schichte und den Versuch, genaue Entwicklungsreihen zu rekonstruieren. Die Vielschichtigkeit der Gründe der Krise ist uns methodisch wichtiger als die Ätiologie der Krise. Es sollen ja auch, wenn auch hauptsächlich nur in den Anmerkungen, die Stimmen von damals und heute selbst zu Wort kommen (in einer repräsentativen Auswahl). Die Deutung der Krise kommt bei den einzelnen Schwerpunktmotiven für die Krise zu ihrem Recht; ist die Infragestellung von Vorstellungen doch noch kein Beleg, ob es sich um eine berechtigte Destruktion eines Unbegriffs oder um eine ernsthafte Krise des Sprechens von Gott überhaupt handelt. Das Typische der neuzeitlichen Krise ist ihr Zusammenhang mit dem politischen Befreiungsversuch von der Herrschaft des Adels, der Kirche und der Dogmen und mit dem Programm der Befreiung des Menschen vom Dualismus in den Begriffen Glaube, Sünde, Jenseits, Gehorsam.

Nach diesen einführenden Fragen will ich in einem Gang durch sechs aus der Untersuchung gewachsenen Thesen die Schwerpunkte der Krise des Sprechens vom Handeln Gottes erläutern.

## 1. *Wo verläuft für die Theo-Logik die Scheidelinie?*

Das Vorsehungsdogma oder besser dessen Unbegriff hat sich im Durchgang vieler Jahrhunderte zersetzt.

Es ist zunächst zu fragen, ob die Scheidelinie wirklich da verläuft, wo sie gewöhnlich vermutet wird: bei den Surrogaten Autonomie als Glaube an den Menschen, die Wissenschaft, den Fortschritt oder bei dem Reden von der Selbstorganisation der Natur. Denn all dies kann auch im größeren Rahmen einer zur Eigentätigkeit von Gott freigelassenen, ermächtigten Schöpfung theologischer sein als ein Modell stückchenweiser oder abwechselnder Zusammenarbeit auf einer Ebene. Die Scheidelinie muß genauer bestimmt werden zwischen dem theosoterischen und dem autosoterischen Prinzip[21], bei einer theonomen Überwindung des Gegensatzes von Autonomie und Heteronomie. Sie verläuft dort, wo das Grundproblem, Gott und Welt zu unterscheiden, ohne sie zu zertrennen, gelöst wird,[22] und wo dabei das „Sein wie Gott" als Freilassung und Liebe (von Gott her) Mensch und Gott ebenso unterscheidet. Ein rein zoologistisches Menschenbild steht dann auch, bei aller Erniedrigung des Menschen, auf der Seite „Seinwollen wie Gott", hier nämlich Staub. Entgegen dem Anschein liegt die Bruchlinie also da, wo die Herrschaft Gottes in der Natur und Geschichte nicht mehr eingeräumt oder beschrieben werden kann; sie liegt im Entzug, sei es aus der Würde der Berufung, sei es durch die Einverleibung Gottes in den Weltprozeß oder das menschliche Subjekt. Hingegen vertragen sich Gottesherrschaft und Eigenstand der Kreatur; und dies ist am vollständigsten zu denken und auszudrücken mit Hilfe der Kategorie „mediante". Sie erlaubt ein Je-ganz-Wirken-Modell. Die Geschichte der Aufklärung bis heute könnte als Geschichte des Fast-findens und des Vorbeiirrens am „mediante" geschrieben werden. Die Schlagworte Na-

tur, Gesellschaft, Vernunft, Moral dürfen nicht abschrecken. Sie wurden von den besten Geistern damals im Sinn der Suche nach dem „mediante natura" gebraucht, und sie bedürften nur der Fortsetzung in das „natura mirante".
Wie kam es in der Neuzeit zu dem Gefühl: Je mehr man die Größe des Weltraums und die Randstellung der Erde entdeckt, desto mehr wird der Raum neben Gott zu einem Ort ohne Gott bzw. die Materie zu etwas, in das er als Glied nicht eingreifen kann? Je mehr die langen Zeiträume für die Evolution entdeckt werden, desto entbehrlicher wird ein Schöpfer? Je mehr die Geschichtswissenschaft weiß, desto mehr schwinden die Taten Gottes wie Schnee in der Märzsonne?

## 2. *Warum kam es zum Arbeitskonkurrenz-Modell: Gott oder Natur?*

Ein zweiter Schwerpunkt erscheint bei der Analyse der Aufklärungstendenzen: Aus einem Komplex von Gründen geht das Abendland seit gut 200 Jahren den Weg, der erscheinenden Natur durch das Erreichen eines absoluten Wissens das Geheimnis zu entreißen, wobei das Wirkliche auf seine physikalisch faßbaren Eigenschaften eingeschränkt wird.[23] Das instrumentalisierte Kausalitätsproblem führt so zu einem *Konkurrenzmodell.* Vereinfacht gesagt: Für das Denken erscheint die Alternative: Entweder arbeitet Gott, oder wir müssen arbeiten. Viele halten die ganze Denkform Kausalität und die Konkurrenz-Anschauungsformen für Äußerungen einer bloß abendländischen Krankheit.
Immerhin ist sie heute als offener Positivismus ausgebrochen, stellte die produktive Frage der Erkenntnistheorie: Nicht mehr: Was ist die Natur?, sondern: Wieweit ist sie intelligibel? und entdeckte so, daß unser Wissen nur die Beschreibung durch den Beobachter ist.[24] Die Theorie des Beobachterstandpunktes erschüttert noch einmal wie ehedem Kant durch ihre selbstreferentiellen Fragen jede Theologie, wenn man diese einmal definiert als ‚Versuch der sprachlichen Abbildung des Wirkens Gottes für diese Welt'. Sind nicht unsere Vorstellungen nur Abbilder unserer Kopfwelt? Bis zum frühen 18. Jh. sahen Naturwissenschaft, Philosophie und Theologie in einem gemeinsamen Baugerüst Geist und Materie in Harmonie an Gottes Plan und Schöpfung hängen; die Weltgesetze waren Ausdruck von Gottes Rationalität, und unser Geist war angepaßt, um aus der Welt das Wahre zu vernehmen. Man könnte meinen, durch die Evolutionäre Erkenntnistheorie[25] müßten wir wieder das Vertrauen, objektiver Reflektor zu sein, gewinnen: Sind nicht unsere Denkformen Anpassungsprodukte? Hätte uns die Selektion sonst nicht ausgeschieden? Aber die Bilder unseres „Weltbildapparats" werden dezisionistisch als spezieller Überlebenstrick im Daseinskampf zu erklären gesucht, am konsequentesten bei Panajotis Kondylis[26].

Es mag scheinen, ich sei hier in einen Exkurs geraten; was ist der Zusammenhang zwischen der Platzverweisung auf den Beobachterstandpunkt und der Deutung der Weltbilder aus dem Selbsterhaltungstrieb und der Machterweiterung – eigenes Weltbild als verkehrtes Feindbild, ‚Gott' als listig gewählte unüberprüfbare Anerkennungsinstanz – mit dem durch die Einschränkung auf das Gebrauchswissen entstandenen Konkurrenzmodell, entweder wirke Gott oder wir seien frei und wirkten allein? Die allerjüngsten Versuche restloser Aufklärung sind nur ein weiteres Kapitel der Säkularisierung der Natur. Dadurch wird die Providentia-Dei-Lehre zur Bedrohung menschlicher Freiheit. Aus der Welt als dem ersten Buch Gottes wird das naturwissenschaftliche Antibuch gegen das Herrschafts-Buch der Kirche „Offenbarung".[27] Aus den zwei komplementären Erfahrungsweisen Metaphysik und Naturwissenschaft wird bei Rudolf Carnap der Verzicht aus dem Vergleich: Die Metaphysik hat keine Fortschritte gemacht, sie gehört zum Reich des Erlebnisses, nicht zu dem der Erkenntnis.[28] Hegel hatte noch schärfer formuliert: Die Ausdehnung der Wissenschaften habe den Kreis des Wissens von Gott verengt.[29]
Wo das „mediante" nicht mehr als freiwillig-schöne Tat verständlich (gelebt) war, drohte das Konkurrenzempfinden immer in eine angeblich ‚wahre Vermittlung' umzukippen (Hegel, Strauß, Feuerbach, Marx). Auffällig ist das Auftreten der Vokabeln ‚von innen' und ‚selbst', womit die Weltmaschine vor erzieherischen Korrekturen, vor Eingriffen des Uhrmachergottes geschützt, wie die Sinnlichkeit des Menschen rehabilitiert und seine Freiheit reklamiert werden. Der kirchliche Extrinsezismus wurde kontraproduktiv, die Selbstbehauptung der Vernunft[30] wehrte sich. Selbst wo sie es zu Recht tat, wie bei Fichte, löste sie einen Atheismusstreit aus. Die Aufklärung begann sogar das Ethos der Religion zu übertrumpfen, sie wollte im Moralgesetz erfüllen, was den Vorsehungs-Christen nicht gelang, die moralische Weltordnung.
Die Zurückforderung der *Denkfreiheit* von der Kirche, die 1600 Giordano Bruno verbrannt hatte, auch gegenüber Gott (Lichtenberg[31]) und den Dogmatikern (Kant[32]) und „von den Fürsten Europens, die sie bisher unterdrückten"[33] (Strauß[34] und Feuerbach[35]), war eben auch vom Gedanken des *Selbst*denkens motiviert. Für den kosmologischen Ausdruck, den man ab Spinoza mit der Unterstellung, dies sei pantheistischer Atheismus, zu unterdrücken suchte oder auch nur mißverstand, möge als sprechendes Beispiel die Goethestrophe stehen:

„Was wär' ein Gott, der nur von außen stieße;
das All im Kreis am Finger laufen ließe!
Ihm ziemt's, die Welt im Innern zu bewegen;
Natur in sich, sich in Natur zu hegen;

so daß, was in ihm lebt und webt und ist,
nie seine Kraft, nie seinen Geist vermißt".[36]

Die Immanenz des Göttlichen, als göttlicher Sinn der diesseitigen Welt, war ein Zug der Aufklärungszeit.[37] Nach dem würdelosen Hinscheiden der Physikotheologie blieb vor der Erkenntniskritik nur das Gefühl bzw. das Bewußtsein des Menschen als Ort übrig, wo der göttliche Weltgrund, die Ordnung des Universums Anschauer mit „Sinn und Geschmack fürs Unendliche"[38] hatten. Das Gefühl von der göttlichen Welt beseitigte die Konkurrenz von Gotteswille und Menschenrecht wie die von Außenwelt und Innenwelt. Freilich bot es, wenn es nur den Gott eines kleinbürgerlichen Subjektes umfaßte, dann auch der zersetzenden Kritik eine Zielscheibe: Gott war nur eine Schöpfung des Bürgers, die Vorsehung nur die Verschleierung seiner Interessen.
Spinoza und Mendelssohn hatten noch keine Konkurrenz zwischen Weltregierung Gottes auf der einen und Naturgesetzen, Trieben und Glaubensantrieben des Menschen auf der anderen Seite gesehen. Über den englischen und französischen Deismus sammelte *Reimarus* (1694–1768) alle Argumente gegen ein Recht Gottes zu unmittelbaren Eingriffen in die Welt[39] und baute daraus ein System[40] der natürlichen Erklärung der vorgeblichen Wunder. Reimarus hatte dabei das subjektiv echte Anliegen der Kirchenreform und der Aufklärung über die Täuschung, damit die Menschen kraft der Moral Jesu selbst Hand anlegten, statt vergeblich auf Gottes Zwischenkunft zu hoffen.[41] Mit ihm ist also gleich auch die Auflösung der Konkurrenz da, die Entspannung mittels der natürlichsten Erklärung aller Erfolge des Christentums. Einige Kurzzitate sollen das schlagartig erhellen: „Nun wollen wir die Erzehlung des Lucas unbegeistert, d. i. mit gelassener Vernunft betrachten"[42], beginnt er die Pfingsterzählung zu erklären; „Ich ging mit Barnaba hinauf gen Jerusalem, nach einer Offenbarung, (mit Erlaubniß: auf Verordnung und Absendung der Antiochenischen Gemeinde)"[43], ergänzt er Gal und arbeitet oft mit den Begriffen Ehrgeiz und Legitimationsabsicht als den wahren Triebkräften.[44] „Ganz menschliche Triebfedern"[45] nennt er es. Einmal heißt es programmatisch: „Die Hebräischen Geschichtschreiber legen alles Gott bey was die Priester thaten."[46] Zu einer formgeschichtlichen Erwägung etwa der Art, die Sprache versichtbare das Unerwartbare, kommt es dabei überhaupt nicht.
Bei *Kant* (1724–1803) vernichtet der Verzicht auf die nichtüberprüfbaren biblischen Wundernachrichten zugunsten einer Religion innerhalb der Grenzen der bloßen Vernunft die Vorstellung von einer Tat Gottes durch die Kreatur. D. h., das Erkenntnisproblem vernichtet indirekt die Konkurrenz zwischen Subjekt und unzugänglichem Objekt (nur eine Anschauung, eine zeitgenössische Erfahrung von Wundern hätte hier

helfen können). Direkt spricht Kant aber auch von der Forderung nach absolut zu denkender Freiheit, weil diese sich sonst nicht von der „Freiheit eines Bratenwenders“[47] unterschiede; und er spricht weiter von der Ablehnung des Modells einer „Marionette“ oder eines „Automaten“, „aufgezogen von dem obersten Meister aller Kunstwerke“[48]. Am 14. 1. 1800 schrieb Kant in einem Geleitwort die Sätze:

> „Ob nun Weisheit von oben herab dem Menschen durch Inspiration eingegossen, oder von unten hinauf durch innere Kraft seiner praktischen Vernunft erklimmt werde, das ist die Frage. Der, welcher sich das Unding der Möglichkeit einer übersinnlichen Erfahrung, welches im geraden Widerspruch mit sich selbst ist, (das Transscendente als immanent vorzustellen) . . . Diese Afterphilosophie auszutilgen . . . hat der Verfasser . . . mit gutem Erfolg beabsichtigt.“[49]

Hier findet man also deutlich das Konkurrenzmodell. Kant kannte die Reimarusfragmente und steht nach rückwärts hin in den Spuren des Rationalismus wie nach vorwärts als Wegbahner für den kritischen Realismus sowohl wie für Hegel. Synchronologisch wäre an dieser Stelle über Fichte zu handeln: aber dessen Antwort auf Reimarus und Kant gehört in ein anderes Kapitel: unter die Wunder[50] der schon so frühen Neuentwürfe eines nachaufgeklärten Offenbarungs-, Vorsehungs- und Wunderbegriffs, wie wir sie heute, 200 Jahre später, noch kaum eingeholt haben. Fichte unterbricht die Krise, das Konkurrenzmodell, mit einem Paradigmenwechsel: Das Handeln Gottes sei ganz vermittelt durch die Freiheit des Menschen geschehen.

Mit *Hegel* (1770–1831) aber bricht das Konkurrenzmodell am schärfsten durch. Die ganze Religionsgeschichte wird als Entzweiung des Tuns des Menschen in ein Tun Gottes neben dem Tun des Menschen gedeutet und das Entzweite wird in einer neuen Synthese in den Menschen zurückgenommen, in das Wissen, daß kein Gott handelt, sondern der Mensch und wieviel dieser vermag (soviel wie das zu Gott Entzweite hoch war). Die gesamte lange Einleitung in die „Vorlesungen über die Philosophie der Religion“[51] ist dem Konkurrenzmodell Gnade oder Werk des Menschen gewidmet. Hegel spricht von der „Entzweiung der Religion mit dem freien, weltlichen Bewußtsein“ und führt das Problem mit schlichten Worten ein, mit der Gegenüberstellung von weltlichem Tun an den Werktagen und dem Sonntag (16), an dem man das Erarbeitete wie ein Geschenk der Gnade zuschreibe. Die Religion scheine alles auf die eine Seite zu ziehen, so schleiche sich die Entzweiung ein, denn der erwachende Verstand bemerke, daß Arbeit, Staat und Gesetz „Werk des Menschen“ und „sein Eigentum“ sind. Hegel formuliert: „Die Entwicklung dieses Unterschiedes können wir überhaupt als die Ausbildung des Verstandes und menschlicher Zwecke bezeichnen“ (17). Oder: „Das ist seine Sache, sein Werk, und er hat das

Bewußtsein, daß er es produziert hat. Die Produktionen machen daher seine Ehre und seinen Stolz aus ... So ist der Geist in den Gegensatz getreten, zwar unbefangen noch, ohne es anfangs zu wissen, – aber es wird auch ein bewußter Gegensatz" (18). Es ist klar, daß Hegel hiermit die Offenbarung und ihre Aufhebung in der Philosophie der Aufklärung meint, die Geschichte des Gottesgedankens, der am Ende auf den Menschen zukommt: dieser allein kann in die Welt eingreifen; deshalb nennt er das Wissen darum die „wahrhafte Theodizee" (88). Die Einleitung analysiert die Religion als Versuch, Gott alles zuzuschreiben, um umso ungehinderter seine eigenen Absichten zu verfolgen, also als Selbstbetrug (19); so tritt sie an das Durchschauen des Vorsehungsgedankens heran (20), deckt ihr Scheitern am sauren Apfel der Übel in der Welt auf und entlarvt auch die verkehrte Wendung der Vernunfttheologie, die Gottes Macht aushöhlt und die nur scheinbar auf dem gleichen Boden wie seine, Hegels, Aufklärung stehe (36f). So ist der Tod des alten Gottes, dessen Erfahrung er auch den „unendlichen Schmerz" und das Gefühl der neuen Zeit genannt hatte, den „speculativen Charfreytag" in der „ganzen Wahrheit und Härte seiner Gottlosigkeit", der in die „heiterste Freyheit" könne „auferstehen"[52], kein Problem, sondern die Auflösung der Entzweiung. Hegel: „Es macht unserem Zeitalter keinen Kummer mehr, von Gott nichts zu erkennen" (43). Bei seiner Erklärung, warum die Völker Kalamitäten als Strafe Gottes deuten, nämlich um ihre Schuld zu erkennen und zum Anlaß von Veränderungen zu nehmen, kommt er hart an den Rand zur biblischen Theologie, um dann aber zurückzuspringen: frei solle der Mensch werden, auch von dem Gegenüber-Gott (229–236). Der Staat hat die Aufgabe der Vorsehung zu übernehmen, der Glaube wird die Realisierung des Staates (236–246).

Mit Hegel ist also die Krise des Vorsehungsglaubens am Höhepunkt, sofern er eine absolute Konkurrenz zwischen Gott und freier Welt sieht und die Vermittlung der Offenbarungstheologie, das „mediante natura" und die Interaktion des Glaubens mit Gott umdeutet zu einer Identität von Weltprozeß und Gottesgedanken.[53] Freilich ist dies eine Theodizee nach Leibniz, aber was für eine? Eine „Entlastung Gottes von der Verantwortung für die Torturen der Geschichte"[54] durch eine Belastung des Menschen mit einem Weltall ohne Gott. 1840 fügt *Strauß* dem im Prinzip nichts Neues mehr hinzu, er verdeutlicht nur, wie ein stellvertretendes Zitat zeigen soll: Die neue Philosophie sei insofern pantheistisch, als sie lehre, „die Processe der Natur und Geschichte als Entwicklungen göttlicher Kräfte, im höchsten Sinne also den Menschen als den offenbar gewordenen Gott, zu begreifen ... Die Grundidee des Christenthums ist die der Versöhnung, d. h. der Aufhebung des Hüben und Drüben der Intellectualwelt und der Sinnenwelt, ... das Bewußtsein und die werkthätige Herausgestaltung des Himmels auf Erden"[55]. Man muß die Schlußfolgerung ziehen: Das Abendland ließ die Vorsehung Gottes nicht so sehr daran scheitern, daß es sich das Mit- und Ineinander der Wirkkausalität von Gott und Welt nicht mehr vorstellen konnte, sondern weil es den Menschen aus dem kirchlichen Absolutismus zur Autonomie und aus dem Dualismus und der Ohnmacht zur Erlösung der Welt durch Arbeit und Gesellschaftsreform befreien wollte. Insofern sollte man hierzu nicht einfach das Häresie-Schema geltend machen, nach welchem die Quelle aller Häresie darin liegt, daß der Zusammenklang der beiden gegeneinanderstehenden Wahrheiten nicht erkannt und daß sie für unvereinbar gehalten werden. Vielleicht hatte in diesem Fall die Kirche selbst beide Enden der Kette in ihrer Praxis nicht mehr festgehalten und war die Aufklärung der zweite Versuch „gegen das gnostische Syndrom", welches das Mittelalter vergebens überwinden wollte, um „die Welt als Schöpfung aus der Negativierung ihres demiurgischen Ursprungs zurückzuholen und ihre antike Kosmos-Dignität in das christliche System hinüberzuretten"[56]. Aber auch die Neuzeit verlor den Kosmos, und sie machte den Menschen zum demiurgischen Techniker.

### 3. *Eine Konkurrenz zwischen dem Platz Gottes und dem Raum neben ihm?*

Damit sind wir beim dritten Schwerpunkt. Er beruht auf dem Grundproblem überhaupt: dem *Raum neben Gott.* Wie kann Gott die Ursache des ganz anderen, des materiellen Alls sein? Es handelt sich bei diesem Krisenpunkt um mehr als um den Verlust unserer Mittelpunktstellung und das kosmische Schwindelgefühl angesichts des unermeßlichen Raums ohne Mitte – wofür die Kopernikanische Wende zum Symbol stilisiert wurde –; es geht um die Möglichkeit von Beziehungen bei der absoluten Andersartigkeit von Gott und Welt und um sehr verschiedene Stichworte: Schöpfung, Ewigkeit der Materie, Zufall, Deismus, Pantheismus, Spinozismus, Physikotheologie, Kosmologie, Teleologie u. a. Ich wähle für diesen Problemquerschnitt den Begriff des Raumes aus, weil der sich dem Wissen immer mehr auftuende Weltraum seine Gleichnissprache als Buch Gottes verliert und weil das Teleskop Galileis zum Symbol des wohnungs- und arbeitslosen Schöpfers geworden ist. „Raum neben Gott" – das verstehe ich im Sinn eines mystischen Konkurrenzbegriffs, aber auch ganz schlicht als Wort für das Erschrecken vor dem kalten Universum und vor dem Raum, das dem Negativen hier auf unserem Stern gelassen ist.

Es geht nicht um ein Problem zwischen den heutigen kosmologischen Hypothesen und dem theologischen Schöpfergedanken. Das gegenwärtig diskutierte Modell des inflationären Universums, eine Spekulation, variiert das Urknall-Modell nur in bezug auf den Zeitraum der ersten $10^{-32}$ Sekunden. Am Anfang sei die Materie in einem Punkt konzentriert gewesen, selbstverständlich schon alles, nämlich die heute etwa 100 Milliarden Galaxien enthaltend; in der ersten Explosion entstand das All als Blase mit 10–12 cm Durchmesser, um dann bis heute auf einen Durchmesser von rund $10^{23}$ km anzuwachsen. Hinter den Urpunkt der unendlichen Dichte und Temperatur kann die physikalische Beschreibung und Vermutung natürlich nicht zurückgehen, daher kann es keine Reibung mit der Theologie geben. Die Idee einer Inflationsphase erklärt u. a. dabei, wie aus einem durch Quantenfluktuation des Vakuums entstandenen mikroskopisch kleinen Universum makroskopische Dimensionen erreicht werden konnten.

Eine der erstaunlichsten Ideen in der Welt ist der Gedanke der lurianischen Mystik – im Rahmen der Kabbala nach der Vertreibung der Juden aus Spanien 1492 – vom „Zimzum", dem Sichzurückziehen Gottes in einem Einschrumpfungsprozeß, um der Welt Platz für die ganz freie Entfaltung zu lassen.[57] Im Unterschied zu diesem einzigartigen kühnen Versuch, die Schöpfung aus dem Nichts zu denken, interpretiert das christliche Abendland die Größe des Raums als Angriff auf den Schöpfergott, als kosmische Verlorenheit des Menschen, als „Daseins-Schwindelgefühl"[58]. Astronomen, die auf die Knie sinken, scheinen selten zu sein.[59] Von Pascals „Das ewige Schweigen dieser unendlichen Räume erschreckt mich"[60] und Hobbes' Distichon, seine Mutter habe Zwillinge geboren, „mich und die Angst"[61], über Herders griffige Formulierung „Unsre Erde ist ein Stern unter Sternen"[62] (eine Tatsache, die ihm noch Hinweis auf den Gott eines Alls von vielen Sternen war) führt der Weg zu Lichtenbergs radikalem Blick aus dem Weltraum auf uns: „Sollte es nicht Wesen geben, die uns wegen unserer Ideen von Gott und Unsterblichkeit ebenso bewundern wie wir die Spinne und den Seidenwurm?"[63] In „Amintors Morgenandacht", einem Kalenderbeitrag von 1791, spielt er mit dem Gedanken, der Gottes- und Vorsehungsglaube sei nur ein Überlebenstrick unserer moralischen Natur[64]. Inzwischen hatte Kant das Weltall voller Galaxien und die Struktur der Milchstraße als eines dieser Systeme entdeckt.[65] Im Jahr 1900 diskreditierte Haeckel dann den Gottesbegriff eines „gasförmigen Wirbeltiers"[66].

Wegen der Anschaulichkeit wurde die Astronomie leitbildschaffend, der Musterprozeß für den Konflikt Naturwissenschaft und Schöpfungsglaube (genauer: Wunderglaube), und deshalb wurden Kopernikus zum Symbol und der Fall Galilei zum ersten Grundsatzstreit. Die Inquisition befürchtete eine Abwertung des Erlösungsgeschehens auf unserer Erde, von Galilei verlangte man die Zentralillusion, die Mittelpunktstellung des Ebenbildes Gottes.[67] Der Wechsel vom scholastischen Schalenkosmos mit dem Wirken Gottes durch gestufte Zweitursachen zur Vorstellung einer unendlichen Kugel, in der überall die Mitte und die Nähe der Transzendenz Gottes ist, wie der Cusaner es sah, war noch ein Bleiben in der Heimat der Metaphysik[68], ja sogar eine theologische Verbesserung[69].

Nicht der historische Kopernikus[70], erst das Symbol der Wende in der

Bewußtseinsgeschichte[71] darf den Namen „Kopernikanisch-Brunoischer Schock"[72], „Zerbruch des antiken Welt- und Himmelshauses"[73] tragen. Nicht die Preisgabe der Kreisbahnen, die Anfreundung mit den Ellipsen, ist der Umsturz[74], sondern daß mit der Deformation das Abbild des Geistes fällt[75], daß mit der Sonne, die zur Hitzehölle wird[76], eine anthropotheologische Wende, eine „Herumstürzung" – wie der Zeitgenosse sagte[77] – erfolgt: Die Mitte des Gott-Welt-Dramas, der Mensch, ist entthront.[78] Sogleich stehen die Fragen auf: Vielheit der Welten – was heißt dann Inkarnation?[79]
Strauß wirft der Theologie seit Kopernikus den Rückzug der Eschatologie, der Katastrophe auf diesen Planeten vor.[80] Die Wende ist, daß der sich selbst überlassene Mensch die Scheu verliert und sich der Natur bemächtigt, als sei er der Gott und Herr.[81] Und es vollzog sich in winzigen Schritten eine Akzentverlagerung von der Kosmologie zur Anthropologie: Über den Verlust der realen Weltmitte zum Verlust des Glaubens an die Wahrheit, die sich aus der Welt zeigt. Nachdem die Stellung des Beobachters im Mittelpunkt zur Illusion wurde, ist der Schritt zur Erkenntniskritik angebahnt: Wir haben nur subjektive Vorstellungen; ob Gott mit der Welt Umgang hat, ist nicht erkennbar. Der Rekurs auf den göttlichen creator mundi, für Newton noch so selbstverständlich wie die Überzeugung vom Raum als dem sensorium Gottes[82], kann entfallen und durch eine rein physikalische Welterklärung ersetzt werden.[83] Seit Kant verzichtet die Wissenschaft auf eine transzendente Ursache der Gravitationskraft.[84]
Ein tieferer Grund für die Wandlung in den Prinzipien der Naturerklärung wird in dem Nebeneinander von überzogen behaupteter Allmacht Gottes und übertragener Kausalität bei den Theologen schon des Mittelalters zu sehen sein. Da man sich Kraft als Stoß vorstellte, mochte man aus beiden Gründen das Hineinlangen Gottes wegdenken und gelangte zunächst zum deistischen Modell: dem Weltuhrwerk war die übertragene Kausalität so eigen, daß sich Eingriffe Gottes von selbst verboten. Die Weltuhrwerksmetapher kam mit der Erfindung der Räderuhr auf.[85] Kant wandte sich gegen jede Gott-als-Glied-in-der-Ursachenkette-Vorstellung[86]. Und ich meine, auch die heute geltenden Vorstellungen Kausalität als Fernwirkung, Wechselwirkung, Kraftfeld, Strahlung, Prozeß, als offene, bloß statistische Kausalität mit dem Faktor Zufall können nicht mit der theologischen Ebene auf ein einziges Plateau zusammengebracht werden. Nicht die Quantenmechanik löst die Krise, nur ein neues Paradigma mit zwei Ebenen, die je ganz gelten. Machen wir uns das Problem klar: Wie kann das Gegründetsein eines jeden geschöpflichen Aktes in Gott („concursus divinus generalis") überhaupt gedacht werden? Ist jede einzelne Bewegung und jede Leib-Geist-Beziehung, also auch alles, was wir jetzt hier tun, einem je eige-

nen Eingriff Gottes zu verdanken? Wenn wir es aber zurückverlagern in einen regressus in infinitum, auf einen Uranstoß, sind wir dann nicht Deisten? Kann man die Milchstraße aus Gesetzmäßigkeiten erklären? Wie konnte Bewußtsein in einem materiellen Universum entstehen? Wurde die Fähigkeit, denken zu lernen, einmalig eingestiftet? Oder wird sie es in jedem Augenblick? Kann das Göttliche auf dem Materiellen aufbauen und mit ihm synthetisch verbunden sein? Löst man es davon, was hat es dann überhaupt zum Können der Materie zu leisten? Gilt nur die Zweck-Kausalität Gottes? Nur eine Relation der Liebe zwischen Gott und Welt? Oder reicht unser Vermögen einfach nicht, den Kausalnexus zu denken: Wie Gottes Wollen, die Tätigkeit der Ursache, übergehen kann in einen Zustand des materiellen Objekts und Wirkobjekts in der Raumzeit? Aber auch die Gegenseite muß gefragt werden: was ist eigentlich eine „Erklärung", was ist erklärt, wenn sie die geniale Tat Milchstraße dem Zufall zuschreibt? Ist die Erklärung „Gesetzmäßigkeit" eine Erklärung?[87] Ohne daß man die Vorsehung nicht versteht als vorgesehene totale Seinsübertragung an die Welt, scheint man die zwei Ebenen Gott und Materie niemals zur Freiheit beider richtig zusammenbringen zu können: in unterschiedener Einheit. Damit wird klarer geworden sein, was ich mit der Chiffre Entdeckung des Raumproblems gemeint habe. Die Schuldogmatik könnte fernerhin nicht mehr mit der Eingriffsklausel die Freiheit Gottes bei der gubernatio mundi retten,[88] sie müßte sich zu einem Paradigma aufschwingen, das unser altes „disponens omnia suaviter", das biblische und thomanische, zu einem nachaufgeklärten weiterführt.

Peter W. Atkins, britischer Lehrbuchautor und Professor für physikalische Chemie, scheut sich nicht, im Genesis-Stil den Materieball aus dem Nichts zum schöpferischen Leben entstehen zu lassen – mittels des Zufalls und der langen Zeiträume.[89] Andere, z. B. Rupert Sheldrake, können sich für diese Bildung in diesen Zeiträumen nur einen Schöpfer vorstellen, um das Wunder, wie aus dem Chaos Formen wurden, zu erklären,[90] oder beschränken sich, z. B. Franz Wuketits, einfach auf das Wunder der Formen in der Frist, die das Entropiegesetz dem Leben läßt.[91] Gewöhnlich sagt man: Wir haben keinen Maßstab, das Verhältnis von 20 Milliarden Jahren zum Reichtum der Arten und zum Wunder unseres Gehirns als normal oder als Wunder zu beurteilen.

Vorerst bleiben wir aber noch beim Raumproblem, bei dem als Konkurrenz empfundenen Nebeneinander von Gott und Weltall. Die Schuldogmatik gliederte den Raum durch ihre dreigestufte Providentiallehre in den Raum des untermenschlich Geschöpflichen (p. generalis), in den für die Freiheitsvollzüge des Menschen (p. specialis) und schließlich in den Raum der Prädestination, wir könnten sagen: der Kirche (p. specialissima). In allen drei Räumen war Gottes Hand sozusagen das dauernde Fundament und hatte Gott die Freiheit, auch direkt einzutreten, obgleich man normalerweise, wenn alles gesund verlief, auf diesen

Arztbesuch sozusagen verzichtete. Gottes bergende und freilassende Vorsehung wurde also im Modell Vater–Kind, Mutter–Kind, Arzt–Patient gesehen. Gott sah uns gleichsam zu vom Rand des Spielplatzes aus.[92] Spätestens seit Kant gilt aber: Wir können nicht erkennen, daß es Gottes Hand war, wenn eine ‚Hilfe' eingriff (da sie ja vermittelt erging).[93] Gott steht vollends vor der Tür des Raumes, seit sich die Naturwissenschaften und die Philosophie dazu verstehen, jede dieser Zweitursachen auch aus Zufall und Notwendigkeit zu erklären, ja nur wegen der Kompliziertheit auf eine Vorhersage zu verzichten, aber nicht prinzipiell.[94] Auf diesem Glauben beruhte schon die Fiktion des Laplaceschen Dämons: Ein Geist, der alle Größen kännte,[95] wäre der Raumbeherrscher. Heute hat er den Namen „Zufall und Gesetz", „Naturgesetze steuern den Zufall"[96]. Die Deterministen ziehen sich natürlich auf das Argument zurück, uns seien die Parameter verborgen, aber die Gesetze seien streng determiniert.[97] Drei Entdeckungen des 20. Jhs. schienen den Dämon gesetzmäßiger Zufall plausibel gemacht zu haben: Einsteins Relativitätstheorie, Heisenbergs Unschärfe-Relation und die Entdeckung des genetischen Codes. D. h., die Statistik nimmt jetzt den Raum ein und drängt Gottes Plan aus ihm hinaus. Höchstens mag dessen Ziel- und Zweck-Ursache-Sein noch als randverzierender Goldrahmen geduldet werden – mit der psychologischen Funktion für den Menschen. Die Übertragung der Vorstellung, Gott locke wie ein Ziel an, auf den ungeheuren Weltraum und die Räume der Mikrophysik scheint nicht zu funktionieren. Die Ordnung im Makro- und Mikrokosmos braucht die Hypothese Gott nicht zur Erklärung.

Der Krisenpunkt kann nicht in der Entdeckung der Größe des Raums liegen. Denn als *Giordano Bruno* 1584 zur Überzeugung von der kosmischen Unendlichkeit kam – für uns ist der Kosmos also viel kleiner! –, war dies verbunden mit einer poetisch-theologischen Glut, mit einem Optimismus.[98] Man verbrannte seinen zu großen Glauben. Das Weltall war ihm göttlich, aber in einem vom Pantheismus unterschiedenen Sinn. Die Welt übernahm nur als der göttliche Gedanke das Attribut Gottes; Bruno rettete den alten Gott für sein Weltbild in einer konsequenten Weise.[99] Erst die deutsche Klassik – und nach dem Wort von Heinrich Heine ist der Pantheismus die verborgene Religion der Deutschen – ließ einen pantheistischen Bruno zur Initialzündung eines offenen Pantheismus werden.[100] Nicht also die Naturwissenschaft, sondern das religiöse Urmuster führte Bruno zum unendlichen All. Brunos Selbstmitteilung Gottes war noch lange nicht der an den Weltprozeß gebundene dunkle Gott eines spekulativen Systems. Der Krisenpunkt, der dann Hegel und Strauß von der Platznot und „Wohnungsnot" für den alten Christengott sprechen läßt[101], muß darin liegen, daß die Wissenschaft zum Ersatz des Glaubens geworden ist, und zwar auch im

Raum der von der Christenheit erfüllten Wohnkugel der Menschheit Erde. Ihr Gott starb durch Enteignung seines Herrschaftsraums.
Ich möchte diesen dritten Punkt nicht beschließen ohne einen Ausblick. Die christliche Trinitätstheologie böte eine grandiose Möglichkeit, das Nebeneinander von Gott und Raum Welt als neidlose Teilgabe der Liebe zu verstehen, und zwar so sehr, daß der präexistente Logos als der Wille Gottes zur Welt und zum Menschen erscheint und der Geist als die Einheit der unterschiedenen Größen Gott und Welt. Ich halte dafür, daß die Transzendenz Gottes nicht vernichtet, sondern gesteigert würde, wenn man sogar den Gedanken der Ewigkeit und Vielheit der Welt(en)[102] wagt: Gottes Liebe zum anderen, zur Materie, ist das unableitbar Bleibende im Werden und Vergehen, in Geburt und Tod der Welt(en). Seine Freiheit zur Welt ist die creatio ex nihilo. Warum dürfte sie nicht so alt sein wie Gott? Ich plädiere also nicht für einen geläuterten Spinozismus[103], sondern für ein christliches Hinausgehen über den echten Spinoza. Moses Mendelssohn erkannte noch, weil er Jude war, den Grundgedanken Spinozas, der anderen als an Atheismus grenzend erschien; im ersten der Philosophischen Gespräche (1755) heißt es:

> „Nun blieb Spinosa bey der ersten Existenz stehen. Er glaubte, es wäre niemals eine Welt außer Gott wirklich geworden, und alle sichtbaren Dinge wären bis auf diese Stunde bloß in dem göttlichen Verstande anzutreffen."[104]

Spinoza nahm den Raum in Gott hinein, ohne ihn dort zu erdrücken. Diese interessante Sicht des oft mißverstandenen Denkers lautet in dessen eigenen Worten:

> „Alles, sage ich, ist in Gott, und bewegt sich in Gott; ich behaupte es mit Paulus und vielleicht mit allen alten Philosophen, wenn auch in einem anderen Sinne; ja ich möchte selbst sagen: mit allen alten Juden . . . Wenn indes Einzelne meinen, daß die theologisch-politische Abhandlung auf der Identität von Gott und Natur beruhe (wobei sie unter Natur eine Art Masse oder körperlichen Stoff verstehen), so sind sie gänzlich im Irrtume."[105]

Die Eigenständigkeit der Welt bewahrt er dabei bis zur Aufhebung, besser formgeschichtlichen Aufdeckung, des Wunderbegriffs: Nicht Gott greift ein, sondern der Glaube erkennt an bestimmten Ereignissen wieder, daß Gott von seinem Volk das Leben nach der Gottesherrschaft will. Diesen Spinoza, meine ich, muß die christliche Trinitätslehre übertreffen: Die Welt ist nicht in, sondern neben Gott, und die Liebe verbindet sie in der Freiheit, die ihr die Unsichtbarkeit Gottes einräumt.

## 4. *Die Entdeckung der schöpferischen langen Zeiträume*

Die Zeit ist kein Subjekt, das handeln könnte, aber *in* und mittels der Zeit könnten womöglich innerweltliche Kräfte handeln, die das Wunder ersetzen. Als vierten Krisenpunkt, um den sich eine Menge Auflösungstendenzen sammeln lassen, wähle ich daher die mit der Aufklärung einsetzende neue *Entdeckung der Z e i t*, der Kategorie ,Evolution mittels der ungeheuren Zeiträume'. Diese Entdeckung, zur Totalerklärung erhoben, beseitigt die creatio continua und führt zum Ende jeder Teleologie. Ich möchte diesen Abschnitt, unter dem ich auch die Physikotheologie und ihr Sterben behandle, unter das Schlagwort setzen, welches den Schrecken widerspiegelt: „Wir sind Kinder der Evolution und nicht mehr Kinder Gottes."

Die Weltuhrwerks-Metapher[106] und nicht erst Darwins „The Origin of Species" von 1859 hatte zur Folge eine Veränderung der Zeitvorstellung; die Natur zeigt nicht mehr Gottes Eingriffe, sondern das Abschnurren. Die Aufklärung sieht mit neuen Augen: Die Natur hat eine Geschichte![107] Herder zeigte, daß auch die Offenbarung sich der Zeit bediente, doch erschrak er noch nicht.[108] Warum sollte die Idee der Stufen nicht gerade zu einem Fortschrittsglauben verlocken? Aber allmählich erschien die große Kette der Wesen und wirkte das in der Zeit entstandene Weltall als Demiurg; nicht Gott hatte der Welt zur Freiheit die Zeit gelassen, sondern die Zeit selbst wurde dem wachsenden Wissen zum Schöpferersatz. Die Erde erhielt ihre insulare Frist in der Zeit,[109] wie jeder Zeitgenosse heute weiß (1952 löste die Wissenschaft die Zeitmessung von der Rotation der Erde und ging zur Atom-Zeit über). Merkwürdig ist, daß sich kein Niederschlag des Wissens darum in der Theologie zeigt, daß jedes Atom in unserem Leib aus der ausgebrannten ,Asche' von mehreren Generationen von Sonnenleben stammt, daß wir also recht besehen Milliarden Jahre alt sind, um so sein zu können. Unser Stammbaum macht nicht verwundern, sondern wird wie eine ernüchternde Feststellung hingenommen. Offensichtlich hat die vielleicht schon in der humanistischen Entdeckung der Wandelbarkeit wurzelnde, sich seit 1860 als Zauberwort ausbreitende *Denkform Evolution*[110] sich nur so ausgewirkt, daß wir uns auf die Tiernatur zurückgeworfen sehen. Der sich bewußt gewordene Gott Hegels[111] entdeckt seine Nacktheit, er ist wirklich heraus aus dem Garten der Tiere. Auf das Pathos der aufklärerischen Fortschrittsidee einzugehen, erübrigt der heutige Problemstand; die *Denkform Entwicklung* wurde zum Erbe, das auch negativ dynamisch blieb, sie wurde vom Weltbild der Stolzen zu dem der Endzeitfürchtigen. Es könnte geschehen, daß sich die Entdeckung der Zeit (und der möglichen Endzeit) zugunsten der Kontingenzerfahrung auswirkt, also letztlich der Theologie wieder Raum gibt, nicht jedoch, ohne daß diese selbst tätig wird. Günter Kunert deutete jüngst die Katastrophenangst als Belehrung, „daß wir nichts sonst sind als eine zerebral begünstigte Säugetiergattung, der jede Voraussetzung fehlt, sich selbst zu erkennen" und daß die Geschichtsschreibung nur einen „sporadisch unterbrochenen Betrieb einer irdischen Blutbadeanstalt" zeige.[112] Man muß bei den Äußerungen auf Gattung und Skopus achten: Beschimpfungen des Menschen müssen nicht gleichzeitig Beschimpfungen Gottes sein. Auch die Erbsündelehre in der Theologie stellt ja schließlich keine solche dar. Wir müssen bei diesem vierten Kreuzungspunkt der Krise, dem Sterben Gottes an der entdeckten Zeit, vielmehr jenes Moment am Evolutionismus herausstellen, das die Freiheit beseitigt und eine der Bedingungen ihrer Möglichkeit, nämlich die Zeit, zum Grund ihrer Unmöglichkeit erklären möchte. Denn damit ist die ZEIT das Ende der Vorsehung Gottes.

Die Zeit, die wir z. B. so erfahren, daß wir im Licht weiter und näher entfernter Objekte im All, wegen der Laufzeit des Lichts zu uns, sozusagen Milliarden Jahre gleichzeitig sehen, wird nicht mehr Anlaß zum Bestaunen der Größe Gottes, wie dies zu Lebzeiten der *Physicotheologie* geschehen wäre. Den Ausdruck prägte Robert Boyle[113], bekannt machte ihn William Derham in Predigten und in seinem Werk 1713 „Physico-Theology, or a Demonstration of the Being and Attributes of God from his Works of Creation". 1798 hatte es seine 15. Auflage.[114] Wie Christian Wolffs „Cosmologia generalis", 1731 erschienen, ging es weiterhin um den Erweis der Eigenschaften Gottes aus der Ordnung und Weisheit der Natur. Die Arbeiten von Wolfgang Philipp und Matthias Schramm und Hans Blumenbergs „Die Lesbarkeit der Welt" haben den Charakter (Erweis der Doxa Gottes), die erstaunlich lange Geltung und die nach zwei Generationen einsetzende Lächerlichmachung der Bewegung herausgearbeitet.[115] Schon im 17. Jh. heißt die Alternative: Gotteswunder Mensch oder Kosmischer Zufall, Vatergott oder Weltfrost.[116] Die Physikotheologen sind von der besten aller Welten überzeugt, sie denken von Newton her, dem die Schwerkraft Ausdruck göttlichen Wollens war, also auf dem Eingriff Gottes beruhte, William Whiston deutete 1696 den Genesisbericht als Darstellung, wie die Sonne einen Kometen einfing und so unser Planet entstand.[117] Es gab eine Astro-Theology, eine Pyro-Theology, ja Spezialkompendien über Vögel, Fische, Frösche, Heuschrekken, Muscheln und Schnecken und eine Insectotheologie, eine Melittotheologie usw. Der unstillbare Hunger nach solchen Büchern trieb noch Metallo-, Geo-, Zoo-, Chemio-, Spermato-, Therato-, Tycho- und Mikrotheologien hervor.[118] Man fand Gott im Garten, in Gras und Klee.[119] Mit Reimarus in Hamburgs Physikotheologie – er schrieb 1762 seine „Betrachtungen über die Triebe der Thiere" –[120] kommt eine Veränderung. Gott bildet fast nur noch eine Schutzklausel, eigentlich ist es das erste Werk einer Verhaltensforschung, die direkt in den Selektionismus überführt werden kann.[121] Die Neologie, eine Vermittlungstheologie zwischen Orthodoxie und Deismus, zwischen Glaube und Vernunft, eigentlich ein Entmythologisierungsprogramm, reduzierte die Physicotheologie in ihrem Einfluß. Den ersten tödlichen Stoß versetzte Voltaire schon dem Sparsamkeitsprinzip (den Physikotheologen galt der sparsamste Aufwand als Beweis des göttlichen Ratschlusses): Die Natur sei in Wirklichkeit verschwenderisch.[122] Darwins Theorie sprach später von der Überproduktion. Das Mikroskop und der klassische Gegenstand Wunder des Auges bildeten immer die Prunkstücke in den Kabinetten und Büchern, als aber die Physicotheologie in Bagatellen abglitt, grub sie ihr Grab in den Falten des Rhinozeros und im Nachweis von

Gottes Finger in der Anatomie einer Laus – so wörtlich.[123] Kant widerlegte die Möglichkeit eines physikotheologischen Gottesbeweises.[124] Da man die Arten als unmittelbar von Gott so gebaut ansah, schon bei der Schöpfung, mußte dann Darwins Entwicklungsgedanke die Physicotheologie restlos erschüttern; sie hatte einen Wandel der Arten nicht vorgesehen.[125]

Ich möchte hier aber gleich zur Ehrenrettung der Physikotheologen meine aus der Untersuchung gewachsene *These* einfügen, bevor ich zur heute herrschenden Evolutionären Erkenntnistheorie übergehe; voll begründet wird sie freilich erst im nächsten Punkt über die Zersetzung des Wunderbegriffs bzw. des Unbegriffs vom Handeln Gottes in der Geschichte erscheinen. Meine These ist: Nicht die Naturwissenschaft führte in der Aufklärungszeit zur Krise von Schöpfungs- und Vorsehungstheologie, sondern die Geschichtswissenschaft, die Entdeckung der Geschichtlichkeit im Verein mit der natürlichen Erklärung der unverstandenen Wundererzählungen aus der alten Geschichte. Und dafür mag der Grund zuletzt in der Wendung gegen eine Kirchen- und Dogmenherrschaft liegen, die sich nicht mehr durch ein Leben nach evangelischer Einfachheit und mit zeitgenössischen messianischen Zeichen legitimieren konnte. Die Naturwissenschaft aber war fromm und wurde von der Kritik an der faktischen Kirche, ihrer Bibel und Geschichte mitbetroffen. So verletzt, gelang ihr dann der Sprung zur Eroberung des darwinistischen Naturmodells nicht mehr.
Die Theologie, der Natur- und Heilsplan Gottes, wurde durch den *Evolutionismus* abgelöst. Schon Kant hatte in der „Kritik der Urteilskraft" die methodische Scheidung von Naturteleologie und Theologie gefordert. Die Interpretationskategorie Evolution erlaubte nun, die bloße Naturtotale methodisch durchzuziehen, die neuen teleonomischen Begriffe sind eine gnadenlose, vorsehungslose Welt für sich: Selektionsdruck, Zufall, Mutation, ökologische Nische usf. In den letzten Jahren wurden selbst die letzten Reste altruistischen Verhaltens im Tierreich grausam wegerklärt,[126] und es ist, als könne man sich auch Gott nicht mehr als Helfer vorstellen. Der Egoismus der Gene, der Art, der Individuen erscheint als die einzige Vorsehung eines jeden auf eigene Faust. Die Krise würde auch durch die Theologen gefördert, wenn sie nicht zwischen Evolutionstheorie und Evolutionismus unterschieden und mit einer in die Theologie integrierten Evolutionstheorie den Erklärungsanspruch der Evolutionären Erkenntnistheorie, den Evolutionismus überwänden. Diese Aufgabe wird gegenwärtig angegangen.[127] Die Unterscheidung[128] kann zeigen, wie einerseits eine Reduktion auf Kausalrelationen, auf Physiko-Chemie und Evolutionslotterie keinen Anspruch auf eine Welterklärung machen[129] und wie andererseits die Schöpfungs- und Erlösungstheologie unbefangener auf das Verteidigen von Lücken für das Eingreifen Gottes verzichten darf, um statt dessen das Ganze zu

retten, durch einen Paradigmenwechsel. Der durchgängigen Entwicklungslinie vom Urknall bis zum Selbstbewußtsein des menschlichen Gehirns, der Hypothese der Evolutionstheorie, kann man nicht die Fulgurationen entgegenstellen – gewöhnlich wählt man drei Objekte aus Astrophysik, Biochemie und Neurologie: Entstehung der Materie, Sprung zum Leben und Sprung zum Geist –, als sei Gott nur für die Übergänge zuständig. Darin stimmt nur, daß *wir* an diesen Punkten – der Wunderproblematik vergleichbar – eher bemerken, daß es um mehr geht als um eine selbstverständliche Höherentwicklung. Auch der Theologie könnten die Faktoren Reproduktion, Mutation, Selektion und Zufall genügen (heute fügt man über den Neodarwinismus hinaus noch hinzu: Isolation, Gendrift, genetische Variation[130]), wenn es ihr gelingt, die Ursprungsrelation Liebe Gottes und die Mitteilungsrelation Information oder Fähigkeit zur Selbsttranszendenz als aus den Erfahrungen des Gottesvolkes begründete Ganzheitssicht glaubwürdig zu machen. Das im Band „Evolutionismus und Christentum" dokumentierte Symposion in Rom hat dies erfreulich herausgestellt: dem abstrakt-physikalischen Erfahrungsbegriff des Evolutionismus kann nur mit *Erfahrungs*begriffen aus Ethik und Religion begegnet werden.[131] Der Monismus muß also bei der Emergenz des Bewußtseins, bei Sprache und Geist und Erfahrungen, von hinten her, aufgesprengt werden; es wird nicht gelingen, Gott als Schmied der schweren Elemente aufzuzeigen. Von der Erfahrung, daß Gott das Geschöpf nicht zum Halbpart, sondern zum Selbstvollzug ermächtigt hat, her (also vom Geschichtswunder der Glaubensgemeinschaft her) kann leichter zurückgeschritten werden: er habe der Materie die Gestaltprinzipien eingeschaffen und die Welt hervorgerufen (gerufen, nicht kausiert!).[132]

Darf man der Naturwissenschaft einen methodischen Atheismus zugestehen? Der faule Burgfriede, der Theologie das Daß und der Evolution das Wie der Welt zuzuweisen, ist in der Tat für beide keine Lösung.[133] Die neuzeitliche Wissenschaft ist Bedingungsforschung und statistische Beschreibung, aber keine Erklärung; die Theologie muß beachten, daß ihr Mangel an einer hinreißenden (und überzeugenden) Schöpfungstheologie die Modetorheiten des Religionsersatzes miterzeugt. Mehr als den nackten Affen im Menschenzoo[134] kann die Soziobiologie nicht erschaffen. Die konsequenteste Form nahmen die Entdeckung der Zeit und die Entwicklungsformel jedoch in Hegels Deutung des Ganges des Weltgeistes durch die Zeit an: Seine Gegenwart sollte die Entzweiung in Religions- und Gesellschaftsgeschichte aufheben und der Anbruch der Philosophie des göttlichen Menschen werden. Dies sei „an der Zeit", formulierte Hegel, „unsere Zeit" sei „eine Zeit der Geburt ... zu einer neuen Periode", sei der Aufgang eines Blitzes als „das Produkt einer weitläufigen Umwälzung"[135]. Darum sieht er die Entwicklung von der antiken zur modernen Aufklärung, seit der „Hayn zu Hölzern"[136] wurde, münden in dem Tod des Mittlers und Versöhners, der für das fromme Bewußtsein der Tod Gottes selbst werden müsse, um philosophisch begriffen und heiter überwunden werden zu können. 1802[137] und 1804[138] veröffentlicht Hegel seine Gedanken über den spekulativen Karfreitag als das Gefühl der neuen Zeit und die Rückkehr der Gott-Projektion in den menschlichen

Geist. Diese Identifizierung von Gott und Weltprozeß im Menschen mittels der Zeit ist die schärfste Vereinfachung des theologischen Problems und dennoch dessen große, bleibende Herausforderung. Strauß und Feuerbach und zuletzt Ernst Bloch verdeutlichen nur den dunklen Hegel. Nietzsche verstärkt den einen Gedanken der zweitausendjährigen Geschichte des Abendlands als des Sterbens Gottes[139], Bloch präzisiert das Hohlraumproblem, den Raum, den die Gott-Projektion entwarf, als die noch nicht ausgelebten Möglichkeiten der Natur, des Menschen (homo absconditus) und des Kerns der schöpferischen Materie.[140]

Die Entdeckung der Zeit muß aber nicht eine bleibende Krise für die Theologie bedeuten, im Gegenteil. Der Katholizismus beruft sich selbst auf die Entfaltung, die ‚Auswicklung' des Anfangs, in der Zeit! Die Theologie muß aber insgesamt die Zeit reklamieren, vor allem für den Offenbarungsbegriff. Was Friedrich Schlegel in den Vorlesungen von 1804–1806 sagte, muß sie auf ihren Gegenstand übertragen: „Nur wenn die Welt als werdend gedacht wird, als in steigender Entwicklung sich ihrer Vollendung nähernd, ist die Freiheit möglich."[141] Die ZEIT als das Medium der Freiheit vor Gott ist noch nicht umfassend mit dem Vorsehungsglauben verbunden worden. Der naturwissenschaftliche Begriff vom wiederholbaren Experiment spricht nicht gegen das Kontinuum je neuer Geschichte der Welt mit Gott, deren Deuteort die Kirche ist. Und die Philosophie hat längst keinen schlichten Zeitbegriff mehr; sie kennt neben der chronologischen die geformte Zeit, spricht von Katarakten, Klassen von Geschichte, unterschiedlichen Zeiträumen, die nebeneinander existieren, und von dem Zeitraum als dem Treffpunkt von Zufallsbegegnungen, dem Wartesaal im Bahnhof gleich.[142] Es wäre Platz und Verständnis da für eine christliche Behauptung von einer von Gott ergriffenen und von Glaubenden begriffenen Zeit. Lessings Metapher von der Leitung und Vorsehung ist erst heute in ihrer Größe erkannt worden; er sei kurz selbst zitiert:
„Was die Erziehung bei dem einzeln Menschen ist, ist die Offenbarung bei dem ganzen Menschengeschlechte ... In der Theologie kann es gewiß sehr großen Nutzen haben, und viele Schwierigkeiten heben, wenn man sich die Offenbarung als eine Erziehung des Menschengeschlechts vorstellet."[143]

## 5. *Wandte sich die Aufklärung nur gegen einen Unbegriff des Wunders?*

Den fünften Krisenpunkt fasse ich unter dem Thema *Zersetzung des Wunderbegriffs* bzw. des *Unbegriffs vom Handeln Gottes* in der Geschichte zusammen. Damit ist schon angedeutet, daß inzwischen der Rationalismus der Aufklärung überwunden und in seinem wahren Moment sogar fruchtbar gemacht werden konnte. Die Krise hält aber insofern noch an, als der positive Teil, das neue Sprechen von Taten Gottes in der Zeit, also auch heute, weitgehend noch zu leisten ist.

Ich nenne zunächst stichwortartig die Komplexe, die diesen Punkt kreuzen, und füge dabei die Hinweise an, worin ich die wahren Gründe der Krise sehe:

- Das neue Wissen und Instrumentarium (symbolisch stehen dafür Teleskop, Mikroskop, das Auge für die Psyche und das für die Geschichte des Menschen) verstärken seit der europäischen Aufklärung den Konflikt zwischen *Vernunft und Offenbarung*. Der wahre Grund: Die Offenbarungsgeschichte wurde selbst nicht als der von der von Gott erleuchteten Vernunft geführte kritische Prozeß begriffen.
- Die Betonung der Hl. Schrift von der Reformation her und der Beginn der modernen historisch-kritischen Exegese führten seit der Aufklärung zu einer *Bibel- und Mythenkritik* und zur Reduzierung der Wunderberichte auf poetische Übertreibung oder Betrügereien. Die wahren Gründe: Die Nichtrezeption der jüdischen Exegese verhinderte die rechtzeitige Entdeckung der formgeschichtlichen Betrachtung, die damit um weit über 100 Jahre nachhinkte; aber nicht nur die Sprachlichkeit von Offenbarung und Handeln Gottes war nicht recht erfaßt, das Postulat von zeitgenössischen Wundern konnte nicht erfüllt werden, wie Lessing hervorhob.
- Die Aufklärung entdeckte die *Verbesserung des Staates,* die demokratische Gesellschaft, als das wirkliche ‚soteriologische' Problem, verwandelte das Handeln Gottes in ein Handeln der Bürger und die Vertröstung auf das Jenseits in einen Umsturz auf Erden. Die wahren Gründe: Das Christentum hatte die Gesellschaftlichkeit des Gottesvolkes vergessen, die Theologie vom Begriff des messianischen Volkes gelöst und faktisch der weltlichen Macht ausgeliefert; die Menschen, denen die Welt immer mehr aufging, sehnten sich nach Naturschönheit und einer Rückkehr zu den alten heidnischen Göttern, da ihnen die kirchliche Lehre als Dualismus erschien.
- Zusammengefaßt: Warum erschien die Welt immer weniger als Schauplatz des Dramas, der Geschichte Gottes mit dem Menschen? Die Herrschaft der Kirche diskreditierte die Gottesherrschaft in ihrer Beglückungsbehauptung. Die *Wunder* wurden zum Hauptziel des Angriffs auf die Legitimierung solcher Herrschaft.
  Es fehlt hier der Raum, um auf die Wurzeln und Hauptmotive der Aufklärung eingehen zu können; und auch die für unsere Fragestellung wichtige These von der Säkularisierung, ob diese aus dem Christentum selbst entspringe und rechtens sei, kann nur gestreift werden. Noch wichtiger erscheint mir die These Hans Blumenbergs, die Aufklärung sei der zweite Versuch gewesen, nachdem das Mittelalter darin gescheitert sei, es mittels der Aufnahme der heidnischen Antike in die Theologie zu bewirken, die *Gnosis* zu überwinden, die als Unterströmung lebendig war und blieb.[144]

Die Aufklärung war zunächst nicht vom Programm geleitet, das Offenbarungswunder als Entfremdung oder Betrug zu entlarven; sie wollte es vielmehr von den Unbegriffen reinigen. Noch *Lessing* konnte gleichsam die hochmittelalterliche Synthese von *Glaube* und *Vernunft* erneuern wollen, wenn er im Blick auf die Epoche des Alten Testaments sagt: „Die Offenbarung hatte seine Vernunft geleitet, und nun erhellte die Vernunft auf einmal seine Offenbarung."[145] Er erinnert an einen möglichen Zusammenhang zwischen der Schwärmerei vom dritten Reich des Hl. Geistes, des reinen Evangeliums und der aufbrechenden Epoche der europäischen Aufklärung: „Vielleicht war ihr dreifaches Alter der Welt keine so leere Grille ... Es blieb auch bei ihnen immer die nämliche Ökonomie des nämlichen Gottes ... der nämliche Plan der allgemeinen Erziehung des Menschengeschlechts. Nur daß sie ihn übereilten; nur daß sie ihre Zeitgenossen, die noch kaum der Kindheit entwachsen waren, ohne *Aufklärung,* ohne Vorbereitung, mit eins zu Männern machen zu können glaubten ... Sonderbar, daß diese Schwärmerei allein unter den Schwärmern nicht mehr Mode werden will! Geh deinen unmerklichen Schritt, ewige *Vorsehung*! Nur laß mich dieser Unmerklichkeit wegen an dir nicht verzweifeln ... Es ist nicht wahr, daß die kürzeste Linie immer die gerade ist."[146] *Strauß* verändert Lessings Synthese von Vernunft- und Offenbarungsglauben in die Richtung eines Konflikts zwischen Heteronomie und Autonomie des Geistes und folgert: „Statt des früheren confessionellen Gegensatzes also hat jetzt der zwischen dem Standpunkte des christlichen Glaubens überhaupt und dem der modernen Wissenschaft in die Dogmatik einzutreten."[147] Und *Feuerbach* vergröbert: Die christliche Ära müsse entthront werden, „es wird und muß endlich zu dieser Alleinherrschaft der Vernunft kommen"[148]. Er behauptet: „Jede Vermittlung der Dogmatik und Philosophie ist eine concordia discors ... Alle religiöse Spekulation ist Eitelkeit und Lüge – Lüge gegen die Vernunft und Lüge gegen den Glauben ... man glaubt, was der Vernunft widerspricht, weil es ihr widerspricht."[149] Hier wird auch klar, daß sich diese Hegelschüler gegen einen Unbegriff von Glaube und zutiefst gegen Dualismus und Manichäismus wehren und gar nicht gegen vernünftige Erfahrungen des Christentums. Lessing hatte da viel schärfer differenziert und formuliert: „Man wende nicht ein, daß dergleichen Vernünfteleien über die Geheimnisse der Religion untersagt sind. – Das Wort Geheimnis bedeutete, in den ersten Zeiten des Christentums, ganz etwas anderes, als wir itzt darunter verstehen; und die Ausbildung geoffenbarter Wahrheiten in Vernunftwahrheiten ist schlechterdings notwendig, wenn dem menschlichen Geschlechte damit geholfen sein soll."[150]

Lessing hätte statt Vernunftwahrheiten verstehbare Wahrheiten sagen sollen, und er wäre ein Theologe.

Lessing veröffentlichte die Fragmente der Bibelkritik des Reimarus, aber niemand wußte, daß diese aus Hamburg kamen. Die Hamburger Aufklärung hielt die gesamte „Schutzschrift" noch zurück, weil die Zeit nicht reif sei für diesen Schock, und entschied sich, die Bibel vorerst durch das Buch der Natur zu ersetzen (die vollständige Ausgabe erschien erst 1972).[151]

Durch *Kant,* der die Reimarusfragmente benutzte, wurde der Weg dann so gewiesen: Die Vernunft muß *voran*gehen, um allenfalls ergehende Bekundungen der Gottheit zu prüfen, wie er im Aufsatz „Was heißt: Sich im Denken orientieren:" schreibt[152]; und im übrigen lehren uns die reine und die praktische Veununft, Gott bloß als moralische Instanz zu postulieren, womit Gottes Wille identisch ist mit unserem Weltbesten, dem Vernünftigen.[153] In „Die Religion innerhalb der Grenzen der bloßen Vernunft“ nennt Kant alle religiöse Übung „außer dem guten Lebenswandel“ bloßen „Religionswahn und Afterdienst Gottes“[154], den Versuch, auf Gott einzuwirken, daß er nach der Meinung des Menschen etwas bewirke, nennt er „Fetischmachen“ und begründet die Ungereimtheit so:

> „So rechnet er zwar, zur Ergänzung seines natürlichen Unvermögens, auf etwas Übernatürliches, aber doch nicht als auf etwas vom Menschen (durch Einfluß auf den göttlichen Willen) Gewirktes, sondern Empfangenes ... so muß er in dem Wahne stehen, ... den Beistand der Gottheit gleichsam herbeizaubern“ zu können, „denn es ist zwischen bloß physischen Mitteln und einer moralisch wirkenden Ursache gar keine Verknüpfung nach irgendeinem Gesetze, welches sich die Vernunft denken kann.“ Und nochmals das Urteil: „der verwandelt den Dienst Gottes in ein bloßes Fetischmachen ... In dieser Unterscheidung aber besteht die wahre Aufklärung“[155].

Man muß beachten, welchen Feind Kant im Auge hat: Die „knechtische Unterwerfung unter eine despotisch gebietende Macht“, die Verehrung Gottes statt der Tugend, d. h. des eigenen Tuns, die aus Gott „ein Idol“ mache.[156] Auch die sogenannte *natürliche Erklärung der Wunder* kann man der Aufklärung nicht als Kinderkrankheit anlasten und damit für überwunden halten. Zwei Körner Wahrheit in ihrem Wunderkritikprogramm sind unerledigt: Die natürliche Erklärung der Wunder ist eine Reaktion auf die fehlende Theologie des ‚mediante‘ (der Vermitteltheit durch Natur, Geschichte und Sprache, durch Erkennen und Glaube) gewesen; und sie entzündete sich an dem fehlenden Moment des Zeitlichen, Gegenwärtigen, an der scheinbar fehlenden heutigen Begegnung mit dem Wunder.

Das Wunder begegnet in einer sprachlichen Nachricht. Schon die abstrakte Eigenschaft der behaupteten *Allmacht* Gottes ist eine solche gefährliche Nachricht. Soll sie wirklich sein, muß sie anhand von konkreten Geschichten erzählt werden. Sonst verunmöglicht sie jede Theodizee. In der Bibel wurden viele Paradigmata für das Handeln Gottes und die Vorsehung verwendet, es existiert eine Galerie von Denkformen und Modellen. Die systematische Theologie betreibt schon einen Reduktions- und Simplifizierungsprozeß. Die Geschichte der Exegese der biblischen Wunder könnte zeigen, wie sich die fehlende Einsicht in die Gattungen, poetischen Formen und Verdichtungen verhängnisvoll auswirkte. Dies umso mehr, als die platte Auslegung auf eine supranaturale Kausalität hin ja von keiner weitergehenden Reflexion zeitgenössischer Heilsgeschichte aufgebrochen wurde; denn eine fortgeführte Geschichtstheologie hätte von den zeitgenössischen Ereignissen – den Wundern – her den formgeschichtlichen Umgang mit den alten Texten, den Schlüssel zu den sprachlichen Verschlüsselungen finden *müssen.* Durch den Tod der aktuellen Heilsgeschichtstheologie war die Sprache der Wunder nicht mehr umfangen vom Verstehen. Die Kritik war eine Pflicht.

So wurde es möglich, daß bis heute der Agnostizismus einen *Unbegriff* von Wunder ‚erledigt'. Selbst John L. Mackie macht es sich so leicht, als Angriffsziel die im Wunder berichtete Naturgesetze-Störung zu wählen. Er definiert den theistischen Wunderbegriff noch wie *Hume:* „Das Ereignis ... muß die Absichten eines Gottes oder eines anderen übernatürlichen Wesens erfüllen. Diese Beziehung ... setzt die Fähigkeit voraus, Absichten *direkt, ohne physische Hilfsmittel* zu verwirklichen."[157] So ist es klar, daß ihm am Beispiel der für die britische Flotte günstigen Wetterbedingungen bei Dünkirchen 1940 die mit der theistischen Deutung rivalisierende natürliche Erklärung zuverlässiger erscheinen muß.[158] Mackie wiederholt Humes *Hauptargument:* Die Wunder sind Nachrichten, haben wir glaubwürdige Zeugen? Die sogenannte natürliche Erklärung der Wunder bewegt sich also auf der Ebene der erkenntniskritischen Kritik.[159]

*Reimarus* machte ebenfalls auf das Fehlen von heutigen Wundern aufmerksam: „Da ist kein Jahr noch Jahrhundert bestimmt, wo Weissagungen und Wunder aufhören sollten. So müssen wir entweder alles für Einbildung und eitles Vorgehen halten, oder wir müssen eben diese Gaben auch den neueren Quakern und Convulsionairs zugestehen."[160] Er erklärt die Wunderberichte für pädagogische Mittel, um das Christentum auszubreiten (darum seien sie auf den Anfang beschränkt) und beurteilt die Wunder des Konstantinischen Sieges und der Märtyrerakten als „ein großes Meer von Lügen und Legenden"[161]. „Ich kann den Locum communem von den piis fraudibus oder officiosis mendaciis pro re Christiana so bald noch nicht verlassen, weil er gar zu reich ist an Materie", begründet er seine immense Stoffsammlung.[162] Reimarus starb 1768. *Lessing* veröffentlichte 1777 die bekannte Schrift „Über den Beweis des Geistes und der Kraft" mit den Kernsätzen[163]:

„Wenn noch itzt von gläubigen Christen Wunder getan würden, die ich für echte Wunder erkennen müßte, was könnte mich abhalten, mich diesem Beweise des Geistes und der Kraft, wie ihn der Apostel nennet, zu fügen? In dem letzteren Falle war noch Origenes ... Aber ich, der ich auch nicht einmal mehr in dem Falle des Origenes bin, der ich in dem 18. Jahrhunderte lebe, in welchem es keine Wunder mehr gibt .. ? Daran liegt es, daß dieser Beweis des Geistes und der Kraft itzt weder Geist noch Kraft mehr hat, sondern zu menschlichen Zeugnissen von Geist und Kraft herabgesunken ist. Daran liegt es, daß Nachrichten ... von Wundern nicht Wunder sind." Lessing beschreibt dann, daß Wunder zeitgenössisch sein müssen und man nur von den selbsterlebten oder von glaubwürdigen Zeugen erlebten Wundern her die alten glauben dürfe. Dann folgt: „Ich leugne also gar nicht, daß ... Christus Wunder getan, sondern ich leugne, daß diese Wunder, seitdem ihre Wahrheit völlig aufgehöret hat, durch noch gegenwärtig gangbare Wunder erwiesen zu werden, seitdem sie nichts als Nachrichten von Wundern sind (...), mich zu dem geringsten Glauben an Christi anderweitige Lehren verbinden können und dürfen." Nun unterscheidet Lessing weiter zwischen der Klasse des christologischen Wunders, die er versteht, und der Klasse der Osterlegenden, die in einer ‚metábasis eis állo génos' ins Historische springen. Seine These von der Notwendigkeit bis heute weitergehender Wunder wiederholend, im langen wörtlichen Zitat, fügt er dann den Satz ein, der vielzitiert wurde: „Das, das ist der garstige breite Graben, über den ich nicht kommen kann, sooft und ernstlich ich auch den Sprung versucht habe. Kann mir einer hinüberhelfen, der tu' es; ich bitte ihn, ich beschwöre ihn."

Dieser Angriff ins Zentrum der Schwäche des populären Wunderbegriffs ist bis jetzt nicht erwidert, doch weil Lessing sich eine Blöße in einem kleinen Sätzlein gegeben hat, konnten die Theologen an Lessings Spieß die Spitze umbiegen. Es ist der inkriminierte Satz: „Zufällige Geschichtswahrheiten können der Beweis von notwendigen Vernunftwahrheiten nie werden." Diese These geht tatsächlich restlos am Zusammenhang von Geschichte und Wirken Gottes, am Kern der jüdisch-christlichen Offenbarung vorbei. Es ist ein Rätsel, wie dem klugen Lessing der fundamentalste Punkt verborgen blieb.

Noch *Peter Sloterdijk* ist in seiner „Kritik der zynischen Vernunft" gefesselt von Lessings Kunst, mit der einfachen Nachfrage, woher man denn sicher wisse, elegant den Absolutheitsanspruch der Tradition auszuhebeln; seither sieht er die Theologenzunft zusammen mit der politischen Reaktion des Irrationalismus um die nackte Selbsterhaltung kämpfen.[164]

*Albert Schweitzer,* der als Folge der Bibelkritik den Beruf eines Exegeten in den eines Urwaldarztes verwandelte, hat in seiner „Geschichte der Leben-Jesu-Forschung" auch nebenbei die Geschichte der Wunderauflösung im älteren und jüngeren Rationalismus geschrieben. Er brandmarkt den sentimentalen, ungenießbaren frühen Rationalismus, der aber freilich den üblichen Wunderbegriff von innen her aufgelöst habe.[165] Die Beschreibung der Naturseite der Wunder Jesu geriet freilich immer in die Nähe der Betrugshypothese.

Auf die Erfahrbarkeit gegenwärtiger Wunder zielt auch das Argument des frühen *Marx,* der englische und französische Materialismus habe nur eine Erfahrungswissenschaft gelten lassen können, den Zusammenhang von Ideen mit dem Materiellen. „Die Materie lacht in poëtisch-sinnlichem Glanze den ganzen Menschen an."[166] Aber wen lachen noch Wunder an? Um diese Fragestellung abzuschließen: Es fällt auf, daß zuviel von Vergangenheit und eschatologischer Zukunft geredet wird („Gott griff ein" oder „er wird eingreifen"), aber nicht vom Heute der Geschichte des Gottesvolkes.

Die theologische Entwicklung suchte das Wunder mit den Naturgesetzen zusammen zu erhalten, wie sich insbesondere an den Beispielen Josuas Sonnenstillstandsbefehl, Stern der Magier und Sonnenfinsternis beim Tod Jesu, oder an der Auslegungsgeschichte des Mannawunders und z. B. sehr gut an der Abschaffung der Gottesurteile aufzeigen ließe.[167] Die *Vorstellung* vom *Eingreifen* Gottes schafft theologische Probleme, und die Hilfsvorstellung Verletzung der Naturgesetze bildet nur eines davon. Alles soll Wunder sein und alles darf nicht Wunder sein, damit dieses kenntlich bleibt, muß die Theologie gegen die und mit den Deisten sagen. Gott muß ein reales Verhältnis zur Welt haben, um Gott zu heißen, aber er darf die freigelassene Materie nicht manipulieren, um wiederum Gott heißen zu dürfen.[168] Es fällt auf, daß die Wunderkritik sich einseitig auf die Naturwunder in der Heilsgeschichte warf, während sie die moralischen Wunder der Bekehrung, des Glaubens und der Prädestination, die Hand Gottes im Inneren des Menschen, beiseite ließ, als ob dieser Eingriff in das ‚Naturgesetz' des Egoismus, in die ‚Biologie' (schließlich entsteht der neue Biotop Gottesvolk!) nichts wäre. Die Neologen bilden hier eine Ausnahme, sofern aus ihrem vorweggenommenen Entmythologisierungsprogramm das moralische Wunder übrigbleiben soll; sie reduzieren dieses jedoch auf natürliche Sittlichkeit (so wenig selbstverständlich erscheint also schon diese). Kant forderte daher ohne Umstände das moralische Verbot des Wunderglaubens zugunsten der Eindeutigkeit der ethischen Tat.[169]

Das deistische Modell der Weltuhr erlaubt keine Wunder mehr nach der Schöpfung der Uhr. Schon für die gläubige, fast doxologische Physikotheologie bestand die Gefahr, die Dinge der Welt alle zu Wundern zu erheben, so daß man indirekt auf die Natürlichkeit der Wunder schließen mußte. Wolfgang Philipp hat die Entwicklung des Wunderbegriffs (in Scholastik, Barock, Frühaufklärung, Wolffianismus) umrissen.[170] Der Barockismus hatte zu einem strengen Systemzwang geneigt, zum kosmologisch-biologischen Zahnrädchenmechanismus und zum isolierten Intellekt. Die ranggestufte Pyramide der Kreatur, der Ordo im Sinn des Mittelalters, war auch ein festes Haus gewesen, aber keine Maschine. Dort wußte man, daß ein Wunder strenggenommen immer aus drei Wundern besteht: Durchbruch durch die Naturgesetze, Niedersprühen der göttlichen Seinskräfte und Reparatur der Durchbruchstelle zum normalen Weitergehen der Dinge.[171] Von der Weltuhr bis zu Straußens Erklärung des Endes der Vorstellung vom Eingreifen Gottes, da dieses durch die Weltgesetze zu ersetzen sei,[172] ist kein weiter Weg. Die Vorstellung von den *Naturgesetzen* als der ‚Grenze' Gottes ist die Merkwürdigkeit der neuzeitlichen mathematischen Maßrelationen-Erkenntnismethode. Ein Gesetz ist, was sich im Experiment messen, wiederholen läßt, ist die Regel, nach dem ein Zustand B aus einem anderen Zustand A erfolgt. Danach kann innerweltliches Geschehen immer nur auf innerweltliche Bedingungen zurückgeführt werden.[173] Ein Naturgesetz kann also gar nicht verletzt sein, wenn ein Wunder erkannt wird. Schon *Schleiermacher* definierte 1799 in die richtige Richtung: „Was ist denn ein Wunder! Sagt mir doch in welcher Sprache – ... – es denn etwas anders heißet als ein Zeichen, eine Andeutung? Und so besagen alle jene Ausdrücke nichts, als die unmittelbare Beziehung einer Erscheinung aufs Unendliche, aufs Universum ... Wunder ist nur der religiöse Name für Begebenheit, jede, auch die allernatürlichste und gewöhnlichste, sobald sie sich dazu eignet, daß die religiöse Ansicht von ihr die herrschende sein kann, ist sie ein Wunder."[174]

*Lichtenberg* ist ein verläßlicher Zeuge für die Antriebe der Aufgeklärten. Er schrieb: „Was, wie ich glaube, die meisten Deisten schafft, zumal unter Leuten von Geist und Nachdenken, sind die unveränderlichen Gesetze der Natur. Je mehr man sich mit denselben bekannt macht, desto wahrscheinlicher wird es, daß es nie anders in der Welt hergegangen, als es jetzt darin hergeht, und daß nie Wunder in der Welt geschehen sind, sowenig als jetzt."[175] Die Argumentation ist weit entfernt von Lessings Suche nach den messianischen Zeichen. *Hegels* Definition des Wunders verlangt die restlose Bekehrung des Göttlichen zum Weltlichen: „In der Tat aber kann das Göttliche die Natur nur als Vernunft, als die unwandelbaren Gesetze der Natur selber, die Gott eingepflanzt hat, berühren und regieren, ... denn nur die ewigen Gesetze und Bestimmungen der Vernunft schlagen wirklich in die Natur ein."[176] Hier ist also der Begriff von der Durchbrechung der Naturgesetze auf den Kopf gestellt.

*Alfred North Whitehead* bemerkte zu den deistischen und positivistischen Auffassungen von den Naturgesetzen in der Aufklärungszeit: „Gott trat in der Religion mit dem frigiden Titel einer ‚Ersten Ursache' auf, und dazu paßte es ganz gut, daß man ihn ohnehin in weißgewaschenen Kirchen zu verehren pflegte."[177]

Die Bedeutung der naturwissenschaftlichen Entdeckungen für die Krise der Naturfrömmigkeit erkennt man am besten aus einem Beispiel. Es bietet sich die Aufklärung der Legende vom Paradiesvogel (Paradisea guilielmi), der nur in Neuguinea lebt, an.

1522 gelangte endlich ein Balg des Paradiesvogels nach Europa, ein Geschenk an Magellan. Man glaubte, der Kaiserparadiesvogel habe keine Füße, weil er Gottes Beweis für die Seele und die Himmelfahrt Christi sei und Gleichnis von Liebe, Glaube und Hoffnung. Vor allem war Aristoteles damit widerlegt. Nur: der fußlose Vogel war nur das normale Präparat der Eingeborenen. Johann E. Nieremberg lehrte 1636 die Entdeckung des „ausbündigschönen Paradeyß-Vogels" als ein Supplement zum alten Buch der Natur zu verstehen. 1824 bekam als erster Forscher der französische Schiffsapotheker René Lesson einen Vogel lebend zu Gesicht. Das Wunderwesen hatte Füße, Linnés Paradiseae apoda blieb fürderhin einzig ein Name.[178]

Der Volksglaube mußte sich umgewöhnen: Der transzendente Gott hatte keine immanenten Spuren dieser einfachen Art. Aber bis heute gibt es noch Versuche, die Freiheit Gottes und des menschlichen Willens der falschen Ebene zuzuordnen, vor allem aber von gläubigen Physikern, nicht von Theologen. Ich halte Karl Rawers Versuch von 1982, in der Mikrobereich-Steuerung, in der Unbestimmtheits-Relation einen Platz für die freien Entschlüsse zu verteidigen, für korrekturbedürftig, weil die Eingriffe damit eingeengt und durch das Gliedsein in der Ursachenkette falsch geortet werden. Ich wähle ein Beispiel: Wenn ein Mensch durch eine Begegnung oder ein Buch zu Glaube und Berufung kommt (Prädestination als Wunder der Gnade), was heißt dann, das verborgene (?) Einwirken Gottes auf die Psyche oder ein direktes Eingreifen fiele in die Kategorie der Indeterminiertheit der Steuerung im Mikrobereich, wie Rawer schreibt?[179]
Die Theologie müßte entfalten, wie Gott insbesonders durch den Glauben eingreifen kann, wie auf der mit dem Menschen erreichten Stufe der Evolution alles zum Boten Gottes (Engel) werden kann, was in Natur und Geschichte wirkt. Die Suche nach den Lücken ist höchst untheologisch. Beizubehalten ist der Wunderbegriff aber deshalb, weil die Glaubenden nur selten sich so ansprechen lassen, daß sie Gottes Wort ‚sehen'; sie selbst in ihrer Konstitution setzen also das Auffällige am Ereignis voraus. Die heutigen Theologen haben vom Gottesbild die Anthropomorphismen abgestreift und wegen der theologischen Probleme das Bild vom Eingreifen aufgegeben.[180] Wie aber werden si ' die Souveränität Gottes retten? Bela Weissmahrs fundamentaltheologischer Weg, das Wunder in seinem Ganz-von-Gott- und Ganz-von-der-Welt-gewirktsein (und Verstandensein) zu verstehen,[181] müßte, um hierzu fruchtbar zu werden, sich mit einer biblisch orientierten Wundererkenntnis und Geschichtstheologie verbinden. Wundererkenntnis bedarf des Wissens um den Rahmen, den Bezugsort und die damit gegebenen Kriterien, nach denen ein Ereignis in der Welt oder in der Kirche gedeutet werden kann. Die Krise hält über Strauß und Feuerbach hinaus bis heute an, wo z. B. der Rahmen das Modell der Parapsychologie oder der Tiefenpsychologie ist, der Bezugsort der Mensch im allgemeinsten Sinn und die Kriterien bloß therapeutische sind, oder wo die Enttäuschung über die Folgen der Aufklärung zu einem neomagischen Weltbild führt. Alles das ist längst vorweggenommen; als Feuerbach den Wunderglauben als Magie entlarven wollte,[182] waren die messianischen Zeichen zur Rede von der Aufhebung der Naturgesetze verkommen; man konnte die Sache in das Gemüt des Menschen verlagern, weil sie nicht

außen, im Gottesvolk, vorkam. Als der Umgang mit der Produktion von neuen Wundern aufhörte, die dann in ihrer Sprachlichkeit (Formgeschichte) die tradierten Wunderberichte erläutert hätten, war die Voraussetzung geschaffen, daß die Naturwissenschaft den Unbegriff des Wunders zerstörte, den keine Glaubenserfahrungswissenschaft reformiert hatte.

Ich habe vorgeschlagen, Vorsehung und Prädestination als die zwei ‚Orte' des Ineins-Zusammenhandelns von Erst- und Zweitursache anzusehen und auf die Heilsgeschichtstheologie zu beziehen; Vorsehung steht dann für den Raum des Weltlichen vor und in der Kirche, Prädestination für die Werke Gottes durch den Glauben von Menschen, die er zum Gottesvolk gesammelt hat. Von hier aus habe ich eine Kriteriologie unter der Leitfrage, wann Taten von Menschen zugleich Taten Gottes seien, entwickelt.[183] Im Prinzip handelt es sich um ein Lesen der Welt und der Ereignisse, um ein Sehen der Zeichen, wobei jedoch klar gesagt werden muß, daß diese Zeichen durch ihre Schrecklichkeit, Freundlichkeit oder durch ihre Unvorhersehbarkeit auffallen müssen und daß die unerwartete Heilung und Hilfe im Lob der Rettung durch Gott diesem zugeschrieben werden, weil die Versammlung der Gläubigen von einer Grundentscheidung herkommt: daß Gott mit ihr Geschichte initiiert.

Eine entscheidende Hilfe zur Behebung der Krise sehe ich in der stärkeren Rezeption der *jüdischen Wunderkritik* auf dem Glaubensstandpunkt. Zwar kann man aus Fichtes Begriff vom Offenbarungswunder (1792 schon)[184], aus Schellings Vermitteltheitsthese (von 1841/42)[185] und aus Kierkegaards Forderung nach einem neuen Existenz- und Reflexionsbegriff für Offenbarung und Heilsgeschichte als Antwort auf die Naturwissenschaft (1847/53)[186] ebensogut die Theologie vom Wunder erneuern, doch könnte sich die jüdische Linie von Spinoza bis zu Franz Rosenzweig als besonders ergiebig erweisen.

*Moses Mendelssohn* veröffentlichte 1785 „Morgenstunden oder Vorlesungen über das Daseyn Gottes". Darin reflektierte er den Eindruck, die Naturwissenschaften drängten den Raum für die Regierung Gottes zurück und schritt zu Konsequenzen: Die Begriffe seien noch nicht völlig ins Reine gebracht, die Rede von der Dazwischenkunft Gottes sei schlecht gewesen, es gelte einzusehen, „daß hier nirgends eine Lücke sey, und daß jede Naturwürkung eben sowohl der göttlichen Absicht zustimme, als sie aus seiner Allmacht fließe". Gottes Regierung und Vorsehung müsse gerade aus den kleinsten Begebenheiten soviel leuchten wie aus dem Auffallenden. „Wunder" ist ihm das Erkennen von Gottes Absicht in der einzelnen Begebenheit.[187]

Für *Hermann Cohen* hatte sich der Mensch in der jüdischen Offenbarung als Träger der Vernunft und Beauftragter, die Schöpfung (durch die Ethik) fortzuführen, entdeckt. „Die Schöpfung ist demgemäß auch die göttliche Vorsehung für das Menschengeschlecht", so daß sich die Frage des Wunders als Frage an das Tun des Glaubens stellt.[188]

*Franz Rosenzweig* widmet den Anfang des 2. Teils seines „Stern der Erlösung" der „Möglichkeit, das Wunder zu erleben". Die Wunderkritik der europäischen Aufklärung sieht er gegen einen Unbegriff gerichtet und deshalb immer nur auf einen bestimmten Ausschnitt am wunderbaren Geschehen: Das Ganze am Wunderbegriff (Ansage, Wunder=Zeichen, Deutung) kam ihr nie in den Blick. Seit die Theologie auf die Schöpfungstheologie verzichtet habe (im 19. Jh.), sei ihr die Natur zum Gegenüber zu Gott geworden, das biblische Wunder zum Märchen: Aus der zu Wundern vorbestimmten Natur wurde das vorbestimmte Naturgesetz, das dem Wunder entgegenstand. Rosenzweig entwickelt von dem von der Kritik Ausgelassenen her (daß die prophetische Deutung zum Wunderzeichen dazugehört) den Unterschied von Magie und Wunder: Die Magie will Gottes Vorsehung ändern, der Prophet will das von ihr Gewollte enthüllen. Insofern kann das Wunder gar nicht gegen Naturgesetze stehen. Die Naturgesetze legen nur den inneren Zusammenhang, nicht den Inhalt des Geschehens fest. Die Naturwissenschaft könne daher gar nicht das Wunder auflösen. Die historische Wissenschaft allein vermöchte dies, und eben dies ist in der Erkenntniskritik seit Hume, Kant und Reimarus geschehen. Rosenzweig greift auf die Bestimmung des prophetischen Deuters zur Konstitution eines Wunders zurück und wendet dies nun gegen die Zersetzung durch die historische Kritik: Wichtig ist der Augenzeuge, aber noch wichtiger der Blutzeuge, so vollkommen ist der Wunderglaube historischer Glaube. Rosenzweig merkt auch an, daß der Grund, warum die historische Methode zum Feind der Bibel wurde, in der Fragwürdigkeit der Autoritäten liegt, die sie überlieferten.[189]

Die bleibende Bedeutung kosmologischer Fragen für den Umgang mit biblischen Texten beweist das Entmythologisierungsprogramm Rudolf Bultmanns[190], das schon 250 Jahre vorher bei den Theologen des Neologismus in derselben Weise durchdacht und erlitten worden war[191]. Ein Weltbild[192] war notwendig immer mit dem Glauben verbunden, aber seit der Aufklärung gibt es das Bewußtsein vom Weltbild und von dessen Aufspaltung in ein Weltbild des Glaubens und des Wissens. Nicht nur die Theologie, auch jede Philosophie bezieht ihre Farbe aus der geheimen Lichtquelle eines Vorstellungshintergrundes, der nie ausdrücklich in ihren Gedankenketten auftaucht.[193]

Es scheint mir, die Krise des Wunderbegriffs müsse in gewisser Weise anhalten, bis die ‚Sprachlichkeit des Handelns Gottes' erkannt und die Begrenztheit der Theologie durch die sprachlichen Grenzen bewußt gemacht sind. Die alten, eher verwirrenden Großmetaphern „Verhülltheit" und „Ärgernis" sollten durch „Vermitteltheit", „Begegnungsauslegung" u. ä. ergänzt werden. Nur durch die Betonung der Freiheit und Mitwirkung des Menschen beim Offenbarungsprozeß und Wunder kann die Vorsehung Gottes – als (formgeschichtlich betrachtet) Ausdruck für das Freilassen der Schöpfung – aus dem Traktat in den Glauben zurückkommen.

### *6. Verlust der Theodizee und antisemitische Rechtfertigung der fehlenden messianischen Zeichen in der Neuzeit*

In einem abschließenden sechsten Krisenpunkt möchte ich auf den *Verlust* in der Theologie *auf dem Gebiet der Theodizee* hinweisen, den ich u. a. in der Ablehnung der jüdisch-gläubigen Aufklärung, also in einem *theologischen Antisemitismus* in manchen Bereichen begründet sehe. Mit den Stichworten vergessene Heilsgeschichte, vergessenes Gottesvolk und Theologie nach Auschwitz deute ich den Stellenwert dieses Kreuzungspunktes der Krise des Vorsehungsglaubens an. Auszunehmen von dieser Kritik wären eine Reihe von Theologien, z. B. des religiösen Sozialismus.

Das Problem und seine Lösung liegen in dem Umstand, daß der Glaube als Interaktion von Gott und Mensch immer schon eine Rationalisierung bedeutet, daß das Böse, dieser entsprechend, dem Menschen angelastet und daß eine Entlastung Gottes auf irgendeine Weise (sei es, daß man ihn für weiser als unsere Vernunft, für ohnmächtiger als geglaubt oder für an der Freiheit des Menschen leidend erklärt) begründet werden muß. Die in den biblischen Deutekategorien ausgebildete Theodizee unterschied sich von den sonstigen spekulativen Theodizeen dadurch, daß sie eine klare und dynamische Mitte hatte: Jede Katastrophe wurde Anlaß, eine vorhandene Schuld in eine Bekehrung umzuschmelzen und die Rettung Gott zu verdanken. Bezugspunkt war die Gestalt und der Auftrag des Volkes Gottes und die Memoria der Heilsgeschichte. Außerhalb dieses Rahmens tauchen dann wie sonst auch die ewigen Fragen eines Ijob und Prometheus auf. Die Probleme für den einzelnen bleiben, zumal das Alte Testament bis in die jüngste Epoche das Ventil zur Jenseitsvergeltung nicht öffnete. Aber erst die individualisierte Theodizee scheint das christliche Problem geschaffen zu haben. Ihr Theorem, Gott schicke das Leiden zur Besserung der Seelen, zerschellt an der Erfahrung, daß viele den Glauben verlieren, weil sie zuviel Leid existentiell erfahren. Es entzünden sich die Fragen: Sind die Negativfaktoren der Schöpfung nicht ein zu hoher Preis für die Positivität der intendierten Freiheit des Menschen? Warum muß der Mensch auf eine so zerbrechliche Weise frei und warum muß Gott auf eine so gefährliche Weise zurückhaltend sein? Die zunächst prägenden abendländischen Paradigmen zur Erklärung des Bösen und der mala physica, das Privationsmodell und das von der Verantwortlichkeit der Erbsünde für die physischen Übel, werden kontraproduktiv. Die vier Themenkreise Ontologische Frage nach dem Bösen an sich, Kosmologische Frage nach dem Schlechten, Anthropologische Frage nach der Sünde und Frage nach der Geschichtsschuld scheinen auf Alternativen hinauszulaufen: Gottes unerklärliches Wirken oder Nichtwirken oder seine Nichtexistenz oder

Dualismus zweier Prinzipien.[194] Von der jüdischen Lösungsrichtung sind wir hier weit entfernt. Sie bestand im Akzeptieren des Bösen im Menschen, im Drängen zu Verantwortung für sich und den Nächsten und im Beseitigen des sozialen Leides. Der Arm Gottes in der Welt war ihr das Gottesvolk. Aber das unvermeidbare Übel?

Das Erdbeben von Lissabon 1755 erschütterte den christlichen Glauben an die Vorsehung in Europa; erstaunlich ist der Unterschied in den Reaktionen Voltaires und Kants. Voltaires Schöpfungstadel nicht nur im „Poème sur le désaster" nennt die Erde die schlimmste aller Weltkugeln, eine Kloake von Elend und Fehlern, ein unentwirrbares Chaos, das Leben eine Seifenblase.[195] Kant hingegen schreibt zum Ereignis der 30 000 Toten – er war gerade zum Doktor promoviert – sogleich eine Abhandlung, die nicht mit Gott hadert, sondern Gründe für das Unglück und Möglichkeiten der Vorsorge nach naturwissenschaftlichen Maßstäben erwägt.[196] Die Leibnizsche Theodizee mit der besten der Welten, der Krönungssatz seiner „Monadologie",[197] einundfünfzig Jahre zuvor geschrieben, schien erledigt. Wie vertrug sich mit dem Unglück die Vorstellung Gottes als der allweisen Zentralmonade, die jede Monade der Schöpfung von Augenblick zu Augenblick durch blitzartige Ausstrahlung der Gottheit entstehen und wirken läßt?[198] Die Meinung, nach Leibniz werde es nie mehr eine Theodizee geben, breitete sich aus. Schon für Alexander von Humboldt (1794) waren die Erdbeben Südamerikas von der Theodizee gelöst. „Das Volk schrie laut auf der Straße" – seine Weltansicht ist die Wahrnehmung der Konvergenz von Stellarität und Vulkanität ohne Zutat, das Panorama kennt keinen Himmel mehr[199]. Die Schrecken der jüngsten Zeit haben das Argument verstärkt, um des Mitleids mit dem von dem Übel Betroffenen willen auf die Erde und nicht mehr zum Himmel zu blicken, so etwa bei Bertrand Russel[200]. Adorno hat in seiner „Negativen Dialektik auch die Frage nach einer Theologie nach Auschwitz gestellt: „Kein vom Hohen getöntes Wort, auch kein theologisches, hat unverwandelt nach Auschwitz ein Recht. Die Herausforderung der überkommenen Worte; die Probe, ob Gott das zulasse und nicht zürnend eingriffe, vollstreckte an den Opfern noch einmal das Urteil, das Nietzsche längst zuvor über die Ideen gefällt hatte."[201]

Andere lassen die Algodizee (sinngebende Interpretation des Schmerzes) an die Stelle der Theodizee treten und fragen so: Wenn es keinen Gott gibt, wie halten wir den Schmerz noch aus?

John Leslie Mackies Angriff auf den Theismus bringt die theologischen Schwierigkeiten so vor, als ob der Theologie zufolge Gott ein „höllisches Risiko"[202] eingegangen sei und als ob es nur um die Frage gehe, warum Gott nicht einen Menschen, der das Gute wählt, habe schaffen können. Daß die Theodizee einmal entstanden war, um das Böse im

Menschen zu einer Wunde zu erklären, die Gott zu heilen vermag, nämlich durch die antwortende Glaubenstat, entgeht ihm. Es gibt aber einen Satz, der das ganze Problem richtig enthält. Er lautet: „Wenn es keine nicht absorbierten Übel gibt, ist der Theismus gerettet."[203] Mackie meint, dies gelinge nicht der Theorie der Willensfreiheit. Es ist aber ein Problem der Praxis, der Geschichte, des Gottesvolkes.

Immer wieder taucht der Argumentationstypus auf, Gott verhalte sich wie ein ohnmächtiger Zuschauer, und falls er den Menschen geschaffen habe, so sei er schuld am Sündenfall, an dem Übel Mensch. Oder die Logik schreitet weiter zu der Vermutung, die Schöpfung sei nur dann kein Fehler des guten Gottes, wenn sie einen anderen, einen bösen Gott zum Vater hat. Ist dieser nützliche Gott nicht ein Alibi, der Gott der Entlastung des Menschen? So urteilt E. M. Cioran. „Nichts schmeichelt und stützt uns so sehr, als wenn wir die Quelle unserer Unwürdigkeit so fern wie möglich von uns sehen."[204] Die Aufklärung von Reimarus bis Strauß war insofern kritischer, als sie in ihrer Empörung gegen die Erbsündelehre den Sündenfall als Befreiung des Menschen zur Vernunft verstand und die Verantwortung für die Bosheiten übernahm?[205] Im Vermeiden des dualistischen Ansatzes steht sie strukturell dem Schritt von der Theodizee zur Anklage des voll verantwortlichen Menschen näher, den die messianische Religion gegangen ist. In jedem Fall ist das verschuldete Böse der Prüfstein für die Theologie und für die Bestreiter des Theismus.

Der Konflikt besteht in dem Erlebnis des Gegensatzes zwischen dem ohnmächtigen Idealfaktor Wohlwollen Gottes und den übermächtigen Realfaktoren im Leben. Die Theologie begann nach Auschwitz aber in einigen Vertretern, die Schwäche und Ohnmacht Gottes selbst zu reflektieren. Der Pantokrator wurde zu einem hilflos im Himmelsfenster lehnenden, zuschauen Müssenden mit Mitleidsgesicht. Dietrich Bonhoeffers Metapher wurde ganz im Sinn der alten Aufklärung aus einer appellativen Konzeption in eine Gott-ist-tot-und-wir-müssen-ihn-stellvertreten-Metatheologie verwandelt. Der biblische Weg zur Verantwortlichkeit vor Gott liegt natürlich ganz nahebei, aber parallel bis ins Unendliche. Aus der Erfolglosigkeit der christlichen Liebe in der bisherigen Geschichte – nach welchem Maßstab ist sie meßbar? – zu schließen, Gottes Weltplan sei vor der Erfahrung ein Irrsinn[206], dürfte der Generalvorbehalt sein, der mit einer ihm eigenen Suggestionskraft die Krise des Vorsehungsglaubens heute prägt.

Das Judentum hatte im Geschichtsglauben und im Prophetismus, wie Schleiermacher feinsinnig bemerkte[207], eine Mitte der Religion, die auf das Tun der Gerechtigkeit zielte. In der Neuzeit war die christliche Analogie zu Restformeln einer unspezifischen individualisierten Vorsehungsfrömmigkeit verkommen, wie die Kritik bloßstellt.[208] Die unter

dem Stichwort Abwesenheit Gottes benannte Krise hätte präziser vergessene Heilsgeschichte oder Verborgenheit des Gottesvolkes heißen müssen. Was das Christentum verloren hatte, das Gesellschaftliche des Gottesvolkes, findet man entsprechend in den Staatsutopien und Staatslehren von Morus, Rousseau und Kant bis zu Fichte und Hegel. Das Reich Gottes wird nach der Enttäuschung durch die Kirche im Staat gesucht, z. T. wird auch die Geselligkeit der Religion und die Alternative zum Staat zu erhalten gesucht, ohne daß die Trennung von Kirche und Staat für die Kirche die Beschränkung auf eine Sonderrolle des Bloß-Religiösen bedeutet.[209]
Horkheimer und Adorno behaupten in ihrer Schrift „Dialektik der Aufklärung", der Antisemitismus habe entschieden christliche Gründe: Das Christentum sei ein Rückfall hinter das Judentum, sofern es die Errungenschaft der messianischen Praxis rückgängig mache mit einem vergotteten Magier und einer magischen Praxis.[210] Das Judentum sei theokratische Praxis gewesen, das Christentum aber wolle geistlich bleiben; dadurch werde das Heilsversprechen trügerisch: in der Praxis herrsche nur eine Naturreligion. Die radikalen Christen von Pascal, Lessing und Kierkegaard bis Barth seien auch die Duldsamen gewesen, „die andern aber", heißt es dann wörtlich, „die es verdrängten und mit schlechtem Gewissen das Christentum als sicheren Besitz sich einredeten, mußten sich ihr ewiges Heil am weltlichen Unheil derer bestätigen, die das trübe Opfer der Vernunft nicht brachten. Das ist der religiöse Ursprung des Antisemitismus. Die Anhänger der Vaterreligion werden von denen des Sohnes gehaßt als die, welche es besser wissen"[211]. Der Begriff Theokratie ist zwar mißverständlich, aber realer als das Wort Gottesherrschaft. Dieser jüdische Begriff nennt die Vermittlung zwischen dem Tun des ‚händelosen' Gottes und der Geltung seines Maßes, der Tat unter Menschen, die bereit sind, seine ‚Hände' zu sein (den Herrschaftswechsel bei sich vorausgesetzt). Die rabbinische Theologie vom Herabsteigen Gottes, von seiner Option für das Niedrige, spiegelt sich in der Betonung der Thora als einer Offenbarung nicht einer Religion, sondern eines Gesetzes, wie Mendelssohn gegenüber dem Christentum betont.[212] Der Bedeutung des Jüdischen für die ganze moderne Humanität und Philosophie[213] entspricht keine Rezeption in der christlichen Theologie. Vom Judentum hätte die Theologie im Zeitalter nach der Aufklärung die Überwindung des Gegensatzes von Transzendenz und Immanenz, von Glaube und Wissenschaft, von Glaube und Leben (auch intellektueller und materieller Arbeit) lernen können; das Judentum verbindet Gott mit dem Gegenwärtigen und den Glauben mit dem Hier.[214] Seine Aufklärung auf theologischem Standpunkt zieht sich vom Mittelalter bis zu Hermann Cohen und Franz Rosenzweig in unserem Jahrhundert.[215]

*Cohen* sieht im jüdischen Messianismus die Bewältigung von Sünde und Leid angezielt. „Gott ist kein Schicksalsbegriff; er hat nicht zu offenbaren, woher das Leid komme“[216], das meint, der Blick muß sich auf die Armen lenken lassen, „und in der anscheinend festgewurzelten Armut enthüllt sich ihnen die Wurzel des sozialen Leides, als des einzigen, das einer Abhilfe und daher auch nur der Beachtung wert erscheint“[217]. Der Mensch also tritt für die Weiterführung der Schöpfung ein, er ist die Theodizee Gottes. Er hat Vernunft und Ethik. Cohen spricht mit den Begriffen „Korrespondenz“ und „Korrelation“ vom Zusammenwirken des Menschen mit Gott.[218] Er wagt es, die „Handlung“ bei Gott konsequent zu übertragen: „So sind die Attribute der Handlung nicht sowohl die Eigenschaften Gottes, als vielmehr, begrifflich bedingt, die Musterbilder für die Handlung des Menschen.“[219] Heiligkeit und Allmacht werden zu Handlungsmaßstäben, die Vorsehung rechnet mit dem Messias, ihrer Theodizee: „Der Abschluß der Vorsehung aber ist der Messianismus, die geschichtliche Vorsehung.“[220] Der Messianismus ist deshalb „die Quintessenz des Monotheismus“[221], weil er mit dem messianischen Volk die Erlösung realisiert, das Leid aufhebt, soweit es möglich (das Gottes-Ärgernis beseitigend) ist.

Die christliche Theologie müßte sich hier gerufen fühlen. Sie hat vom Sohn zu sprechen, der Theodizee des Vaters. Der Mensch Jesus, das Organ Gottes, fortgesetzt in der Kirche mit demselben Geist Gottes, diese realen Größen sind ihr doch die Oikonomia-Theodizee. Das Handeln durch die Propheten, den Sohn und die Kirche wird gleichsam trinitarisch begründet, im Wesen Gottes selbst festgemacht. Damit aber gehört die Bestimmung, daß Gott durch sein Volk wirken will, zum Gottesbegriff hinzu; anders gesagt: die Ermächtigung des Gottesvolkes zu Taten Gottes ist die christlich zu Ende aufgeklärte Theodizee.

*Rosenzweigs* „Stern der Erlösung“, ebenfalls noch nicht in die christliche Theologie eingegangen, versucht die Offenbarung sowohl als die wahre Aufklärung („Es werde Licht“) wie den Zusammenhang von Schöpfung und Offenbarung (Die Offenbarung als das Aufgehen, daß die Welt Schöpfung Gottes ist) darzustellen. Die Offenbarung wird in ihrer Einbindung in den Begriff der Schöpfung so ‚aufgeklärt‘ begründet, daß Gottes unbegrenzte Vorsehung neu behauptet werden kann: Darin, daß die Glaubenden alles in der Welt auf das Erkennen hin verstehen können, wie die Welt Stern der Erlösung sein kann, welche Gesetze zu gelten haben. Schöpfung heißt, daß Gott die Welt für die ‚Arbeit‘ des Menschen schuf, für die ‚Entdeckungen‘ des Menschen, und die Zeit wird zum Raum, die nie fertige, abgeschlossene Schöpfung fortzusetzen. Die Mitarbeit des Menschen ist keine Überforderung, da sie eine befähigte ist. Die drei Größen Gott, Welt, Mensch, erhalten nirgends eine solche Selbständigkeit – bei aller Bezogenheit aufeinander – wie bei Rosenzweig. Insofern ist dieses jüdische Denken ein Reinigungsbad für die christlichen Begriffe von Vorsehung und Handeln Gottes.

Diese Forderung, das Messianische als die durchgeführte Theodizee erneut ins Christentum einzuführen, beabsichtigt nicht, Tränen und Leiden aufheben zu wollen. Aber die Tränen können abgewischt und das Negative kann nachträglich in Segen verwandelt werden, grundsätzlich, nicht im Sinn einer Totallösung. Sünden, Unglücke, Tod und Schlimmeres wird es immer geben; aber es kommt auf die Befreiung zu einem Umgang damit an. Die Definition des Übels muß im Christlichen mindestens so stark wie im Jüdischen mit der der Verantwortung zusam-

mengebracht werden.[222] Ich möchte betonen, daß der Ort dafür nicht das Moralische ist, sondern das Ekklesiologische. Die Unterforderung der Christen in bezug auf das Gottesvolk-Sein machte die Krise des Sprechens vom Handeln Gottes zu einer Dauerkrise über den Modernismus hinweg bis zum Jetztstand der Theologie. Keine Verbesserung in der Philosophie kann den Notstand beheben, eine Ontologie für eine Vorsehungstheologie kann nur in neuen Volk-Gottes-Erfahrungen gefunden werden; hierin hat sich seit Lessing nichts geändert.
Auf diese meine Deutung des Problemstands fällt der schwere Schatten einer Unbekannten, nämlich was das ist: die Versammlung von Zeit und Welt im Ort Versammlung der Glaubensgemeinschaft in den Ortsgemeinden. Ich habe nicht verzichtet, auf die Konkretion dessen, was abstrakt als „die Kirchlichkeit" zu jeder Theologie gehört, hinzuweisen, weil ich in diesem Schatten auf die Wolke, die ihn wirft, hinweisen möchte: als die Hoffnung, die wir haben: Die Krise des Sprechens vom Wirken Gottes, die ich an sechs Punkten aufzeigte, ist schon überwunden, teilweise; die neuen Paradigmen in der Theologie sind da, unser Sprechen ist schon bekehrt – um die Antwort eines Rabbi, ob seine Homilie etwas bewirkt habe, abzuwandeln: die Hälfte habe er gewonnen, die Armen seien bekehrt, jetzt fehlten nur noch die Reichen, die zweite Hälfte –, es fehlen nur noch die Erfahrungsorte, an denen die narrative Theologie vom Handeln Gottes schöpferisch wird, als Stoff und Lebenselexier der Universitätstheologie. Ich muß dazusagen, zum Schutz vor einem hineingehörten Mißverständnis: Diese Deutung der Krise fordert nicht eine Reduktion auf Heilsgeschichte. Kirche versteht sich nur richtig, wenn sie sich als Welt versteht, die der ‚Begriffsverengung zum Naturgesetz' entrinnt und durch Thora und Evangelium wieder alles als Gleichnis Gottes lesen kann, bis zu den Lilien des Feldes, kurz, die die Schöpfung wieder entdeckt, das Paradies, das ist: die sprechende Welt.

*Anmerkungen*

1 F. Nietzsche datierte von Kopernikus an die Verkleinerung des Menschen zum Tier; H. Blumenberg zeigte, wie wenig diese spätere Symbolik mit der historischen kopernikanischen Reform zu tun hat, die im Gegenteil im Triumph der Zugehörigkeit des Menschen zur Welt der Sterne, die bis dahin Transzendenz bedeutet hatten, bestand (Die kopernikanische Wende, Frankfurt/M. 1965, 123, 158); S. Freud prägte die Rede von den 3 Kränkungen der Eigenliebe durch Kopernikus, Darwin und die Psychoanalyse, sein Werk (Werke XI, 295f); B. Russel unterstellt zu Unrecht Kant den Begriff der kopernikanischen Revolution (*H. Blumenberg,* Die Genesis der kopernikanischen Welt, Frankfurt/M. 1981, 709f).

2 „Die Erfindung des Blitzableiters und die Bahnbestimmung der Kometen waren die prototypischen Leistungen der Aufklärung: die Objekte oder Symptome der Furcht des Menschen ... erwiesen sich als dem Instrumentarium der Erkenntnis erreichbar" (*H. Blumenberg,* aaO., 642).

[3] Vergil, dargestellt von M. Giebel (rowohlts monographien 353), Reinbek 1986, 109.

[4] *G. W. F. Hegel,* Ästhetik I, Theorie WA 13, 296; „Dies Wort, das befreundete Zunicken eines Phäaken legt Homer als das befreundete Erscheinen der Athene aus" (Ästhetik II, Theorie WA 14, 81), vgl. weiter 81, 108, 112; *M. Horkheimer u. Th. Adorno,* Dialektik der Aufklärung, Frankfurt/M. 1971, 42–53, legen die Irrfahrt des Odysseus als Flucht des Subjekts vor den mythischen Mächten, als List gegen sie (Naturbeherrschung) aus und die Opfer als Betrügen der Götter.
Hierher gehört als Vorläufer schon Reimarus (die Kritik vor ihm zusammenfassend) mit seiner Reduzierung der Glaubenswunder auf weltliche Triebkräfte (Apologie, Frankfurt/M. 1972, I, 223, 225, 262–264, 304–321, 347, 440; II, 418 sind die treffendsten Beispiele).

[5] Über den Diskussionsstand informiert: *R. Riedl,* Evolution oder Schöpfung, in: Kardinal König, hg. von *A. Fenzl,* Wien 1985, 188–193.

[6] Leistung und Grenzen der Quantenmechanik stellt kompetent dar: *M. Drieschner,* Voraussage – Wahrscheinlichkeit – Objekt, Berlin/W. 1979.

[7] Deutsche Tagespost Nr. 83, 39 (12. 7. 1986) 2.

[8] *O. Scheuermann,* Das Tuch – Neueste Forschungsergebnisse zum Turiner Grabtuch, Regensburg ²1983; vgl.: Erneuerung in Kirche und Gesellschaft, H. 21 (1984) 4, Ökumenische Zeitschrift der Geistl. Gemeinde-Erneuerung.

[9] „Wie nun der Kern im Innern des Granatapfels, eben weil er innen ist, die Dinge außerhalb der Schale nicht sehen kann, so kann auch der Mensch, weil er mitsamt der Schöpfung von der Hand Gottes um- und eingeschlossen ist, Gott nicht sehen" (Ad Autol. I, 5). Gott (theós) wird in I, 4 von théein=laufen abgeleitet, er heißt also schon stete Geschäftigkeit.

[10] Vgl. *H. Kessler,* Sucht den Lebenden nicht bei den Toten, Düsseldorf 1985, 292 bis 297 (Nachdr. Leipzig 1988).

[11] *K. Groß,* Menschenhand und Gotteshand in Antike und Christentum, hg. von *W. Speyer,* Stuttgart 1985, 342, 344, 419.

[12] AaO., 429–432.

[13] *Augustinus,* De spir. et litt. I, XVII, 28–29.
Übrigens deutet auch die berühmteste Darstellung, das Ezechielbild in der Synagoge von Dura-Europos (245 n. Chr.) den Geist als die Gotteshand. Es ist die Wiederbelebung als die Zusammenführung der 10 verlorenen Stämme Israels aufgefaßt (*W. Maas,* Gott und die Hölle, Einsiedeln 1979, 87–93).

[14] *D. Hume,* Die Naturgeschichte der Religion, PhB 341, 70.

[15] *S. Kracauer,* Geschichte – Vor den letzten Dingen, Frankfurt/M. 1973, 19.

[16] *H. Blumenberg,* Die kopernikanische Wende, Frankfurt/M. 1965; *ders.,* Säkularisierung und Selbstbehauptung, Frankfurt/M. 1974; *ders.,* Aspekte der Epochenschwelle: Cusaner und Nolaner, Frankfurt/M. 1976; *ders.,* Die Genesis der kopernikanischen Welt, Frankfurt/M. 1981; *ders.,* Die Lesbarkeit der Welt, Frankfurt/M. 1981.

[17] *W. Philipp,* Das Werden der Aufklärung in theologiegeschichtlicher Sicht, Göttingen 1957; *ders.,* (Hg.), Das Zeitalter der Aufklärung, Bremen 1963.

[18] *U. Krolzik,* Säkularisierung der Natur. Providentia-Dei-Lehre und Naturverständnis der Frühaufklärung, Neukirchen 1987.

[19] *H. Lübbe,* Religion nach der Aufklärung, Graz 1986.

[20] *W. Philipp,* Das Zeitalter (Anm. 17), LXXXIX.

[21] *M. Seckler,* Theosoterik und Autosoterik: ThQ 161 (1982) 289–298; vgl. *M. Kessler,* Kritik jeder Offenbarung, Mainz 1986, 48.

[22] Am schärfsten stellt sich das Problem beim Zusammendenken von Gottes Ewigkeit mit seinen processiones in die Welt; dies führte 1872 F. Brentano zum Kirchenaus-

tritt. Vermieden werden müssen drei Formen: Pantheismus, Theopanismus, Panpsychismus. Für E. Przywara (Analogia entis, Schriften III, Einsiedeln 1962) wurde zur Leitfrage, die Kreatur in keiner Weise Moment im Leben der Gottheit sein zu lassen und sie doch gott-fähig (aufnahmefähig) zu bestimmen. Vgl. zum Ganzen *R. Schaeffler,* Die Wechselbeziehungen zwischen Philosophie und Katholischer Theologie, Darmstadt 1980, 30–45. Am tiefsten führt aber *F. Rosenzweigs* „Stern der Erlösung" (Haag [4]1976) in die Unterschiedenheit und Einheit der drei Größen Gott – Welt – Mensch ein. Romano Guardini fand in seinen Universitätspredigten für das Problem eine klare, einfache Sprache: „Ist es nicht seltsam, daß der Mensch der Neuzeit immer wieder diese beiden Gedanken denkt? Auf der einen Seite: ich bin Gott – auf der anderen: ich bin ein Stück Natur? Sehen Sie, wie hier die Grundwahrheit verloren ist, und der Gedanke aus einem Irrtum in dessen Gegenspiel taumelt? ... Er oder ich! Wer so denkt, in dem ist ein Irrgedanke wirksam geworden: Gott sei ein Anderer; der große Andere, der den Menschen erdrückt" (Wahrheit und Ordnung Nr. 12, München 1955, 283). Die Lösung kennzeichnet Guardini dann in dem Schöpfungsbericht der Priesterschrift: „Alles ist von Gott geschaffen. Wir können die Wahrheit auch so ausdrücken: Es gibt keine Natur im modernen Sinn. Diese hat der neuzeitliche Mensch erdacht, um Gott überflüssig zu machen" (ebd. 297).

[23] *K. H. Haag,* Der Fortschritt in der Philosophie, Frankfurt/M. 1985, besonders 9–15, 134–178. Haag beschreibt und deutet die Methode seit Galilei, durch die Physik Naturerscheinungen zu separieren und die Gesetzlichkeit eines Sektors operativ aus dem Ganzen des Phänomens zu schneiden: mit der Unschuld, die Tatsache der Reduzierung gar nicht zu erkennen (54–60). Mit diesem Anspruch auf restlose Naturerkenntnis bedarf es keiner Eingriffe des Allmächtigen mehr, es genügen die Bedingungen der creatio und conservatio von Materie und Bewegung, rein mechanische Ursachen (Mechanik als prima philosophia) genügen zur Erklärung der Natur (61f). Das 19. Jh. sieht dann die Reduktion auf Experiment und Industrie (109, 114f). Die neuscholastische Philosophie versuchte vergeblich, die Reduzierung der Natur auf das *Meßbare* aufzubrechen (126). K. H. Haags konzentrierte Beschreibung der Knotenpunkte der philosophischen Entwicklung und also der Krise ist meiner Ansicht nach die z. Z. beste Durchdringung des Themas. Lehrreich ist auch: *St. Toulmin,* Voraussicht und Verstehen. Ein Versuch über die Ziele der Wissenschaft, Frankfurt/M. 1981; denn hier werden die Erklärungsparadigmen untersucht und es wird kritisch gefragt: Was ist und leistet eigentlich eine „Erklärung"? Ferner ist hilfreich: *P. Good* (Hg.), Von der Verantwortung des Wissens, Frankfurt/M. 1982.

[24] *A. N. Whitehead,* Wissenschaft und moderne Welt, Frankfurt/M. 1984; *ders.,* Wie entsteht Religion?, Frankfurt/M. 1985. *K. R. Popper – J. C. Eccles,* Das Ich und sein Gehirn, München 1982; *H.-P. Dürr,* Physik und Transzendenz. Die großen Physiker unseres Jahrhunderts über ihre Begegnung mit dem Wunderbaren, München 1986; *H. von Foerster,* Sicht und Einsicht. Versuche zu einer operativen Erkenntnistheorie, Braunschweig – Wiesbaden 1986; *W. Schulz,* Metaphysik des Schwebens. Untersuchungen zur Geschichte der Ästhetik, Pfullingen 1985.

[25] Evolutionismus und Christentum (Civitas Resultate 9), hg. von *R. Spaemann, R. Löw und P. Koslowski,* Weinheim 1986; *Dies.* (Hg.), Evolutionstheorie und menschliches Selbstverständnis. Zur philosophischen Kritik eines Paradigmas moderner Wissenschaft, Weinheim 1985; Christlicher Glaube in moderner Gesellschaft, Bände 3 und 4; *E. Mayr,* Die Entwicklung der biologischen Gedankenwelt, Berlin 1985; Evolution, Ordnung, Erkenntnis (FS R. Riedl), Hamburg 1985; *W. Lefevre,* Die Entstehung der biologischen Evolutionstheorie, Berlin/W. 1984; *P. Davies,* Gott und die moderne Physik, München 1986.

[26] *Panajoti(ē)s Kondyli(ē)s,* Die Aufklärung im Rahmen des neuzeitlichen Rationalis-

mus, Stuttgart 1981; *ders.,* Die Entstehung der Dialektik. Eine Analyse der geistigen Entwicklung von Hölderlin, Schelling und Hegel bis 1802, Stuttgart 1979; *ders.,* Macht und Entscheidung. Die Herausbildung der Weltbilder und die Wertfrage, Stuttgart 1984. Diese Werke gelten manchen als die erste (in dt. Sprache ersch.) begriffliche und geistesgeschichtliche Rekonstruktion der europäischen Aufklärung seit Ernst Cassirer. Das Werk ist aber eine restlose ‚Aufklärung' der Aufklärung: Geist, Ideen, Weltbilder werden biologisch reduziert auf polemische Waffen im Daseinskampf. Jede Religion ist nur Machtanspruchsfundierung, Äußerung des Selbsterhaltungstriebs. Geist wird als raffinierte Steigerung des Instinks erklärt (1984, 81), was auf Gott abgewälzt werde, sei in Wahrheit der Trieb zur Machterweiterung des Menschen gegenüber Feinden (1984, 33–37, 45f). Kondylis glaubt mit diesem Ansatz auch die Kluft zwischen Predigt und Leben der Christen zu erklären (1984, 91). Die Aufklärung in Europa wird gedeutet als Reaktion gegen den Herrschaftsanspruch der Kirche in den beiden Aspekten: Gottesebenbildlichkeit und Sündhaftigkeit des Menschen. Gegen beide Aspekte des christlichen anthropologischen Schemas rehabilitiere die Aufklärung die Sinnlichkeit, die Einordnung des Menschen in die Naturgesetzmäßigkeit, und sie verkünde gegen den Erbsündepessimismus die optimistische Beurteilung der moralischen Fähigkeiten. Im übrigen deutet Kondylis sie als fundamentale Normenkrise, woher sich der Rückbezug auf den Leitbegriff Natur erklären ließe. Die deutsche Aufklärung wird dabei an den Rand gestellt, Hobbes, Locke, Newton und die französischen Enzyklopädisten und Materialisten stehen bei ihm im Vordergrund. Schriebe dieser Autor nicht in einem abstrakten, schweren Stil, wäre die Theologie stärker herausgereizt. Von ihr ist vor allem verlangt, die Bedeutung der Machtfrage zu erkennen und die biblische Kategorie des Herrschaftswechsels, der Gottesherrschaft, der konkreten Geltung der Bergpredigt Jesu in der Gemeinde, in neuer Sprache zu entfalten: anschaulich.

27 *H. Blumenberg,* Lesbarkeit (Anm. 16), 64.

28 *M. Seiler,* Gott schmunzelt mathematisch: FAZ Nr. 285 (9. 12. 1986), L. 16.

29 *G. W. F. Hegel,* Philosophie der Religion I (Theorie WA 16), 42f.

30 *H. Blumenberg,* Säkularisierung (Anm. 16) 87; M. Kessler, (Anm. 21) 47.

31 „Da wir nun ein für allemal in des lieben Gottes Unterhaus sitzen und er selbst uns Sitz und Stimme aufgetragen hat, sollen wir unsere Meinung nicht sagen? Wenn wir sie nicht sagen sollten und nicht sagen dürften, so würden wir sie nicht sagen können" (*G. Chr. Lichtenberg,* Werke in einem Bd., Hamburg o. J., 119).

32 *I. Kant,* Was heißt: Sich im Denken orientieren (1786), in: Werke (Akademie Textausgabe VII), bes. 144–147; *ders.,* Die Religion innerhalb der Grenzen der bloßen Vernunft (1793), Reclam 1231 (4), 119–122, 131, 242.

33 *J. G. Fichte,* anonym erschienen.

34 *D. F. Strauß,* Die Glaubenslehre in ihrer geschichtlichen Entwicklung und im Kampfe mit der modernen Wissenschaft, II, Tübingen – Stuttgart 1841, 99: „Nur das will ich, dass unsere Staaten sich nichts mehr mit Symbolen zu thun machen sollen; dass man Staatsbürger im vollen Sinne soll sein können, auch wenn man nicht auf die Geburt aus der Jungfrau getauft ist, und als Pathe nicht Ja, sondern Nein dazu sagt."

35 *L. Feuerbach,* (Theorie Werkausgabe) II, 271.

36 *J. W. Goethe,* Sämtliche Werke (Propyläen A.) XXVII, 21.

37 *W. Dilthey,* Die Jugendgeschichte Hegels (Gesammelte Schriften) IV, 259f.

38 *F. Schleiermacher,* Über die Religion (1799), PhB 255, 30; vgl. 29, 32–34, 46, 66, 173; zu Schleiermacher auch: W. Dilthey (vgl. Anm. 37) 395 und 400; zu F. Chr. Baurs Gefühl für die göttliche Welt, ebd. 403–405, 419.

39 *H. S. Reimarus,* Apologie oder Schutzschrift der vernünftigen Verehrer Gottes, hg. von G. Alexander, 2 Bde., Frankfurt/M. 1972.

[40] G. Gawlick nennt Reimarus den „größten Systematiker des Deismus“ (Der Deismus als Grundzug der Religionsphilosophie der Aufklärung, in: Hermann Samuel Reimarus... Vorträge gehalten auf der Tagung der Joachim-Jungius-Gesellschaft..., Göttingen 1973, 38).

[41] Apol. II, 433, 583–585.

[42] Apol. II, 348.

[43] Apol. II, 336.

[44] Apol. II, 346, 364, 561 als Beispiele.

[45] Apol. II, 367.

[46] Apol. I, 518.

[47] *I. Kant,* Kritik der praktischen Vernunft, A 174.

[48] Ebd., 181.

[49] *I. Kant,* Vorrede zu Reinhold Bernhard Jachmanns Prüfung der Kantischen Religionsphilosophie (Akademie Textausgabe VIII, 451).

[50] Nach Spinoza (1632–1677) und Mendelssohn (1729–1786), neben Herder (1744 bis 1803) und vor Schelling (1775–1854), Kierkegaard und (dem in theologischen Lexika fehlenden) Moses Hess, um bis zur Mitte des 19. Jahrhunderts zu gehen. In unserem Jh. wären neben den bekannten Theologen unbedingt Hermann Cohen und Franz Rosenzweig immer mitzunennen, so wie man im 19. Jh. ja auch die großen Tübinger (am ehesten vielleicht J. E. von Kuhn) nicht vergißt.

[51] Die Seitenangaben im Folgenden beziehen sich auf die Theorie Werkausgabe Bd. 16.

[52] *G. W. F. Hegel,* Glauben und Wissen (1802), GW IV, 413f.

[53] In den Vorlesungen über die Ästhetik (Theorie Werkausgabe 13, danach wird zitiert) untersucht Hegel, wer eigentlich handelt, wenn die Götter als handelnd geschildert werden (I, 232ff) und sieht in der Kunst die Verherrlichung der Mächte des Handelns (I, 286ff). Die Götter werden als menschliches Pathos durchsichtig, daher wird der Polytheismus erklärt: viele Leidenschaften bestimmen den Menschen, „der ganze Olymp ist versammelt in seiner Brust“ (I, 307). In bezug auf die jüdisch-christliche Lösung kann sich Hegel nicht das Zusammen von freiem Gott und freiem Willen des Menschen vorstellen (I, 478ff), die Weltentfaltung muß ihm zum Prozeß ‚Gottes‘ selbst werden, damit die Welt frei sein kann.

[54] Mit Odo Marquard, vgl. *H. Blumenberg,* Säkularisierung (Anm. 16), 68.

[55] *D. F. Strauß,* Die christliche Glaubenslehre... I, Tübingen – Stuttgart 1840, 25f.

[56] Die Gnosis fragte ja nach dem Verhältnis von Glaube und Vernunft und leugnete das Gutsein der Schöpfung und des Schöpfergottes. Hans Blumenberg vertritt die These, die Neuzeit sei die zweite Überwindung der Gnosis, nachdem die im Mittelalter versuchte nicht gelungen sei: Säkularisierung (Anm. 16), 144; Zitat 150.

[57] Der Interessierte sei verwiesen auf: *G. Scholem,* Die jüdische Mystik in ihren Hauptströmungen, Frankfurt/M. 1967, 285–290; *ders.,* Die Wachtersche Kontroverse über den Spinozismus und ihre Folgen, in: Spinoza in der Frühzeit seiner religiösen Wirkung, hg. von *K. Gründer und W. Schmidt-Biggemann,* Heidelberg 1984, 18–20 (Die Wirkung der Idee auf Spinoza); A. Altmann, Die trostvolle Aufklärung. Studien zur Metaphysik und polistischen Theorie Moses Mendelssohns, Stuttgart – Bad Cannstatt 1982, 109–134 (Die Wirkung der Idee auf Lessing).

[58] Reflektiert von *K. Rahner* in: Christlicher Glaube in moderner Gesellschaft, 3, 69–72.

[59] Fr. Wilhelm Foerster, Sohn des Astronomen der Berliner Sternwarte, erhielt noch als 16jähriger die gläubige (neuplat.) Deutung beim Blick in die Milchstraße. „Da schien mir, als öffnete sich mitten im Sternhimmel eine riesige Pforte, durch die sich ein endloser Strom goldener Sterne dichtgedrängt in den Weltenraum ergoß, ein Bild von fast erschreckender Größe“ (Erlebte Weltgeschichte 1869–1953, Memoiren, Nürnberg 1953, 71).

60 *B. Pascal,* Gedanken, Nr. 314.

61 Zit. bei *W. Philipp,* Das Zeitalter (Anm. 17), XXIV.

62 Herders Werke (BDK) IV, Weimar 1957, 21. Im 18. Jh. war die Idee einer künftigen Planetenreise verbreitet, wonach die Seele glücklichere Planeten findet und Gottes Werke besser verstehen könne. Diese Theorie wurde sogar zur populärsten Form der Eschatologie (vgl. *A. Altmann,* Die trostvolle Aufklärung, Stuttgart – Bad Cannstatt 1982, 125). Diese Hoffnung hinter dem Tod lenkt das Thema der Konkurrenz zwischen Gott und Raum schon zu dem der Theodizee hinüber. Die Stimmung hält auch noch im 19. Jh. an, wie ein stellvertretender Beleg aus Ludwig Richter zeigen soll: „Ich ging nachts im Eingang vor dem Haus auf und ab . . . Oben funkelte das Sternbild der ‚Himmelswagen' über dem Dache. Es war mir so traurig im Herzen über das viele Elend auf Erden. Und gibt es denn etwa noch mehr Not und Jammer auch auf all den Sternen? Vielleicht sind das aber Welten voll Jauchzens oder voll stillen, seligen Glückes, vielleicht, dachte ich, ist unser armer Planet der verlorene Sohn, der bei den Tieren ist im Elend, und den das Heimweh in die Heimat, in die Arme des barmherzigen Vaters, treiben soll. Vater unser, der Du bist in dem Himmel, ja, und wir, Deine Kinder sind in der Fremde, fern vom Vater, im tiefen Elend" (28. August 1872; Lebenserinnerungen eines deutschen Malers. Selbstbiographie nebst Tagebuchniederschriften und Briefen von Ludwig Richter, hg. von *H. Richter,* Leipzig o. J., 682).

63 *G. Ch. Lichtenberg,* Werke in einem Band, Hamburg o. J., 133.

64 AaO., 457–459.

65 *St. Toulmin – J. Goodfield,* Entdeckung der Zeit, Frankfurt/M. 1985, 143–150.

66 *E. Haeckel,* Die Welträtsel, Bonn 1900, 333,

67 *H. Blumenberg,* Die Genesis (Anm. 16), 90.

68 *H. Blumenberg,* Aspekte (Anm. 16), 34–37, 65–69.

69 *H. Blumenberg,* Die kopernikanische Wende (Anm. 16), 16f.

70 Kopernikus wird mit guten Gründen noch im Rahmen der Theologie vom Licht Gottes im Universum gesehen: *W. Philipp,* Das Zeitalter (Anm. 17), XXIV. C. F. von Weizsäcker hebt hervor, daß Kepler, Galilei und Newton noch als Christen fühlten, wobei Kepler Gott anbetete in der Ordnung der Welt, die beiden anderen Gottes Werk zumindest noch studierten; Galilei verteidigte sein Recht, Gottes Buch auch in der Natur und nicht nur in der Bibel zu sehen, Newton schritt schon weiter: die Natur sei überhaupt das von Gott geschriebene Buch. Erst die heutigen Wissenschaftler könnten, so Weizsäcker, unter einer religiösen Deutung der Naturgesetze sich höchstens eine hinzugebrachte Privatmeinung vorstellen (Die Tragweite der Wissenschaft, Stuttgart 1964, 128).

71 *H. Blumenberg,* Die kopernikanische Wende (Anm. 16), 46, 100, 132–134. Blumenberg zeigt, daß die opinio communis, die Christen hätten die Geozentrik verteidigt, eine Fehlmeinung ist. „In Wirklichkeit war das Christentum um eine kosmische Metapher für die Standortbestimmung des Menschen in der Welt gar nicht verlegen; eine Theologie weiß viel zu viel über den Menschen, seine Weltstellung und Bestimmung" (134). Dennoch bleibt die Frage, warum die Kirche mehr zu einem „Fixismus" neigte, obgleich der Glaube doch durch die Heilsgeschichte grunddynamisch ist, vgl. *K. Rahner,* in: Christlicher Glaube in moderner Gesellschaft, 3, 43.

72 *W. Philipp,* Das Zeitalter (Anm. 17), XXVII.

73 Ebd., 2.

74 *C. F. von Weizsäcker,* Die Tragweite (Anm. 70), 96–104; *H. Blumenberg,* Die kopernikanische Wende (Anm. 16), 150–154; *ders.,* Die Genesis (Anm. 16), 591 bis 599.

75 *H. Blumenberg,* Die Genesis (Anm. 16), 599.

76 Abbildung bei *W. Philipp,* Das Werden (Anm. 17), Tafel 18: Die Sonne ist die

Hölle (Tobias Swinden). Die Sonne mit der Bezeichnung Tartarus ist auf dem Bild die Mitte.

77 AaO., Tafel 17 zeigt die kopernikanische Wende im Mikrokosmos des Menschen (Friedrich Hoffmann): Cardianastrophe Seu Cordis Inversio. Die Mittelgestalt auf der Erde trägt ein Herz verkehrt herum auf dem Kopf und kontrastiert mit den Heiligen im Himmel.

78 *H. Blumenberg,* Die Genesis (Anm. 16), 374f, 392, 433.

79 AaO., 388, 393, 436.

80 *D. F. Strauß,* Die christliche Glaubenslehre . . . , II, 665f.

81 *H. Blumenberg,* Die kopernikanische Wende, (Anm. 16), 11.

82 *K. R. Popper,* Auf der Suche nach einer besseren Welt, München 1984, 208f.

83 *K. H. Haag,* Der Fortschritt (Anm. 23), 169.

84 *H. Blumenberg,* Die Genesis (Anm. 16), 355.

85 Vgl. *H. Blumenberg,* Die kopernikanische Wende (Anm. 16), 13–17, 21, 33, 37. Zum Weltuhrwerk aaO., 34; *ders.,* Die Genesis (Anm. 16), 525.

86 *I. Kant,* KrV 649, 483, 487.

87 *J. L. Mackie,* Das Wunder des Theismus (Reclam 8075 [5]), Stuttgart 1985, 190 bis 197, 208–210, 223–226. Mackie hält die theistische Erklärung für „äußerst unwahrscheinlich" (237).

88 *Pohle/Gummersbach,* Lehrbuch der Dogmatik, Paderborn [10]1952, 521f.

89 Stellvertretend für eine heutige atheistische Sicht seien einige Passagen aus *P. W. Atkins,* Schöpfung ohne Schöpfer, Reinbek 1984 zusammengestellt; sie vermitteln den besten originalen Eindruck. Dieses Ziel entschuldigt die Zusammenstückelung aus den S. 143–151:

„Am Anfang war das Nichts. Absolute Leere, nicht nur leerer Raum. Es gab keinen Raum und keine Zeit, denn es war vor der Zeit. Das Universum war ohne Form und ohne Ausdehnung. Zufällig kam es zu einer Fluktuation, und eine Gruppierung von Punkten, die aus dem Nichts kamen und existent wurden dank des von ihnen gebildeten Musters, legte eine Zeit fest. Die zufällige Bildung eines Musters führte zur Entstehung der Zeit aus verschmolzenen Gegensätzen, einer Entstehung aus dem Nichts. Aus dem absoluten Nichts und ohne die geringste Intervention entwickelte sich rudimentäre Existenz . . . Doch die Zeitlinie zerfiel, und das entstehende Universum verflüchtigte sich, denn Zeit allein ist nicht komplex genug, um existieren zu können. An anderer Stelle entstanden Zeit und Raum, aber auch sie zerfielen wieder zu Staub, die Gegensätze verschmolzen, nichts blieb. Wieder und wieder bildeten sich Muster . . . Manchmal schuf der Zufall Punktstrukturen, die sowohl einen Raum wie auch eine Zeit definierten. Doch es war kein Platz für Komplexität – so löste sich das Muster wieder auf, das der Zufall hervorgebracht hatte. Es verlor die Zeit und mit der Zeit seine Existenz. Ebenso zufällig entstand dann unsere Fluktuation. Punkte erlangten Existenz, indem sie Zeit konstituierten, aber dieses Mal, in dieser Struktur hatten sich zu der Zeit drei Raumdimensionen gesellt. Eine Geometrie war geschaffen, die komplex und differenziert war. Ihre Komplexität erwuchs aus der großen Zahl von Nachbarn auf engem Raum, und ihre Differenziertheit ermöglichte die Existenz von Materie, Energie und Kräften. Diese wiederum sorgten für Stabilität, später für Elemente und noch später für Elefanten. Diese Fluktuation – wir brauchen uns nur umzuschauen – überlebte . . . Das Universum strebt nach umfassender Gleichförmigkeit, einer dreidimensionalen Ebenheit. Energie, zu der auch Materie gehört, ist aufgerollte Raumzeit. Aufgerollte Raumzeit ist die Uhrfeder des Universums, und unsere Taten sind wie alle anderen Geschehnisse Aspekte ihres Abspulprozesses . . . Vielleicht leben wir in einem solchen erneuerten Universum, während die echte Schöpfung Generationen von Universen zurückliegt. Die Regeneration dieser Universen mag der Zukunft unbegrenzte Dauer verleihen, doch im

Ursprung der Vergangenheit muß ein echter Schöpfungsakt liegen (es sei denn, die Zeit wäre kreisförmig) ... Wenn die Atomkerne etwas schwächer oder etwas stärker gebunden wären, besäße das Universum keine chemischen Eigenschaften. Das Leben, scheinbar biologischer Natur, tatsächlich aber physikalischen Gesetzen in der Form der Chemie gehorchend, hätte sich nicht entwickeln können. Wenn die elektrische Kraft nur um ein weniges stärker wäre, wäre die Sonne schon erloschen, bevor die Evolution die Stufe der Organismen erreicht hätte. Wenn sie nur um ein weniges schwächer wäre, hätten die Sterne keine Planeten und jedes Leben wäre unmöglich gewesen ... Daß ein Universum wie das unsere mit genau der richtigen Mischung von Kräften ausgestattet ist, mag nach einem Wunder aussehen und deshalb den Schluß nahelegen, daß doch ein Eingriff von außen notwendig war. Doch nichts ist wirklich unerklärlich. Wir wissen noch nicht genug, um entscheiden zu können, welches die richtige Erklärung ist, wir können jedoch gewiß sein, daß die Entstehung des Universums einer solchen Intervention nicht bedurfte. Der Zufall kann durchaus zu dieser günstigen Konstellation der Kräfte geführt haben. Konnte aber der Zufall allein so günstige Bedingungen schaffen? Gewiß konnte er – natürlich nicht auf Anhieb, aber im Laufe der Zeit, denn ein Universum, das immer neue Existenzzyklen durchläuft, kann jedesmal mit einer anderen Kräftekonfiguration beginnen. In dieser geeigneten Epoche ist das Universum zu Bewußtsein erwacht. Das Bewußtsein ist nicht entstanden, weil es gebraucht wurde, sondern weil die Umstände zufällig günstig waren, und das Universum wird wieder in seinen langen Schlaf versinken, wenn die Epoche vorbei ist und eine neue Kräftekonstellation das Geschehen bestimmt. Wir – wir, das Universum – sind nur jetzt wach, und zwangsläufig fällt unser Wachen in eine Zeit günstiger Umstände."
Eine physikalische Kosmologie, die sich der Grenzen der Wissenschaft bewußt ist (vgl. *N. Rescher,* Die Grenzen der Wissenschaft, Stuttgart 1985, 329–347), muß sich aber den Unterschied zwischen dem physikalischen Term „Beginn" und der Erklärung der Entstehung bewußt machen. Zudem muß sie die Verbindung zwischen physikalischer Entstehung und metaphysischer Schöpfung offen halten, nicht nur, weil sie sich der semantischen Differenz bewußt sein muß. Die Kosmologie von Bernulf Kanitscheider entspricht diesen Erwartungen. Die Begründungslast für ein Liieren liegt auch nach ihm selbstverständlich bei der Theologie. Die Verbindung kann, so fordert er, am einfachsten durch logische Brücken im Sinn einer relativen Autonomie von Physik und Schöpfungsglaube geregelt werden: „Uns erscheint es der persönlichen Entscheidung zu obliegen, ob man die ontologische Erweiterung vornehmen will" (Kosmologie, Stuttgart 1984, 458f).

90 *R. Sheldrake,* Das schöpferische Universum. Die Theorie des morphogenetischen Feldes, München 1983, 193–201.

91 *F. Wuketits,* Zustand und Bewußtsein. Leben als biophilosophische Synthese, Hamburg 1985, 120–143. Paul Davies (Gott und die moderne Physik, München 1986) hält Gott für den Begriff des intelligenten Schöpfers oder Kontrolleurs des Universums; das Leben ist nach chemischen und physikalischen Gesetzen entstanden, ohne Nachhilfe durch Gott; Gott ist ihm der Gott der Naturgesetze (die Heilsgeschichte wird indirekt nicht seiner Sorge zugeschrieben, sondern der menschlichen Vorstellung).

92 Thomas von Aquin hat insofern eine bessere Lösung, als er zwischen Vorsehung und Weltregierung unterschied, so daß die gesamte Ausführung des Planes dem Welt-Raum übertragen werden kann (Sth I, 22).

93 *I. Kant,* Akademie Textausgabe VIII, 361–366 (Zum ewigen Frieden, Erster Zusatz).

94 Vgl. *K. H. Haag,* Der Fortschritt (Anm. 23), 167–171.

95 „Ein Geist, der für einen Augenblick alle Kräfte kennen würde, welche die Natur

beleben, und die gegenseitige Lage aller Dinge, aus denen die Welt besteht, müßte, wenn er umfassend genug wäre, um alle diese Daten der mathematischen Analyse unterwerfen zu können, in derselben Formel die Bewegung der größten Himmelskörper und der leichtesten Atome begreifen, nichts wäre ungewiß für ihn, und Zukunft und Vergangenheit läge seinem Auge offen da" (*P.-S. Laplace.* Essai philosophique sur les probabilités, Paris 1814, Vorwort).

96 Untertitel des Buches *M. Eigen – R. Winkler,* Das Spiel. Naturgesetze steuern den Zufall, München 1975; E. Schrödinger in seiner Antrittsrede in Zürich 1922: „Die physikalische Forschung hat klipp und klar bewiesen, daß zum mindesten für die erdrückende Mehrheit der Erscheinungsabläufe ... die gemeinsame Wurzel der beobachteten strengen Gesetzmäßigkeit – der Zufall ist" (zit. aaO., 15).

97 *L. de Broglie,* La physique quantique restera-t-elle indéterministe?, Paris 1953; *ders.,* Certitude et incertitude de la science, Paris 1966.

98 Zur Einführung genügt das ausgezeichnete Nachwort von Alfred Schmidt zur Reclamausgabe (5113 [2]) von G. Brunos „Über die Ursache, das Prinzip und das Eine" (176–199).

99 *H. Blumenberg,* Die Genesis (Anm. 16), 443.

100 AaO., 433, 449f. *H. Heine,* Zur Geschichte der Religion und Philosophie in Deutschland (Sämtliche Schriften, hg. von K. Briegleb, III, 570f).

101 Bei *G. W. F. Hegel,* noch ohne diese Formulierung: Philosophie der Religion I (Theorie Werkausgabe 16, 42f); Bei *D. F. Strauß:* Vgl. *W. Philipp,* Das Zeitalter (Anm. 17), 2.

102 Im Prinzip stellt sich heute für das Denken (und nur für es allein) die Frage nach möglichen zahllosen bewohnten anderen Sternen mit einer Geschichte Gottes mit zur Freiheit begabten Wesen und die Frage nach einer (ewigen) Wiederkehr von expandierenden und kollabierenden Universen. Nur die zweite Frage ist eine wirklich neue. Da es für unsere Erde praktisch keine Alternative gibt, sind wir auf diese Oase in der Himmelswüste (*H. Blumenberg,* Die Genesis [Anm. 16], 793f) angewiesen und können das Problem für andere Sterne lösen (*K. Rahner,* in: Christlicher Glaube in moderner Gesellschaft, 4, 71–75). Einerseits kam es zu einer Enttäuschung wegen der Einsicht in die toten nahen Planeten (H. Blumenberg, Die Genesis [Anm. 16], 787f), andererseits halten es manche für einen Größenwahnsinn, unter den Milliarden Sternen der Millarden Milchstraßen nur den einen Planeten, der noch 5–10 Milliarden Jahre zu leben hat, bevor ihn die Sonne tötet, bewohnt zu denken. Th. W. Adorno fordert die Pluralität von bewohnten Welten als ein Moment zeitgenössischer Theodizee: Die Menscheit wäre sonst ein Gott, der es nicht weiß, daß er Gott ist (Negative Dialektik, Frankfurt/M. 1966, 392). Man kann natürlich nicht ausschließen, daß selbst unser Universum nur ein Teil einer Fülle von ähnlichen oder anderen ‚Blasen' ist; aber erst die Frage nach der womöglich ewig wiederholbaren und je neuen Schöpfung würde die Theologie wirklich befruchten, die sich dann fragen müßte: Ist die Welt *in* Gott? So wie ein Gedanke in unserem Kopf ist? Oder ist die Welt sozusagen auf den Knien Gottes und wird im Rhythmus der Zyklen geschaukelt? Jedenfalls darf sie weder als bloßer Traum noch als Prozeß Gottes selbst verstanden werden. Die interessanteste Frage wäre dann die nach dem Tag des Sabbats für die Welt: Wie wird sie vor/mit/in Gott sein? Die Vollendungshoffnung ebenfalls aufzulösen in eine zukünftige ‚Ewigkeit' von Werden und Vergehen scheint widersprüchlich. Unser Denken ist jedoch zu begrenzt für endgültige Aussagen.

103 Spinoza zu einem Pantheisten zu machen, war eines der produktivsten, aber heute noch anhaltenden Mißverständnisse, scheint es; denn man macht ihn damit zum Atheisten (deutlich z. B. bei *L. Hohl,* Die Notizen IX, 21, Frankfurt/M. 1984, 562f). Spinozas Eigentätigsein der Welt wird selbst von Wolfgang Philipp (Das Zeitalter

[Anm. 17], XLVIIIf) meiner Meinung nach gründlich mißdeutet, da Spinoza eher die Welt in Gott hinein verschlingen läßt als sie autonom zu setzen. Ich halte Spinoza für einen radikal jüdisch-gläubigen, aber aufgeklärt glaubenden Denker, der um Gottes willen die Welt in den Innenraum des einzigen Gottes hineinnimmt, wo sie dann ganz ohne Eingriffe Gottes existiert (Wunder sind die von den Menschen bemerkten Beziehungen zu Gott). Georg Christoph Lichtenberg meinte: „Wenn die Welt noch eine unzählbare Zahl von Jahren steht, so wird die Universalreligion geläuterter Spinozismus sein" (Werke in einem Band, Hamburg o. J., 117). Schleiermacher sang das Lob Spinozas (Über die Religion, PhB 255, 31). Unklar bleibt *Walter Schulz,* Der Gott der neuzeitlichen Metaphysik, Pfullingen 1978, 62–70.

104 *M. Mendelssohn,* Jubiläums-Ausgabe I, 17. Mit dieser Aussage könnte ein Mißverstehen der Sätze aus dem „Tractatus de intellectus emendatione. Ethica" verhindert werden. Dort stößt man sich an dem 14. Lehrsatz: „Ausser Gott kann es keine Substanz geben und lässt sich keine begreifen ... Es folgt zweitens: dass das ausgedehnte Ding und das denkende Ding entweder Attribute Gottes oder (nach Axiom 1) Affectionen der Attribute Gottes sind" und an dem 18. Lehrsatz: „Gott ist die immanente, nicht aber die vorübergehende Ursache aller Dinge. Beweis. Alles, was ist, ist in Gott und muss aus Gott begriffen werden (nach L. 15), und darum ist Gott (nach Zusatz 1 zu L. 16) die Ursache der Dinge, welche in ihm sind. Diess ist das erste. Sodann kann es ausser Gott keine Substanz geben (nach L. 14), das heisst (nach Def. 3), ein Ding, das ausserhalb Gott in sich sey" (*B. Spinoza,* Opera. Werke, lat. und dt., Darmstadt $^{3}$1980, II, 105, 107, 121). Die 1. Definition im zweiten Teil der Ethik dürfte daher nicht pantheistisch ausgelegt werden. Deus seu Natura ist offensichtlich im jüdischen Sinn, zu Ehren des Monotheismus, zu verstehen, die Welt ist nicht identisch mit Gott, sondern Explikation Gottes. Man muß die Definition von daher lesen: „Unter Körper verstehe ich einen Modus, der die Wesenheit Gottes, insofern er als ausgedehntes Ding betrachtet wird, auf gewisse und bestimmte Weise ausdrückt" (ebd. 161).

105 Brief an H. Oldenburg vom Nov. 1675, zit. nach: *B. Spinoza,* Das Endliche und Unendliche, nach Übers. von J. v. Kirchmann, Wiesbaden 1947, 251f.

106 „This great engine, the world", sagt Robert Boyle; als Beispiel dient ihm die berühmte Straßburger Uhr (*M. Schramm,* Natur ohne Sinn?, Graz 1985, 29); *H. Blumenberg,* Die Genesis (Anm. 16), 505, 526.

107 Maßgeblich sind hier die Forschungsarbeiten von *Stephen Toulmin und June Goodfield,* The Discovery of Time, London 1965; deutsch: Entdeckung der Zeit, Frankfurt/M. 1985. Für den Theologen aufschlußreich sind ferner: *C. F. von Weizsäcker,* Die Geschichte der Natur, Göttingen $^{7}$1970; *Remane – Storch – Welsch,* Evolution (dtv wissenschaft 4234), München $^{5}$1980.

108 *J. G. Herder,* Ideen zur Philosophie der Geschichte der Menschheit (Werke, BDK IV, Weimar 1957).

109 *H. Blumenberg,* Die Genesis (Anm. 16), 507, 599. Nicht mehr die Hand Gottes umgreift für die Neuzeit die Welt, sondern die Zeit, die Entwicklung.

110 Ernesto Grassi kommt durch das Studium der Quellentexte der Renaissance-Philosophie zu dem Ergebnis, die wahre Problematik des Humanismus sei in einer nichtplatonisierenden Denkorientierung zu suchen, in der neuen Einstellung zur Einsicht, daß die Bedeutung des Seienden nie identisch ist, sondern erst durch die konkrete Situation eine jeweils neue Bedeutung erscheint (Einführung in philosophische Probleme des Humanismus, Darmstadt 1986). Diese Sehweise der Seinsfülle historischer Situationen und ihrer Wandelbarkeit brauchte nur auf die Biologie und Zoologie angewandt zu werden. Alles wird von dieser Denkform erfaßt: Kosmologie, Astronomie, Geologie, Physik, Chemie, Biologie, Geschichtswissenschaft, Religionsgeschichtswissenschaft. Die Zeit wird – vergleichbar mit dem Unendlichwerden des Raums

bei G. Bruno – in der Perspektive unendliche Zeit gesehen (*St. Toulmin – J. Goodfield,* Entdeckung der Zeit [Anm. 107], 182–187). Zur Übertragung auf die Geschichte des Menschen und die Geschichtswissenschaft aaO., 270–288.

111 In der „Phänomenologie des Geistes" führt Hegel die Denkform Entwicklung in der Zeit so zu Ende, „daß die Erhebung der Philosophie zur Wissenschaft an der Zeit ist", als Ende der Entzweiung von Welt und Gott. „Wir müssen überzeugt sein, daß das Wahre die Natur hat, durchzudringen, wenn seine Zeit gekommen, und daß es nur erscheint, wenn diese gekommen" (Theorie Werkausgabe III, 14, 66).

112 *G. Kunert,* Notizen zur Geschichte, in: Düsseldorfer Debatte. Zeitschrift für Politik Kunst, Wissenschaft, 11/86, 52.

113 Den Schluß vom Bau des Auges auf den Planer dieses Wunders unterscheidet Boyle von gewöhnlichen teleologischen Argumenten und begründet damit die Physicotheologie: „This latter sort of arguments I am wont to call purely or simply physical ones; and those of the former sort may, for distinction's sake, be stiled physico-theological ones" (The Works of the Honourable Robert Boyle, London 1772, vol. 5, I c., p. 420), zit. bei M. Schramm, Natur [Anm. 106], 193, Anm. 16; vgl. ebd. 30, 33.

114 *Ebd.,* 33.

115 *W. Philipp,* Das Werden (Anm. 17); *ders.,* Das Zeitalter (Anm. 17); *M. Schramm,* Natur (Anm. 106); *H. Blumenberg,* Lesbarkeit (Anm. 16).

116 *W. Philipp,* Das Werden (Anm. 17), 70.

117 *M. Schramm,* Natur (Anm. 106), 111.

118 *W. Philipp,* Das Werden (Anm. 17), 17, 21f, 31.

119 Beispiele bei *H. Blumenberg,* Lesbarkeit (Anm. 16), 181–183; *W. Philipp,* Das Werden (Anm. 17), 161ff.

120 Neu herausgegeben von der Joachim-Jungius-Gesellschaft der Wissenschaften in 2 Bdn. der Gesammelten Schriften, Hamburg 1982.

121 Ernst Mayr im Geleitwort, aaO., I, 15. Die Durchsicht des Werkes läßt mich vermuten, Reimarus bejahe Gott im Sinne eines Weltbaumeisters, nicht aber im Sinn eines ständig und willkürlich eingreifenden Christengottes. Denn er kommt relativ häufig auf die Weisheit Gottes zu sprechen, läßt aber die Tierformen ganz aus den Bedürfnissen der Natur sich bilden.

122 *M. Schramm,* Natur (Anm. 106), 123.

123 Ebd., 54, 157; 45, 85.

124 *I. Kant,* KrV 653, 718f; KU 400–407 (PhB 39a, 306ff).

125 *M. Schramm,* Natur (Anm. 106), 54, 183f.

126 Zwei Beispiele: Das Hochspringen der Thompson-Gazelle, das vordem als Warnung für die Artgenossen gefeiert wurde, wird jetzt anhand genauerer Beobachtung als Selbstschutz erklärt: Das Tier, das den Löwen bemerkt hat, zeigt ihm durch seinen Sprung, wie gesund es ist und lenkt die Jagdgier auf die schwachen, bei der Flucht zurückliegenden Tiere. Eine Vogelart, die sich in dem obersten Stockwerk des Regenwalds von Insekten ernährt, hat zwar ihre aufmerksamen Wachposten, die bei Feindgefahr alle zum Abtauchen pfeifen, aber oft tun sie es aus Eigennutz, um während der vorgeblichen Feindgefahr selbst allein nach den Insekten haschen zu können. Sie lügen also.

127 Vgl. *St. N. Bosshard,* Evolution und Schöpfung, in: Christlicher Glaube in moderner Gesellschaft, 3, 87–127; Evolutionismus und Christentum, hg. von *R. Spaemann, R. Löw, P. Koslowski* (Civitas Resultate Bd. 9), Weinheim 1986.

128 Evolutionismus und Christentum (Anm. 127), 77, 79.

129 Evolutionismus und Christentum (Anm. 127), 43, 103.

130 DIE ZEIT, 8. 11. 1985; Evolutionismus und Christentum (Anm. 127), 140.

131 Evolutionismus und Christentum (Anm. 127), II.

[132] Vgl. die Ansätze bei *O. H. Pesch,* in: Christlicher Glaube in moderner Gesellschaft, 4, 90ff; *H.-E. Hengstenberg,* in: Evolutionismus und Christentum (Anm. 127), 83 bis 88.

[133] *Chr. Schönborn,* in: Evolutionismus und Christentum (Anm. 127), 99, 101, 103, 105f.

[134] *D. Morris,* The Naked Ape, London 1967 (dt.: Der nackte Affe, München 1968); *ders.,* The Human Zoo, 1969 (dt.: Der Menschen-Zoo, München 1969). Rudolf Bilz spricht von den biologischen Radikalen und den Wildheitsqualitäten aus der tierischen Herkunft (Wie frei ist der Mensch? Paläoanthropologie 1, Frankfurt/M. 1973, 177–189). Es ist auffällig, daß schon die frühe Aufklärung die Konsequenz zog, dem Menschen sei alles erlaubt, wenn er nur ein Produkt der Natur sei. Max Horkheimer und Theodor W. Adorno weisen auf das Werk Sades hin (Dialektik der Aufklärung, Frankfurt/M. 1969ff). In seiner „Philosophie im Boudoir" fordert de Sade: „Der Mensch kann unmöglich Verbrechen begehen. Die Natur, die ihm den unwiderstehlichen Drang dazu eingibt, sorgt umsichtig für eine Ausschaltung aller Handlungen, die ihre Gesetze antasten könnten ... Geböte sie uns, den blinden Werkzeugen ihrer Eingebungen, das Weltall in Brand zu setzen, so bestünde das einzige Verbrechen in unserer Weigerung" (München 1980, 315).

[135] *G. W. F. Hegel,* Phänomenologie des Geistes (Theorie Werkausgabe 3), 14, 18f.

[136] *G. W. F. Hegel,* Glauben und Wissen (GW 4), 317.

[137] „Der reine Begriff aber, oder die Unendlichkeit, als der Abgrund des Nichts, worinn alles Seyn versinkt, muß den unendlichen Schmerz, der vorher nur in der Bildung geschichtlich und als Gefühl war, worauf die Religion der neuen Zeit beruht: Gott selbst ist todt ... als Moment, aber auch nicht mehr denn als Moment, der höchsten Idee bezeichnen ... und also der Philosophie die Idee der absoluten Freyheit, und damit das absolute Leiden oder den speculativen Charfreytag ... in der ganzen Wahrheit und Härte seiner Gottlosigkeit wiederherstellen, aus welcher Härte allein ... die höchste Totalität ... in die heiterste Freyheit ihrer Gestalt auferstehen kann, und muß" (Glauben und Wissen, GW 4, 413f).

[138] *G. W. F. Hegel,* Phänomenologie des Geistes (Theorie Werkausgabe 3), 547, 571f.

[139] *M. Heidegger,* Holzwege, Frankfurt/M. 1952, 193–200.

[140] *L. Weimer,* Gaben die Christen Ernst Bloch eine Antwort?, in: Bloch-Almanach 6 (1986) hg. vom E.-Bloch-Archiv der Stadtbibliothek Ludwigshafen, 121–135.

[141] *F. Schlegel,* Philosophische Vorlesungen 1804–1806, aus dem Nachlaß, hg. von C. J. H. Windischmann, Bonn 1837, II, 201.

[142] *S. Kracauer,* Geschichte (Anm. 15), 168, 171–173, 227.

[143] *G. E. Lessing,* Die Erziehung des Menschengeschlechts § 1, § 3 (Reclam 8968, 7). Wenn Lessing fortfährt, die Erziehung gebe dem Menschen nichts, was er nicht auch aus sich selbst haben könnte, nur geschwinder und leichter, und wenn er den Begriff Vernunft nennt, so sollte dieser § 4 positiv gelesen werden: als Hinweis auf das Vernehmen der Offenbarung, auf das ‚von unten' und das wichtigste Mittel dabei, die gläubige Religions-, Götter- und Kulturkritik. Lessing wagt den Gedanken des radikalen Vermitteltseins und spitzt zu: „So wählte er sich ein einzelnes Volk zu seiner besonderen Erziehung; und eben das ungeschliffenste, das verwildertste, um mit ihm ganz von vorne anfangen zu können" (§ 8; Reclam, 8f); „er erzog in ihm die künftigen Erzieher des Menschengeschlechts. Das wurden Juden, das konnten nur Juden werden, nur Männer aus einem so erzogenen Volk" (§ 18, Reclam, 11). Lessing wurde in dieser Ansicht bestärkt durch die Begegnung mit Moses Mendelssohn und setzte diesem in seiner Figur des weisen Nathan ein Denkmal.

[144] Vgl. Anm. 56.

[145] AaO., § 36 (Reclam, 16).
Über die heftig diskutierte Betrugshypothese, eine der diskutiertesten Streitfragen der Aufklärung, und ihre Herkunft (islamische Quelle?, Legende vom Werk „De

Tribus Impostoribus" und Weg zu Lessings Ringparabel) vgl. *H. B. Nisbet,* Spinoza und die Kontroverse „De Tribus Impostoribus", in: Spinoza in der Frühzeit seiner religiösen Wirkung, hg. von *K. Gründer und W. Schmidt-Biggemann,* Heidelberg 1984, 227–244.

146 AaO., §§ 87–91 (Reclam, 28f). Hervorhebungen von mir (L. W.).

147 *D. F. Strauß,* Die christliche Glaubenslehre in ihrer geschichtlichen Entwicklung und im Kampfe mit der modernen Wissenschaft, I, Tübingen – Stuttgart 1840, 347f (zu Lessing) und VII (Zitat).
Bezüglich der biblischen Glaubensrede („Mythen" und „Wunder") wendet Strauß die Methode an, alles für ungeschichtlich zu halten, was den drei Gesetzen der Naturkausalität, der Sukzession (alle Veränderungen geschehen durch stufenweises langsames Wachsen oder Abnehmen) und der psychologischen Wahrscheinlichkeit widerspricht; die voraussetzungslose Interpretation der biblischen Schriften habe von einem gemeinsamen unhistorischen Charakter der Religionen und des Christentums auszugehen, wenn ‚Wunder' erzählt werden. Vgl. *G. Backhaus,* Kerygma und Mythos bei David Friedrich Strauß und Rudolf Bultmann, Hamburg–Bergstedt 1956.

148 *L. Feuerbach,* Brief an Hegel vom 22. 11. 1828 (Theorie Werkausgabe I, 355). In seiner Habilitationsschrift „Über die Vernunft" hatte Feuerbach entwickelt, daß es nur eine allgemeine Vernunft geben könne und daß das Individuum im Denken zum Subjekt Menschheit werde. Das sprengende Programm entfaltet er aber erst im Brief an Hegel: daß es um die Verweltlichung der Idee, um die Verwirklichung der Vernunft gehe. Damit machte er als erster das Problem der Verwirklichung der in der Philosophie erreichten Versöhnung zum Mittelpunkt der philosophischen Mühe.

149 *L. Feuerbach,* Über Philosophie und Christentum (Theorie Werkausgabe 2, 298f). Hegel hatte auf diese Bahn ebenso kräftig hingelenkt: Von den Theologen einer leeren Tiefe gelte, die vermeinen, „durch die Einhüllung des Selbstbewußtseins und Aufgeben des Verstandes die Seinen zu sein, denen Gott die Weisheit im Schlafe gibt; was sie so in der Tat im Schlafe empfangen und gebären, sind darum auch Träume" (Phänomenologie des Geistes, Theorie Werkausgabe 3,18).

150 *G. E. Lessing,* Die Erziehung des Menschengeschlechts § 76 (Reclam, 26).

151 Vgl. *H. Blumenberg,* Lesbarkeit (Anm. 16), 183–187.

152 *I. Kant,* Akademie Textausgabe VIII, 143.

153 *I. Kant,* KrV 847, 855; KpV 6, 241, 250–252 (PhB 38, 4, 153, 159–161).

154 RGrblV 260–261 (Reclam 1231 [4], 225).

155 RGrblV 273–275 (Reclam, 235–237).

156 RGrblV 284–286 (Reclam, 244).

157 *J. L. Mackie,* Das Wunder des Theismus, Stuttgart 1985 (Reclam 8075 [5] 41).

158 AaO., 49.

159 AaO., 31, 36f.

160 *H. S. Reimarus,* Apologie oder Schutzschrift . . . II, 372.

161 AaO., 392.

162 AaO., 388.

163 *G. E. Lessing* (Reclam 8968), 32–36.

164 *P. Sloterdijk,* Kritik der zynischen Vernunft, Frankfurt/M. 1983, 66–70.

165 *A. Schweitzer,* Geschichte der Leben-Jesu-Forschung (Siebenstern Tb 77/78), 70, 72f, 140, 146. Schweitzer hebt hervor, daß schon früh, so auch bei Herder die volle Wunderaufklärung da sei; es habe nur eines nüchternen Systematikers bedurft, um alle Konzessionen wegzunehmen, wie es dann mit Paulus geschah. „Es muß erst ein heraussstehendes Grätchen das Würgen veranlassen, damit sie (die

Theologie) von den gefährlichen Ideen Notiz nimmt. Strauß ist Herder, nur mit der kleinen Gräte" (aaO., 78).

166 *K. Marx,* Die Frühschriften (Die Heilige Familie 1844/45), hg. von S. Landshut, Stuttgart 1971, 330.

167 Augustinus gab nicht zu, daß Gott und der Glaube unfähig seien, den Berg ins Meer zu versetzen, aber er gab zu, daß kein realisiertes Beispiel vorhanden sei (De Spiritu et Littera 1.1, XXXV. 62). Thomas von Aquin hielt für die wahrscheinlichste Lösung, der Stern der Magier sei eine Neuschöpfung im Luftraum nah der Erde gewesen (im Rahmen der Vorstellung, daß Gott durch Engel die Sterne leitet), um dem Neuen gerecht zu werden (S. th. III, 36,7); am Naturwunder der Sonnenfinsternis hält er auf die Weise fest, daß er unter Berufung auf alte Zeugen erklärt, der Mond habe entgegen seiner Bahn die Sonne aufgesucht und sie dann auf demselben Weg wieder freigegeben: also zugleich mit Naturmitteln und gegen die Naturbahn; er lehnt die Lösungen Wolken vor der Sonne u. ä. ab (S. th. III, 44,2). Die heutige formgeschichtliche Lösung konnte er noch nicht ahnen: Das Sonnenzeichen ist Teil der Sichtbarmachung und Deutung, die der Tod Jesu in den Augen Gottes hat, nämlich daß er das Ketzerurteil aufhebt und Jesus zum Richter der Welt einsetzt, die ihre apokalyptische Wende genommen hat. Die vorkopernikanische Exegese zeigte an der Josua-Episode die Verfügbarkeit der Natur für die göttliche Heilsabsicht, mit Reimarus und Herder wird die poetische Quelle aus der Dogmatik herausgeschnitten (*H. Blumenberg,* Die Genesis [Anm. 16], 319–323).

Schon Reimarus erklärte das Manna richtig als Ausschwitzung der Manna-Tamariske. „Folglich ist alles Manna, was die Israeliten gehabt, aus den Stauden und Gepüschen der Wüste Sinai und Zin herausgeschwitzt, und von deren Blättern gesammlet worden, keins aber vom Himmel gefallen" (Apologie I, Frankfurt 1972, 345). Nach der Aufklärung übernimmt auch das Kirchenlexikon (Wetzer und Welte VIII, Freiburg i. Br. 1893, 615–619) die natürliche Erklärung, zeigt aber, daß diese nur der Stoff für die theologische Aussage ist: Das Manna will bewußt von Gott her sein. Ausführlich wird die Erklärung einer Widerlegung gewürdigt, Gott habe das natürliche Manna besonders reichlich gewährt: Schleimzucker, täglich ein Pfund, könne nicht 40 Jahre lang Erwachsene nähren, zumal es in den Apotheken ein Abführmittel sei. „Man muß also dabei stehen bleiben, daß die heilige Schrift uns ein Wunder erzählt, welches dem Zweck ... angemessen war" (618f). Der moderne Exeget sagt: „Die alltägliche Erfahrung des Wüstenbewohners im Umgang mit dem Manna erlaubt diese Vorstellung einer über Jahre dauernden Ernährung eines ganzen Volkes auf allein diesem Wege nicht; hier ist alltägliche Erfahrung ins Wunderhafte gesteigert, um das Staunenswerte der Führung Jahwes während einer ganzen Epoche (Wüstenwanderung) herauszustreichen" (*M. Rose,* Deuteronomist und Jahwist, Zürich 1981, 54). Seltsam ist die Dürftigkeit der Erkenntnis. Will das Wunder nicht von der Fristung des Lebens durch Gott reden (statt durch den Klassenkampf im Kulturland): Wenn jeder alles gibt, hat das Volk alles – wegen Gott –, was es braucht?

Aufschlußreich ist auch die Geschichte der Gottesurteile (judicia Dei, ordalia), die aus dem germanischen Recht in die Kirche wanderten (Zweikampf, Feuerprobe, Wasserprobe, Kreuzesprobe, Bahrgericht, Geweihter Bissen, Abendmahlsprobe): Thomas hielt sie für Aberglaube (S. th. II–II, 95, 8), in den Hexenprozessen lebten sie aber gegen den Wunsch der Päpste bis ins 17. Jh. (LThK ²IV, 1130–1132; TRE XIV, 100–105).

168 „Im Indischen ist alles Wunder und deshalb nichts mehr wunderbar ... Denn das Wunderbare setzt die verständige Folge wie das gewöhnliche klare Bewußtsein voraus, das nun erst eine durch höhere Macht bewirkte Unterbrechung dieses gewohnten Zusammenhangs Wunder nennt ... Die eigentliche Erhabenheit müssen

wir hingegen darin suchen, daß die gesamte erschaffene Welt überhaupt als endlich, beschränkt, nicht sich selbst haltend und tragend erscheint und aus diesem Grunde nur als verherrlichendes Beiwerk zum Preise Gottes angesehen werden kann"; so charakterisiert Hegel den Gedanken der creatio continua als den umfänglicheren Wunderbegriff des Christentums, den die Philosophie übernehmen und ebensogut nur von der Welt sprechen lassen kann (Vorlesungen über die Ästhetik, Theorie Werkausgabe 13, 482f).

169 *I. Kant,* RGrblV 116–124 (Reclam 1231 [4] 107–115).

170 *W. Philipp,* Das Werden (Anm. 17):
„Und ‚das Wunder, das unser liebster Heyland zu Cana in Galiläa thate, daß ER Wasser zu Wein machte', begegnet Fabricius ausdrücklich in dem Steigen der Wasser im Weinstock, die sich in den Most der Beere verwandeln."
Ziehen wir den Ansatz der Physikotheologie aus, so wären alle wirklichen Wunder des Alten Testaments als Kabōd-Konfrontationen zu interpretieren – eine Auffassung, die im Hinblick auf die Texte nicht unfruchtbar ist. Das Wunder im Vollsinn der neutestamentlichen Offenbarung wäre stets eine Christus-Begegnung – alle Wunder des Evangeliums aber sind de facto als Christusbegegnungen dargestellt" (125). „In Wolffs Theodizee schließlich, die er nach der Limitationstheorie durchführt, taucht der Wunderbegriff in einem fünften und letzten Sinne auf: ‚Mala ex limitationibus resultant' – die Tatsache des geplanten Geschaffenseins bedingt Begrenzung; aus dem Miteinander der Begrenzungen entsteht das metaphysische (physische, moralische) Übel. Hier entsteht das Problem: Kann Gott durch ein spezifisches Theodizee-Wunder das Übel aus der Welt schaffen? Wenn wir fragen, was Wolff wirklich meint und ob es ein System hinter der Phänomenologie gibt, so ist das oft gebrauchte Bild vom Uhrwerk ein zentraler Ansatz – wir werden noch sehen, in welchem Umfang (s. u.) Wolffs Wunder schlechthin, das *primigene,* ist die Konstruktion der Weltuhr; die *Naturwunder* sind ihre Abläufe im nexus der Räder. Die Reibungen der Zahnräder aneinander sind unvermeidlich, deshalb ist das Übel metaphysisch ‚absolute necessarium' und durch *kein Wunder* aus der Welt zu schaffen" (126).

171 *W. Philipp,* Das Zeitalter (Anm. 17), XVI.

172 *D. F. Strauß,* Die christliche Glaubenslehre ... I, 613. Strauß setzt an dieser Stelle im genauen Sinn die Eigenschaften Gottes mit den Weltgesetzen im System der neuen Philosophie gleich.

173 Kants Beschreibung des Kausalgesetzes: „Wenn wir erfahren, daß irgend etwas geschieht, so setzen wir dabei jederzeit voraus, daß (dem Geschehen) irgend etwas (anderes, innerhalb der Welt Vorkommendes) vorausgehe, worauf es nach einer (notwendigen und grundsätzlich exakt angebbaren) Regel folgt" (KrV A 195); vgl. Christlicher Glaube in moderner Gesellschaft, 4, 137–139.

174 *F. Schleiermacher,* Über die Religion (PhB 255), 65f.

175 *G. Chr. Lichtenberg,* Werke in einem Band, Hamburg o. J., 116.

176 *G. W. F. Hegel,* Vorlesungen über die Ästhetik II (Theorie Werkausgabe 14), 168.

177 *A. N. Whitehead,* Abenteuer der Ideen, Frankfurt/M. 1971, 253. Vgl. zum Problem der Naturgesetze für die Theologie: AaO., 232–246; *St. Toulmin – J. Goodfield,* Entdeckung (Anm. 107), 309–311.

178 *U. Herzog,* Gottes „Buch der Natur", ostindisch suppliert, in: Neue Zürcher Zeitung Nr. 229 (4. 10. 1985) 47.

179 *K. Rawer,* Kausalität – Zufall – Vorsehung, in: Christlicher Glaube in moderner Gesellschaft, 4, 72.

180 Ein gutes Beispiel: *St. N. Bosshard,* Evolution und Schöpfung, in: Christlicher Glaube in moderner Gesellschaft, 3, 91f.

181 *B. Weissmahr,* Gottes Wirken in der Welt, Frankfurt/M. 1973; *ders.,* Natürliche

Phänomene und Wunder, in: Christlicher Glaube in moderner Gesellschaft, 4, 134 bis 146.

182 *L. Feuerbach*, Über das Wunder (1839), Theorie Werkausgabe II, 218–260, bietet die übersichtlichste Darstellung. Auffällig ist das Fehlen von jeglichem Ansatz für eine formkritische Einsicht in die Gattung. Und dies, obwohl er einmal ganz in die Nähe kommt: „... von einer Anekdote: Ist sie nicht wirklich, so ist sie doch wahr, sie ist charakteristisch; sie trifft" (236f), die Übertragung auf das Wunder fehlt. Feuerbach interessiert sich für das Wunder als Bedürfnis des Menschen, während Strauß vor allem auf die Reduzierung des Gottmenschen Jesus abzielt. In der Interpretation des Mythologischen glaubt Strauß einen „eigentümlichen Apparat, die Wunder verdampfen zu lassen", gefunden zu haben (*D. Fr. Strauß*, Das Leben Jesu, Stuttgart [15]1905, I, 202).

183 *L. Weimer*, Die Lust an Gott und seiner Sache oder Lassen sich Gnade und Freiheit, Glaube und Vernunft, Erlösung und Befreiung vereinbaren?, Freiburg i. Br. 1981 ([2]1982), 179–190 (bes. 190: Schema); 500–509.

184 Vgl. *M. Kessler*, Kritik aller Offenbarung, Untersuchungen zu einem Forschungsprogramm Johann Gottlieb Fichtes und zur Entstehung und Wirkung seines ‚Versuchs' von 1792, Mainz 1986 (bes. wünschenswert wäre freilich ein Fazit, das der ausgezeichneten Arbeit fehlt und dadurch ein Stück Wirkung nimmt, ein Opfer nur des Raumproblems?).

Fichtes Fragestellung lautet: „Wie ist geoffenbarte Religion möglich?" (GA I/1, 40). Seine Antwort versucht den konkreten Weg zu zeigen, deshalb muß er von der Frage ausgehen, wie eine verderbte Menschheit wissen könne, vernehmen und prüfen, daß und was Gott ihr mitteilen möchte. Fichte definiert auch den Inhalt der Offenbarung konkret: er ist identisch mit dem Moralgesetz. Wie sehr das Vernehmen der Offenbarung durch das menschliche Vermögen geschehen soll, drückt Fichte in dem schon bei Reimarus und Lessing begegnenden Axiom aus: „Es ist also weder moralisch noch theoretisch möglich, daß eine Offenbarung uns Belehrungen gebe, auf die unsere Vernunft nicht ohne sie hätte kommen können und sollen" (GA I/1, 82). Damit kann er die Entwicklung der Offenbarung bzw. ihres Vernehmens aus dem doppelten Wesen des Menschen begründen: aus der Anschauung der Sinnenwelt und aus dem höheren, übersinnlichen Begehrungsvermögen des Menschen (Freiheit, Gewissen, Prüfung der Ideen und Moralgesetze und ihrer Vernunftgemäßheit). Die Heraussiebung der guten Früchte der moralischen Ideen in der Praxis scheint also Fichtes Lösungsvorschlag zu sein: „Nur diejenige Offenbarung, welche ein Princip der Moral, welches mit dem Princip der practischen Vernunft übereinkommt, und lauter solche moralische Maximen aufstellt, welche sich davon ableiten lassen, kann von Gott seyn" (GA I/1, 84). Fichte veröffentlichte auch eine eigene Schrift „Ueber den Grund unsers Glaubens an eine göttliche Weltregierung", erwachsen aus einer Vorlesung (GA I, 5, 347–375). Sein Gesichtspunkt ist: Wie kommt der Mensch zum Glauben an die Vorsehung? Fichte geht von der Erfahrung des Ich aus: der Mensch findet sich frei tätig vor, er muß sich die sittliche Tat vornehmen, die Pflicht offenbart sich ihm. Der Glaube an die Vorsehung ist ihm also ein praktischer, ist das Lebendigwerden des möglichen Rechttuns, genauer „die wahre Religion des freudigen Rechtthuns" (GA I/5, 356), die Bejahung des Gesollten.

185 *F. W. J. Schelling* führt sie an der Christologie durch (Philosophie der Offenbarung 1841/43, hg. von M. Frank, Frankfurt/M. 1977, 289–291, 308).

Vgl. *W. Kasper*, Das Absolute in der Geschichte. Philosophie der Geschichte in der Spätphilosophie Schellings, Mainz 1965 (Hier wird gezeigt, wie Schelling die Transzendenz Gottes als des freien Geistes immer klarer findet.); *K. Hemmerle*, Gott und das Denken nach Schellings Spätphilosophie, Freiburg i. Br. 1968; bes.

aber *G. Vergauwen,* Absolute und endliche Freiheit. Schellings Lehre von Schöpfung und Fall, Universitätsverlag, Freiburg Schweiz 1975 (Hier werden die Weltalterentwürfe als Frage nach dem ewigen Leben, der Vergangenheit Gottes erschlossen – Fragen, die auch an unseren dritten Punkt nach dem Verhältnis des Weltraumes zu Gott zurückverweisen.) und *R. Goebel,* Schelling. Künder einer neuen Epoche des Christentums, Stuttgart 1975.

[186] Im „Buch Adler" reflektiert Soeren Kierkegaard, wie eine heute ergehende Offenbarung (Heilsgeschichte) ergehen müßte: Nicht als apokryphe Privatoffenbarung, sondern „im Zeitalter der Reflexion" als theologisch zuhöchst reflektierte Geschichte. Die Vorsehung würde heute vom Berufenen verlangen, auch „der größte Maieutiker des Zeitalters" zu sein, d. h. die Kirche braucht heute theologisch reflektierte Erneuerungsbewegungen *(Kierkegaard,* Einübung im Christentum und anders, dtv 6080, 364). Im Tagebuch ($X^5$A/73) heißt es 1853: „Die Naturwissenschaft zeigt nun, daß ein ganzer Vorstellungskreis, der sich in der heiligen Schrift findet und der die Naturerscheinungen betrifft, wissenschaftlich nicht haltbar ist: also ist die heilige Schrift nicht Gottes Wort, keine Offenbarung. Hier kommt dann die theologische Wissenschaft in die Klemme. Denn die Naturwissenschaften haben vielleicht Recht in dem, was sie sagen – und die theologische Wissenschaft will dann gern auch Wissenschaft sein, aber dann ist sie auch hier mattgesetzt. Wenn das Ganze nicht so ernst wäre, wäre es sehr komisch ... Denn im übrigen ist die Sache keineswegs schwierig. Das Mittel nämlich, das einzige, durch das Gott mit ‚dem Menschen' in Verbindung tritt, das Einzige, worüber Er mit dem Menschen sprechen will, ist: das Ethische ... Was nämlich, selbst wenn man nach dem größtmöglichen Maßstab den Naturwissenschaften einräumt, daß sie gegen die Offenbarung Recht haben, völlig unverändert bleibt, ist die christliche Ethik, ihre Forderungen, abzusterben usw. usw. – in dieser Hinsicht hat die Naturwissenschaft doch wohl keine berichtigenden Entdeckungen gemacht. Aber dies eben will man nicht, man will heidnisch das Leben genießen ... Die wissenschaftliche Theologie ist ohne Glauben" (Die Tagebücher V [GW], 144–146).

[187] *M. Mendelssohn,* Morgenstunden (Reclam 9941 [3], 148).
Vgl. den Text: „Ueber Wunder u(nd) wunderbar. Wunder. Erklärung nach Clarke. Seltenheit ist nicht hinreichend eine Begebenheit zum Wunder zu machen ... Absichten in der Natur sind im Allgemeinen sichtbar; im Besonderen aber versteckt ... Sichtbare Absicht im Einzelnen ist Wunder; in so weit sie die Mitwirkung übersinnlicher Wesen zu erkennen giebt. Daher ihre Seltenheit, ihr scheinbarer Widerspruch mit den Gesetzen der Natur. Was können Wunder beweisen? – Sie können den Willen eines übermenschlichen Wesens zu erkennen geben ... Jede Einwirkung Gottes in den Lauf der Natur war kein Wunder; in soweit sie keine besondere Absicht zu erkennen geben würde" (JA VA/1,4f). So definiert aber auch *Spinoza* das Wunder (Cap. VI des Tractatus Theologico-Politicus); Spinoza unterscheidet auch schon die hebräische Ausdrucksweise (das Verstehen, Deuten des Wunders) von der Sache; ebenso unterscheidet er in Cap. XII das Wort Gottes, den wahren Sinn der Schrift, von der Einkleidung in zeitbedingtes Beiwerk (Ausübung von Gerechtigkeit und Nächstenliebe als die Sache der Schrift) und zeigt in Cap. XV die Vernunftgemäßheit dieser Mitte der Schrift.

[188] *H. Cohen,* Religion der Vernunft aus den Quellen des Judentums, hg. von B. Strauß, Wiesbaden 1978, 81, 174 (Zitat).

[189] *F. Rosenzweig,* Der Stern der Erlösung, Haag 1976, 103–115.

[190] „Das Weltbild des Neuen Testamentes ist ein mythisches ... Sofern es nun mythologische Rede ist, ist es für den Menschen von heute unglaubhaft ... und es wäre dann die Aufgabe der Theologie, die christliche Verkündigung zu entmythologisieren ... Die Wunder des Neuen Testamentes sind damit als Wunder erledigt ...

Die mythische Eschatologie ist im Grunde ... erledigt" usf. (*R. Bultmann*, Neues Testament und Mythologie, in: Kerygma und Mythos I, hg. von H.-W. Bartsch, Hamburg 1948, [4]1960, 15–18).

191 *W. Philipp*, Das Zeitalter (Anm. 17), LXXIII–LXXX.

192 *M. Heidegger*, Die Zeit des Weltbildes, in: Holzwege, Frankfurt/M. 1952, 69 bis 104.

193 *A. N. Whitehead*, Wissenschaft und moderne Welt, Frankfurt/M. 1984, 18.

194 Vgl. *H. Häring*, Die Macht des Bösen. Das Erbe Augustins, Zürich–Gütersloh 1979 (Fragen S. 15); *G. Greshake*, Der Preis der Liebe. Besinnung über das Leid, Freiburg i. Br. [6]1985; Kolloquium Religion und Philosophie, hg. von *W. Oelmüller*, Bd. 3: Leiden, Paderborn 1986.

195 Vgl. *M. Schramm*, Natur (Anm. 106), 166f; *W. Weischedel*, Vierunddreißig große Philosophen in Alltag und Denken, München [8]1981, 186–191. Die ausführliche Antwort gibt Voltaire vier Jahre später in dem Roman „Candide ou l' optimisme". Mit Tatsachen wird die Lösung der Menschheitsfrage, ob die Welt gut oder schlecht sei, gesucht: Sklaverei und Syphilis, 30 000 Tote beim Lissaboner Erdbeben, zehnmal soviele im Siebenjährigen Krieg, Flammen der Scheiterhaufen, Diebstahl und Betrug im täglichen Leben, Gewalt, Schändung und Mißhandlung – jede Einzelheit ist eine vernichtende Absage an den Optimismus des Leibniz-Jüngers Pangloß (Herr „Allessprecher", der im Roman verspottet wird). Interessant ist es, damit das Ergebnis des Literaturwissenschaftlers zu vergleichen; Benno von Wiese veröffentlichte 1948 „Die deutsche Tragödie von Lessing bis Hebbel" als die Geschichte einer literarischen Form, an deren Wandel sich nichts Geringeres darstellen lasse als die Wende vom Theodizeegedanken des 18. Jhs. in den Nihilismus, die tragisch erlebte Gottferne.

196 Vgl. bei *M. Schramm*, aaO., 168f. Um 1784 verfaßte auch Moses Mendelssohn als eines seiner letzten Werke die Schrift „Sache Gottes, oder die gerettete Vorsehung" (veröff. 1843; JA III/2, 219–260). Es will eine Paraphrase des gleichnamigen Werkes von Leibniz (Causa Dei, Amsterdam 1710) sein, ersetzt aber an den entscheidenden Stellen Zitate der christlichen Tradition durch alttestamentliche und talmudische Sätze.

197 „Weise und tugendhafte Menschen ... anerkennen nämlich, daß wir bei genügendem Verständnis der Ordnung des Universums entdecken würden, daß es alle Wünsche der Weisesten übertrifft, und daß es unmöglich ist, die Welt besser zu machen als sie ist" (Monadologie 90, PhB 253, 69); vgl. Theodicee, § 134.

198 *G. W. Leibniz*, Monadologie 47 (PhB 253, 47).

199 *H. Blumenberg*, Lesbarkeit (Anm. 16), 287.

200 Autobiographie, zit. in: *W. Langhammer*, Bertrand Russel, Köln 1983, 111.

201 *Th. W. Adorno*, Negative Dialektik, Frankfurt/M. 1982, 360.

202 *J. L. Mackie*, Das Wunder des Theismus, Stuttgart 1985, 279.

203 AaO., 275.

204 *E. M. Cioran*, Die verfehlte Schöpfung, Wien 1969, 10.

205 *H. S. Reimarus*, Apologie II, 464; *D. Fr. Strauß*, Die christliche Glaubenslehre II, 52, 59, 72f (Die moderne Auflösung der Erbsünde: Täglich fallen wir; der Mensch ist beides, gut und böse).

206 *Th. W. Adorno*, (Anm. 201), 368.

207 *F. Schleiermacher*, Über die Religion (PhB 255), 160f.

208 *H. Blumenberg* zitiert aus einem Brief der Karschin an Goethe vom 4. 9. 1775: „Ich aber hänge den Kopf nicht, ich denke, der Vater des Ganzen wird's auch mit mir einzelnem Teil bis ans Ende gut machen." Sein Kommentar: „Bedurfte es nur einer biblischen Zeile, nur eines christlichen Theologen, damit dies geschrieben

werden konnte? Mehr noch: hätte es post Christum natum nicht anders geschrieben werden müssen?" (Säkularisierung und Selbstbehauptung, 269.)

209 Vgl. *P. Henrici*, Vernunftreich und Staat-Kirche. Das Reich Gottes im neuzeitlichen Denken, in: IKZ 15 (1986) 131–141 (zu Hobbes, Kant und Hegel); *J. J. Rousseau*, Du Contrat Social (Der Gesellschaftsvertrag; Reclam 1769/70), 184–195; *F. Schleiermacher*, Über die Religion (PhB 255), 98, 100, 102; *G. E. Lessing*, Die Erziehung des Menschengeschlechts, §§ 8, 18; *I. Kant*, Die Religion innerhalb der Grenzen der bloßen Vernunft (Reclam 1231 [4]), 104f, 129, 199 (Über das Volk Gottes und das Mitwirken des Menschen bei der Vorsehung), 119–122 (Über das Reich Gottes und die Gesellschaft als Mittel dazu); *J. G. Fichte*, Die Grundzüge des gegenwärtigen Zeitalters (Werke, hg. von F. Medicus, IV, 537–583) (Fichte trennt Staat und Kirche und beschreibt das Christentum als den idealen Staat, indem er das Christentum zum schöpferischen Prinzip eines neuen Staates erklärt). Eine bündige Formulierung findet sich in einer Notiz von Varnhagen von Ense (18. 11. 1846): „Die Christen haben auf ihrem Ausgang aus der Lehre in die Welt das meiste Gute verloren und vergessen, wohl auch als zu beschwerlich abgeworfen, und laufen mit dem bloßen Namen weiter ... Rousseau, Pestalozzi, Fichte, Saint-Simon, jede neue Theorie, Sozialismus, Kommunismus, alles ist nur bemüht, zurückgelassenes Christentum nachzubringen!" *K. A. Varnhagen von Ense*, Tagebücher, hg. von *L. Assing*, III, 466 (zit. bei: *H. Blumenberg*, Säkularisierung [Anm. 16], 140).

210 *M. Horkheimer – Th. W. Adorno*, Dialektik der Aufklärung, Frankfurt/M. 1971, 158f. Daß eine solche Aufklärung mit dem Glauben zusammengehen kann, zeigt die frühe Parallele zu diesem Gedanken z. B. bei Mendelssohn. Seine Aufklärung lehnt alle Schwärmerei und allen Aberglauben ab. Selbst ein Denker wie Friedrich Heinrich Jacobi erschien ihm als Schwärmer, weil er den Glauben an die Stelle der Vernunft setzen wolle, um nicht im spinozistischen Atheismus – wie er meinte – landen zu müssen. Vgl.: *A. Altmann*, Die trostvolle Aufklärung, Studien zur Metaphysik und politischen Theorie Moses Mendelssohns, Stuttgart – Bad Canstatt 1982, 279f.

211 AaO., 160f. Vgl. zum kirchenpolitischen Antisemitismus noch in diesem Jahrhundert *R. Raffalt*, Wohin steuert der Vatikan?, München 1973, 193–203. Gerade der herrschende Antisemitismus treibt dann auch in einzelnen Gestalten und Gruppen den Philosemitismus (bis zu Konversionen) hervor, schon in der frühen Aufklärung (*W. Philipp*, Das Werden [Anm. 17], 51, 120; *ders.:* Das Zeitalter [Anm. 17], 42f, 106).

212 *M. Mendelssohn*, Morgenstunden (Reclam 9941 [3], 256); Große Gestalten des Judentums, hg. von S. Noveck, II, Zürich 1972, 27f. Spinoza beschreibt in Cap. XVII des Tractatus Theologico-Politicus den Staat der Hebräer, unter Moses und vor der Königszeit, als eine Theokratie, in der das Recht nicht auf einen Sterblichen übertragen und bürgerliches Recht und Religion ein und dasselbe waren, jedenfalls in der Theorie (da die Praxis zurückblieb). Unter diesen Verhältnissen hätten alle die Gleichheit verwirklicht: Zwar übertrugen alle die Leitung auf Moses, aber da dieser sein Amt nicht in einer Dynastie weitergab, blieb das Charisma, blieb Gott der einzige Herr. Es gab nur ein freies Volksheer und dieses sei der beste Garant gegen Herrscherwillkür wie des Friedens, da es aus den Bürgern bestehe. Wegen der Sozialordnung gegen die Verarmung sei die Armut in diesem Staat erträglich gewesen wie nirgendwo. Die Sucht der Könige und der Priester nach Herrschaft habe den Untergang des sonst ewigen Reiches herbeigeführt. In Cap. XVIII behandelt Spinoza die Frage, welche politischen Lehrsätze aus der jüdischen Staatsverfassung erschlossen werden könnten. Der Grundansatz beim Bund mit Gott sei nicht übertragbar, weil dazu die Einwilligung Gottes nötig sei.

Zu beherzigen sei aber die Erfahrung des Friedens in der Zeit, als keine Herrscher um des Ruhmes willen stritten. Die Lehren sind: Die Religionsdiener dürfen keine Herrschaft ausüben; theologische Streitereien dürfen nicht zu Rechtssätzen dogmatisiert werden, die mit Gewalt durchgesetzt werden; u. a.

213 Rom und Jerusalem. Die letzte Nationalitätenfrage, Briefe von Moses Hess, Tel Aviv 1935 (Die Erstausgabe war 1862), 84f.

214 AaO., 77, 94, 185–187 und 94f.

215 Vgl. *A. Altmann,* Von der mittelalterlichen zur modernen Aufklärung. Studien zur jüdischen Geistesgeschichte, Tübingen 1986; *L. Poliakov,* Geschichte des Antisemitismus, 1–5, Worms 1977–1983.

216 *H. Cohen,* Religion der Vernunft aus den Quellen des Judentums, hg. von B. Strauß, Wiesbaden 1978, 26.

217 AaO., 27.

218 AaO., 95.

219 AaO., 110.

220 AaO., 307.

221 AaO., 463.

222 *E. Lévinas,* Wenn Gott ins Denken einfällt, Freiburg – München 1985, geht davon aus, daß ich durch den anderen Menschen, durch den ich unendlich in die Verantwortung vorgeladen bin, zugleich zu der größeren Menschlichkeit erwache wie zu der Transzendenz. Gott weist mir also die Theodizee im praktischen Sinn, am Nächsten zu. Von daher definiert er das Übel, das es gar nicht mehr geben sollte, aber gibt: „Das Leiden ist nur eine konkrete und gleichsam fühlbare Manifestation des Nicht-Integrierbaren, des Nicht-zu-Rechtfertigenden ... Das Übel ist nicht nur das Nicht-Integrierbare, es ist zugleich die Nicht-Integrierbarkeit des Nicht-Integrierbaren" (182f).

# Wie sprechen die Heiligen Schriften, insbesondere das Alte Testament, von der Vorsehung Gottes?

Von Frank-Lothar Hossfeld, Bonn

## *1. Einleitung*

Eingangs gilt es, in ein paar Vorbemerkungen die Rolle des Exegeten im Rahmen der Tagung zu bedenken und vorsorglich auf die Grenzen seiner Ausführungen hinzuweisen.

Das mir gestellte Thema gehört in den Bereich der sogenannten „Biblischen Theologie", deren Aufgabe es ist, die in der Bibel enthaltene Theologie zu erheben im Unterschied zu der sogenannten schriftgemäßen Theologie, die von der Schrift ausgehend systematisiert.[1] Die historisch-kritischen Methoden tendieren antisystematisch zu einer Erfassung der individuellen Aussagen eines Textes, so daß die Zusammenschau unter dem Aspekt eines Themas von daher erschwert wird. Aus diesem Grund werden hier einige „biblische Gesichtspunkte" zum Thema vorgetragen.

Ferner enthält die Bibel eine Fülle von einzelnen Theologien; sie können erzählender oder begrifflich-systematischer Art sein. Ihre sogenannte Mitte, von der her sie erzählen und argumentieren, liegt für das NT im Leben, Sterben und Auferstehen Jesu offener zutage als für das AT, wie es die Einleitung zum Hebräerbrief „*viele* Male und auf *vielerlei Weise* hat Gott einst zu den Vätern gesprochen durch die Propheten" unterstreicht. Insofern muß gerade auch vom AT her der Plural „die Heiligen Schriften" im obigen Thema betont werden.

Beide Aspekte schlagen insbesondere beim Thema „Vorsehung" durch. Denn der Leitbegriff „Vorsehung" stammt aus dem griechischen Denken der Stoa und taucht mit dem Gewicht seiner Bedeutung nur am Rande des AT auf in Weish 6,7; 14,3 und 17,2 (vgl. noch Ijob 10,12 mit einem hebräischen Äquivalent). Im NT spielt seine theologische Verwendung gar keine Rolle. Das erfordert eine Übertragung der Sache nach, die umfassend umschrieben wird, sei es als die „Grundaussage vom heilschaffenden Schöpfergott"[2] oder als „Gottes Nähe zur Welt, sein weltimmanentes Wirken in der weisen und machtvollen Führung seines auserwählten Volkes, worin er sich als Herr der Geschichte erweist"[3] oder noch umfangreicher mit „Inbegriff einer umfassenden Besinnung auf den christlichen Glauben an Gott und sein Verhältnis zu Welt, Mensch und Geschichte" bzw. „Vorsehung (ist) nicht mehr ein eigener Akt Gottes, nicht mehr eine unterscheidbare ‚Wesenseigenschaft', sondern ein anderer Name für Gott"[4]. Wenn es in dieser Weise bei dem betreffenden Thema um das Ganze geht, ist der Exeget zu einer radikalen Selektion gezwungen, die er im einzelnen, so gut es eben geht, zu begründen hat.

## 2. *Frühe Zeugnisse der Rede vom Eingreifen Gottes*

2.1. Das aus dem 11. Jh. v. Chr. stammende Debora-Lied Ri 5 beschreibt den Sieg einer Koalition von sechs israelitischen Stämmen über die „Könige von Kanaan".

Dieses Israel versteht sich als „Volk Jahwes" (Ri 5,11.[13]) und bezeichnet damit Jahwe als den Einheitsfaktor seines politischen Zusammenschlusses. Der Kampf kommt zustande durch die Initiative einer Prophetin Debora mit dem Ehrentitel „Mutter in Israel", die einen Strategen Barak designiert (5,7.12). Konsequenterweise wird nach dem Sieg im Rückblick auf das Geschehen Jahwe gedankt, dem Gott der Siegreichen (5,2.3), wie auch bei anderen Gelegenheiten von den Taten Jahwes erzählt wird (5,11). Nur wird die eigentliche Schlacht in 5,19–22 ohne Jahwes Eingreifen geschildert. Die Sterne kämpfen vom Himmel her auf seiten Israels. Die mythische Rede sagt nichts über deren Verbindung mit Jahwe. Auch im zweiten Teil des Liedes ab 5,24ff verweilt der Bericht bei den Heldentaten der Nomadenfrau Jael. Im Gegenzug werden in 5,23 diejenigen verflucht, die nicht am Kampf teilgenommen haben: „Ihr sollt Meros verfluchen, spricht der Engel Jahwes. Mit Flüchen flucht seinen Bewohnern; denn sie kamen Jahwe nicht zu Hilfe, zu Hilfe Jahwe unter den Helden."

Der Vers klingt auf dem Hintergrund des Kontextes synergistisch. „Weder wird ein Handeln ausschließlich von der Gottheit erwartet (wie es quietistische Bewegungen tun), noch wird von der Hilfe der Gottheit für die Kämpfenden gesprochen, sondern von der Unterstützung der Gottheit durch die Kämpfenden. Der Gott allein vermag nicht zu siegen, es ist nötig, daß jeder, der kann, ihm bei seinem Kampf hilft ... Hier spricht ein unbefangenes Selbstbewußtsein menschlicher Aktivität: nicht Objekt, sondern Subjekt des politischen und geschichtlichen Geschehens zu sein. Dies spricht m. E. für das hohe Alter des Liedes, denn in späterer Zeit läßt sich eine deutliche Tendenz erkennen, die Alleinaktivität Jahwes zu betonen."[5]

Wenn auch in bezug auf die angenommene Entwicklung Vorsicht geboten ist – vgl. dazu die Schilderung des Schilfmeerwunders in Ex 14,13f. 21a$^{+}$.24f.27$^{+}$ aus der Hand des Jahwisten[6] und das Mirjamlied in Ex 15,21 –, so fällt doch das komplexe Nebeneinander der Wirkweisen Jahwes auf: Eine von Jahwe berufene Prophetin gibt den Anstoß. Eine israelitische Stämmekoalition reagiert als Kriegsvolk Jahwes. Entsprechende Witterungsbedingungen begünstigen den Kampf Israels, der als „Hilfe für Jahwe" interpretiert wird – ein Gemeinschaftsunternehmen zwischen Mensch und Gott.

2.2. Ein analoges Nebeneinander vom Eingreifen Jahwes und den Eigenleistungen des Menschen finden wir in dem alten Sieges- und Dankeslied eines Königs in Ps 18,33–39.[7] Gott hat dem kämpfenden König eine strategisch gute Position geschenkt: „Gott hat mich mit Kraft umgürtet, er führte mich auf einen Weg ohne Hindernis. Er ließ mich springen, schnell wie Hirsche, auf hohem Weg ließ er mich gehen" (18,33–34). Er hat ihn den Kampf gelehrt: „Er lehrte meine Hände zu kämpfen, meine Arme, die ehernen Bogen zu spannen" (18,35). Und im Kampf hat er Beistand gewährt, womöglich durch ein Kriegsorakel: „Du gabst mir deine Hilfe zum Schilde, deine Rechte stützt mich; du neigst dich mir zu und machst mich groß. Du schaffst meinen Schritten weiten Raum, meine Knöchel wanken nicht" (18,36–37). Die göttliche Hilfe mündet schließlich in den Sieg des Königs: „Ich verfolge meine Feinde und hole sie ein, ich kehre nicht um, bis sie vernichtet sind. Ich schlage sie nieder; sie können sich nicht mehr erheben, sie fallen und liegen unter meinen Füßen" (18,38–39). In verwandter Rollenverteilung wird in 18,40–46 der Sieg des Königs über Fremdvölker geschildert. Die ältere Darstellung des Eingreifens Jahwes in Ps 18 hebt sich deutlich ab von der späteren Schilderung der Rettung des einzelnen z. B. in 18,17–20, wo allein Jahwe dominiert.

2.3. Als Paradebeispiel für altisraelitische Geschichtsschreibung gilt die Erzählung von der Thronnachfolge Davids 2 Sam 9–20; 1 Kön 1–2. Sie umspannt einen Zeitraum von zwanzig Jahren Reichsgeschichte und schildert ihn nüchtern mit besonderem Interesse für die Interessen und Leidenschaften der handelnden Menschen. Neben dem Einzel- und Gruppeninteresse als Handlungsmotiv taucht auch der Faktor Jahwe auf, durchaus im Stil der altorientalischen Götter, die auch in der Geschichte handeln. Jahwe greift vor allem vermittelt ein, sei es mit deutlichem Rückbezug auf ihn selbst über den Propheten Natan 2 Sam 11,27 – 12,25 oder verborgen hinter dem vordergründigen Handeln der Menschen wie in 2 Sam 17,14: „Da sagten Abschalom und alle Israeliten: Der Rat des Arktiters Huschai ist besser als der Rat Ahitofels. Jahwe hatte es nämlich so bestimmt, der gute Rat Ahitofels sollte durchkreuzt werden, weil Jahwe Unheil über Abschalom bringen wollte." Vor allem handelt er in der Geschichte durch die Menschen, die sich innerhalb des Geschehens an Jahwe zurückbinden. Als Beispiel diene die Szene der Begegnung Davids mit Schimi 2 Sam 16,7–12. J. Kegler kann diese Art der Geschichtsschreibung folgendermaßen charakterisieren: „Es wurde zudem mehrfach herausgestellt, daß sich in der frühen Königszeit die Menschen oder die Gemeinschaft in der jeweiligen Gegenwart direkt an Jahwe richten, in der Form des Hoffens oder Klagens, des Vertrauens oder der Angst, der Vorzeichen oder rituellen Befragung, daß mithin der ‚Glaube' an Gott als ein reales Gegenüber im Prozeß des Geschehenden ständig präsent, ja, daß er eine ‚konstitutive Relation' gegenüber jedem ‚Faktum' ist. D. h. abgesehen von Gott kann in Israel Geschehen gar nicht gesehen werden; mit ihm wird im Prozeß des Geschehenden konkret gerechnet, denn er ist der Adressat von Hoffnung."[8]

Jahwe greift in die Geschichte ein, weil Jahwegläubige im Zeitablauf handeln und wieder andere Jahwegläubige die so abgelaufene Geschichte im Zusammenhang deuten.

2.4. Das vierte Beispiel für frühes Reden vom Eingreifen Jahwes stammt aus der vorexilischen Sprüchesammlung Spr 10 – 22,16, näherhin aus der eigenständigen, in sich abgerundeten kleinen Sammlung von Jahwesprüchen im Zentrum der eben genannten Sammlung Spr 16,1–9 außer vielleicht V. 3 und V. 8.[9]

Spr 16,1: „Der Mensch entwirft die Pläne im Herzen, doch von Jahwe kommt die Antwort auf der Zunge."
Der Mensch als Geschöpf (Adam) steht Jahwe gegenüber. Ein und derselbe Mensch überlegt bzw. denkt und kleidet das Ergebnis seines Denkens in Worte. Der Vorgang des In-Worte-Kleidens bzw. des Formulierens ist nicht selbstverständlich. Bei dieser „Begabung" wirkt Jahwe mit oder besser, von ihm leitet sich die Begabung her.

Spr 16,2: „Jeder meint, sein Verhalten sei fehlerlos, doch Jahwe prüft die Geister."
Der Vers hebt auf den Gegensatz zwischen der subjektiven Beurteilung eines jeden und dem objektiven Urteil Jahwes ab. Wann und wie Jahwe urteilt, ob beim Totengericht oder ob zwischenzeitlich, muß offenbleiben. Auf jeden Fall bleibt jeder auf Jahwe verwiesen; die menschliche Selbsterkenntnis ist von Jahwe her zu bemessen (vgl. Spr 14,12).

Spr 16,3: „Befiehl Jahwe dein Tun an, so werden deine Pläne gelingen."
Der Erfolg menschlichen Tuns ist unverfügbar. Bestand hat menschliches Tun nur von Jahwe her. In freier Entscheidung soll der Angeredete sein Gottvertrauen vollziehen.

Spr 16,4: „Alles hat Jahwe für seinen Zweck geschaffen, so auch den Frevler für den Tag des Unheils."

Es geht um Jahwes Wirken (pa$^{c}$al) in der Geschichte. Hier ist alles zu einem Zweck bzw. zu einer Antwort/Reaktion bestimmt. Die Handlungsfreiheit ist damit eingeschlossen. Auch die Problemfigur des Frevlers gehört in Jahwes Geschichtswirken hinein. Für ihn bringt der „Tag des Unheils" die Bestrafung. Möglicherweise ist damit der unzeitig hereinbrechende Tod gemeint.

Spr 16,5: „Ein Greuel ist Jahwe jeder Hochmütige; er bleibt gewiß nicht unbestraft."

Der Hochmütige verhält sich gegen die Regeln des Zusammenlebens und verstößt damit gegen eine von Jahwe sanktionierte Ordnung. Sein Verhalten führt zu entsprechenden Folgen. D. h. Jahwe erkennt den Tun-Ergehen-Zusammenhang an und unterstützt seine Gesetzmäßigkeit.

Spr 16,6: „Durch Liebe und Treue wird Schuld gesühnt, durch Jahwefurcht weicht man dem Bösen aus."

Liebe und Treue sind das rechte soziale Verhalten, welches das Verfehlen in seinen Tatfolgen aufheben kann. Die Jahwefurcht schließt die Anerkennung solcher Grundordnungen ein und verhindert prophylaktisch Verfehlungen. Der Vers spannt Sozialregel und theologische Beurteilung zusammen.

Spr 16,7: „Gefallen Jahwe die Wege eines Menschen, so versöhnt er auch seine Feinde mit ihm."

Der nicht einfach zu verstehende Vers ist wohl so auszufalten: Einer hat Erfolg im Leben, und darin wird die Anerkennung und Förderung durch Jahwe sichtbar. Solcher Erfolg führt dann auch zur Versöhnung mit seinen Widersachern. Der ganze Vorgang steht unter der Begleitung Jahwes.

Spr 16,9: „Des Menschen Herz plant seinen Weg, doch der Herr lenkt seinen Schritt."

Der Spruch konstatiert ähnlich wie 16,1 die Diskrepanz zwischen der menschlichen (Adam) Planung des Lebenswandels und der Verwirklichung im Lebensgeschick. Diese Unverfügbarkeit überbrückt Jahwe durch seine Lenkung (vgl. vor allem Spr 21,30f).

Die Prägnanz der Sprüche erschwert eine Auslegung, weil sie oft von enigmatischer Kürze sind. Bei der gesamten Spruchgruppe fällt aber bei vorsichtiger Beurteilung auf: Sie bezieht sich auf das Zusammenwirken von Jahwe und Mensch im Alltag. Menschliches Verhalten verläuft nach sozialen Regeln, hinter denen Jahwe steht bzw. die er sanktioniert. Deswegen gilt es, diese anzuerkennen anstatt sich zum eigenen Schaden aufzulehnen. Insofern ist Einsicht gefordert. Allerdings erfährt der Mensch auch seine Grenzen sowohl in seiner Selbsterkenntnis (16,4), wie im Vollenden seiner Pläne (16,1) als auch im Gelingen seines Lebens (16,9). In dieser Begrenzung offenbart sich der Mensch als von Jahwe abhängig bzw. von ihm gehalten. Auch im Alltag bleibt er Geschöpf. Das Miteinander von Jahwe und Mensch ist hier weisheitlich verallgemeinert und reflektierter dargestellt als in den vorher genannten Texten. Kurz und gut: Das Leben ist von Jahwe her geordnet und durch ihn geborgen. Darein gilt es sich einzupassen. Das meint Gottvertrauen bzw. Jahwefurcht!

Die eben besprochene erste Textgruppe hat das Eingreifen Jahwes angezeigt, indem sie es neben das menschliche Wirken gestellt hat. Über das Verhältnis beider wird punktuell und anfanghaft nachgedacht. Und gerade das ändert sich mit der Großkomposition der Geschichtserzählungen.

### 3. *Das Zusammenwirken von Gott und Mensch in ausgewählten Geschichtstheologien*

3.1. Hier gebührt dem Geschichtsentwurf des Jahwisten der erste Rang sowohl von der zeitlichen Ansetzung in der salomonischen Ära wie von der theologischen Bedeutung her. Der Jahwist verarbeitet unterschiedliche Erfahrungsfelder und religiöse Deutungen: Frühkulturelle Mythen und komplexere polytheistische Mythen in der Urgeschichte; Vorstellungen und Gehalte der Familienfrömmigkeit in den Vätererzählungen und überwiegend henotheistische Machterfahrungen in der Volksgeschichte. Er verarbeitet sie zu einer maßgeblichen theologischen Geschichtsschreibung, denn das Wirken des einen, integrierenden Jahwe hält als roter Faden die Geschichte zusammen. Ihr Ziel ist, die Einheit von Jahwe und seinem Volk Israel im Gelobten Land Palästina zu legitimieren. Vor dieses Ziel der Volksgeschichte vom Exodus bis zur Landgabe werden zwei Vorgeschichten vorgebaut: die Vätergeschichte und die Urgeschichte. Damit ergibt sich eine sogenannte Führungsgeschichte vom absoluten Anfang bis zur Etablierung der Einheit von Jahwe, Israel und Gelobtem Land.[10] Aus dieser Konzeption schneide ich nun die Urgeschichte heraus und betrachte sie unter dem oben angegebenen Aspekt.

Die Urgeschichte des Jahwisten von Gen 2,4 – 9,19* erzählt vom ersten Menschen und seiner Frau, von Kain und seinem Bruder Abel und von Noach und der Flut. Die Sukzession der Erzählung wird durch die Abfolge der Generationen in Gen 4,1f; 6,1; 9,18f dargestellt. Auf der Folie der idealen, von Gott ursprünglich beabsichtigten Welt von Gen 2 entfaltet der Jahwist eine Geschichte der Störungen zu den gegenwärtigen Restriktionen der realen Welt. Dabei hat die Urgeschichte ein Gefälle des sich steigernden Abfalls von Jahwe, der wiederum je neue

Gegenmaßnahmen Gottes erfordert, damit die Geschichte auf ihr Ziel hin weiterläuft.
Gen 2–3* schildert den Anfang der Störungen. Jahwes gute Absicht wird in Gen 2 erzählt. Die Schilderung der ersten Sünde in Gen 3 dient bei aller noch nicht aufgehellten Dramaturgie vor allem der Theodizee Jahwes. Seine Stellung als alleiniger Gott und Schöpfer wird durch keine böse Konkurrenzgottheit angetastet. Die Schlange entlastet primär Jahwe vom Bösen. Er hat weder direkt das Böse geschaffen noch indirekt den Menschen so veranlagt, daß er von Natur aus zum Bösen programmiert wäre. Die Schlange weist auf das dem Menschen vorgegebene Böse, zu dem sich der Mensch bzw. das erste Menschenpaar in Freiheit entscheidet. Insofern ist die Schlange der Verführungsszene Gen 3,1–7 ein notwendiger Kompromiß zwischen der Eigenart dieser Anfangserzählung und ihrer Absicht der Theodizee. Später kann der Jahwist um so deutlicher die Verderbtheit des Menschen darstellen. Quantitativ greift das Böse vom ersten Menschenpaar über auf die zweite Generation von Kain und Abel und dehnt sich schließlich auf die gesamte Menschheit aus. Ebenso läßt sich eine qualitative Steigerung feststellen. Die anfänglichen Störungen zwischen Mensch, Tier und Umwelt in Gen 3,14–19 werden durch den Brudermord überboten und münden in die Ausweitung des Bösen nach Gen 6,1a.5–8*. Die Menschen sind radikal von innen her aus dem Herzen und total von Anfang an „immer, von Jugend an" verderbt. Anfänglich trifft der Fluch die Schlange und den Erdboden in Gen 3,14.17f; später trifft der Fluch den Kain direkt in Gen 4,11f und führt zu den Entscheidungen von Gen 6,7f. „Der eine Gott muß alles in sich austragen: die erschreckende Erkenntnis der Pervertierung seiner Schöpfung durch den Menschen und den unbegreiflichen Willen zur Bewahrung eben dieser Menschen."[11]
Der Jehowist lotet von Anfang an die Schwierigkeiten aus, die eine alleinige Anbindung des Geschehens an die dramatis personae Jahwe und den Menschen mit sich bringt. Jahwe ist in die Anlässe zum Bösen mit verwickelt: Er hat im Garten Eden das den Fehltritt auslösende Verbot gegeben (Gen 2,16f); die Schlange ist sein Geschöpf (Gen 3,1); er behandelt aus unerfindlichen Gründen die Opfer Kains und Abels unterschiedlich (Gen 4,4f), genauso wie er ohne Begründung – im Unterschied zur späteren Priesterschrift in Gen 6,9 („Das ist die Geschlechterfolge Noachs: Noach war ein gerechter, untadeliger Mann unter seinen Zeitgenossen; er ging seinen Weg mit Gott.") – den Noach Gnade finden läßt und durch ihn die alte Menschheit in die neue hinüberrettet (Gen 6,8). Neben die Linie der ansteigenden Sünde und der notwendigen Strafen tritt auch die Linie der Fürsorge und Bewahrung: Jahwe macht den Menschen Felle in Gen 3,21; er prägt dem Kain das ambivalente Kainsmal auf in Gen 4,15 (Bewahrung und Strafe zugleich); er

rettet den Noach und schließt mit der Bosheit des Menschen einen Kompromiß in Gen 8,21f. Der Mensch ist in seiner Verderbtheit konstant geblieben, aber Jahwe verzichtet auf eine Wiederholung der Vernichtung. Er nimmt den Fluch zurück und garantiert aus Langmut den Ablauf der natürlichen Kreisläufe. Der bleibenden Bosheit der Menschen steuert er mit einem neuen Anfang in Abraham Gen 12,1–8* entgegen. Der Fluchgeschichte wird die Segensgeschichte der Patriarchen entgegengesetzt. Das Erbarmen trotz der Widerständigkeit der Menschen und der Wille zu einem neuen Anfang ermöglichen das Weiterführen der Geschichte. Die Kurzformel „Geschichte Gottes mit den Menschen" müßte nach Maßgabe des Jahwisten erweitert werden zur „Geschichte Gottes mit den Menschen trotz der Menschen".

3.2. Auf der gleichen theologischen Linie sehe ich die später formulierte Selbstauskunft Jahwes in Hos 11,8–9: „Wie könnte ich dich preisgeben, Efraim, wie dich aufgeben, Israel? Wie könnte ich dich preisgeben wie Adma, dich behandeln wie Zebojim? Mein Herz wendet sich gegen mich, mein Mitleid lodert auf. Ich will meinen glühenden Zorn nicht vollstrecken und Efraim nicht noch einmal vernichten. Denn ich bin Gott, nicht ein Mensch, der Heilige in deiner Mitte. Darum komme ich nicht in die Hitze des Zorns."
Diese Selbstauskunft stellt die Klimax von Hos 11,1–11, dem Höhepunkt und Abschluß, des gesamten zweiten Teils des Hoseabuches Kap. 4–11 dar. Darüber hinaus formuliert sie so grundsätzlich, daß man in ihr das theologische Zentrum der Verkündigung Hoseas zu fassen bekommt. Nach einer „geschichtstheologischen Anklagerede" (11,1–4), der folgenden Ansage vom „Ende der Heilsgeschichte" (11,5f) und der Feststellung der Umkehrunfähigkeit Israels (11,7) folgt die obige „Strafverzichtserklärung der Unfähigkeit Jahwes zur Verwerfung Israels".[12] Zwei Kräfte ringen in Gott: der Zorn als die unmittelbare Reaktion auf menschliche Schuld und die Gegenkraft der „Reue", die zum Umsturz im Herzen Gottes führt. Gott beherrscht seinen gerechtfertigten Strafwillen, um trotz der Schuld seiner erwählten Kinder diese zu verschonen. Gerade darin besteht der Abstand Gottes zum Menschen, seine Heiligkeit, daß er die Treulosen verschont und in der Liebe leidend bei seinem Volk, „in deiner Mitte", bleibt.
Aus Treue zu seinem Gott-Sein und zu seiner Erwählung muß er sich erbarmen und einen neuen Exodus mit einem von seiner Abtrünnigkeit geheilten Gottesvolk schaffen (11,11).

3.3. Ein Vierteljahrhundert nach Hosea zu Beginn des 7. Jhs. v. Chr. verarbeitet der sogenannte Jehowist unter anderem auch die Überlieferungen der Nordreichprophetie mit einem ihrer Vertreter, Hosea. Der

Jehowist gestaltet das große, protodeuteronomische Jerusalemer Geschichtswerk von Gen 2,4b – Jos 24*. Im Zentrum dieser Ätiologie der exklusiven Jahwegesellschaft steht die von ihm neuformierte Sinaitheophanie Ex 19–34*.[13] Auf ihrem Höhepunkt, der Schlußtheophanie in Ex 34, vor Abschluß des Verpflichtungsbundes mit Übergabe des Privilegrechtes in Ex 34,10b–27, verkündet Jahwe selbst das älteste, theologisch reflektierte „Credo" der Schrift: Ex 34,6–7: „Jahwe ging an ihm vorüber und rief: Jahwe ist ein barmherziger und gnädiger Gott, langmütig, reich an Huld und Treue: Er bewahrt Tausenden Huld, nimmt Schuld, Frevel und Sünde weg, läßt aber (den Sünder) nicht ungestraft; er verfolgt die Schuld der Väter an den Söhnen und Enkeln, an der dritten und vierten Generation."
Jahwe gibt keine Beschreibung von seinem Sein für sich, sondern von seinem Sein für andere. Seine Erfahrungen aus der Begegnungsgeschichte mit den Menschen gießt er in diese „Regel".[14] In Jahwe gibt es ein Ungleichgewicht von Barmherzigkeit und Strafgerechtigkeit. Seine Güte und Treue sind unendlich dauernder und wirksamer – d. h. die Generationenfolge von tausend Generationen – als sein Zorn, der die Schuld über die vier Generationen einer altisraelitischen Großfamilie verfolgt. Auf unendlich lange Sicht ist er gewillt, die Schuld mit ihren Konsequenzen wegzutragen bzw. aufzuheben, beharrt aber auch auf Bestrafung der Sünder im überschaubaren Rahmen, d. h. er behaftet sie bei ihrem Ungehorsam.

3.4. Als letztes Paradigma dieser Rubrik wähle ich Ez 20 aus folgenden Gründen: Ez 20 bietet eine maßgebliche und umfassende geschichtstheologische Skizze, beginnend mit dem Patriarchen Jakob (20,5) über das Exil (20,23) bis hin zum neuen Exodus (20,39ff). Das Kapitel ist das Produkt der authentischen Verkündigung des Propheten aus dem Jahre 591 v. Chr und der Fortschreibung seiner Schüler bis in die nachexilische Zeit.[15] Es bildet darum die theologischen Bemühungen des 6. Jhs. v. Chr. ab, einer „Achsenzeit" im Leben des Gottesvolkes. Das Kapitel redet im Unterschied zu den Bildreden von Kap 16 und 23 nicht metaphorisch, sondern Klartext.
Der authentische Grundtext aus der Hand des Propheten entwirft einen Geschichtsrückblick von zwei Prämissen aus: Die analogielose Katastrophe der eigenen Geschichte (Zerstörung des Staates und Diasporasituation) und die Überzeugung von der unaufgebbaren Treue Jahwes zu Israel: „Ich bin der Herr, euer Gott" (20,5). Beide Prämissen werden in einer linearen Geschichtsschau miteinander verflochten. Das Ausmaß der Katastrophe erzwingt den Rückgriff auf die Vorgeschichte. Das Exil ist Ergebnis einer von Jahwe von Anfang an geplanten Heilsgeschichte, die an der penetranten Verweigerung Israels scheitert und sukzessive

über drei Etappen (Ägypten – erste Wüstengeneration – zweite Wüstengeneration) bzw. vier Etappen (Aufenthalt im Land von 20,27–29) zu einer Verfallsgeschichte pervertiert, die im Exil (20,23) kulminiert. Der ezechielische Grundtext betreibt Theodizee und Bewältigung des Gerichts. Typisch für die geschichtstheologische Skizze ist die schematische Rollenverteilung. Jahwe wird differenziert dargestellt. Von der Verfallsgeschichte unangetastet bleibt die grundlegende Perspektive in 20,5 „und sag zu ihnen: So spricht Jahwe, der Herr: An dem Tag, als ich Israel erwählt habe, erhob ich meine Hand, (um) den Nachkommen des Hauses Jakob (einen Eid zu leisten). Ich offenbarte mich ihnen in Ägypten. Ich erhob meine Hand (zum Schwur) und sprach: Ich Jahwe, euer Gott." Jahwe bleibt der Gott Israels. Er ist konstant hin- und hergerissen zwischen dem Zuspruch, der Forderung auf Gehorsam zu seinen Geboten und dem Konflikt zwischen dem eigenen Weltruf und dem gebotenen Gericht. Der hoseanische Herzensumsturz in Gott wird bei Ezechiel distanziert als Gegensatz zwischen Zorn und Ehre bzw. Treue zu sich selbst dargestellt (vgl. die dtr. Argumentation in Dtn 9,28 – 10,10f, in Ex 32,9–14 und Num 14,11b–22 sowie Jes 48,8b–11). Das konstant den Gehorsam verweigernde Israel demonstriert die Macht des Menschen, der Jahwe zum Rückzug von seinen Plänen zwingen kann. Zugleich wird die menschliche Solidarität in der Sünde in der Kette der Generationen offenbar.

Die weiteren Fortschreibungen führen die Geschichte weiter. Das Gericht bleibt nicht das letzte Wort Jahwes. Jahwe straft nicht nur kollektiv,[16] sondern hebt auf die Vergehen jeder einzelnen Generation ab (20,30f), und mit seiner Königsmacht wendet er die Verfallsgeschichte um zu einem neuen Exodus mit einem Scheidungsgericht in der Wüste, aus dem ein neues Israel hervorgeht (20,32–38). Die Geschichte vollendet sich mit der Rückführung eines gehorsamen Israel auf den Tempelberg in Jerusalem; im erneuerten Gottesdienst kommen Jahwe und Israel zusammen, ein Israel, das im Erinnern der Geschichte um die eigene Sünde und um Jahwes heiligen Namen weiß, wie es in 20,40 heißt: „Denn auf meinem heiligen Berg, auf dem hohen Berg Israels – Spruch des Herrn Jahwe –, dort im Land wird mir das ganze Haus Israel dienen. Dort will ich sie gnädig annehmen, und dort fordere ich eure Abgaben und Erstlingsopfer mit all euren heiligen Gaben" und 20,43: „Dort werdet ihr euch an euer Verhalten und an all eure Taten erinnern, durch die ihr euch unrein gemacht habt, und es wird euch ekeln vor euch selbst wegen all der bösen Taten, die ihr begangen habt."

Im Überblick über die Beispieltexte dieses Abschnitts kann zusammengefaßt werden. Israel hat in Widerfahrnis bzw. Erlebnis und Deutung immer wieder die Überzeugung gewonnen, daß Gott in seiner Treue zu sich und zu seinen Vorhaben Kontinuität wahrt. Diskontinuität im

Sinne vielfältiger Verneinung der Führung Gottes hat es immer wieder auf seiten der Menschen unter Einschluß der Erwählten gegeben.
In diese Überzeugung muß aber ebenso deren Umkehrung eingetragen werden: Die Kontinuität der penetranten Verweigerung des Menschen ist immer wieder aufgewogen worden durch die Diskontinuität der Liebe Gottes, der Mittel und Wege fand, durch die Zäsur des Gerichts hindurch die Geschichte bzw. das Angefangene zu seinem Ziel zu führen.
An dieser Stelle kann der Alttestamentler nur global auf die Kategorie des „Neuen" verweisen, wie sie in der exilisch-nachexilischen Verkündigung des Neuanfangs nach der Zäsur des Gerichts eine bedeutende Rolle spielt mit all ihrer internen Polarität des totaliter aliter – vgl. Jes 43,18f: „Denkt nicht mehr an das, was früher war; auf das, was vergangen ist, sollt ihr nicht achten. Seht her, nun mache ich etwas Neues. Schon kommt es zum Vorschein, merkt ihr es nicht? Ja, ich lege einen Weg an durch die Steppe und Straßen durch die Wüste." Erinnert sei an die Verheißungen des Neuen Israel, des Neuen Exodus, des Neuen Bundes und des Neuen Himmels wie der Neuen Erde.

### *4. Jahwe und das Böse*

Da das Böse der neuralgische Punkt des Vorsehungsglaubens ist, weil an ihm die Spannung zwischen dem Wirken Gottes und der menschlichen Freiheit besonders aufbricht, sollen hier einige Rede-Modelle des AT angeführt werden, die für eine theologische Systematik sperrig sind.[17]

4.1. Keine besonderen Schwierigkeiten bietet die Rede von der Allkausalität Jahwes, die sich gerade auch darin zeigt, daß er das sogenannte physische Böse bzw. das Unheil oder die Negativität bewirkt. Die klassischen Belege geben die Propheten von Am 3,6 („Bläst in der Stadt jemand ins Horn, ohne daß das Volk erschrickt? Geschieht ein Unglück in einer Stadt, ohne daß Jahwe es bewirkt hat?") über Protojesaja Jes 31,2 („Aber auch er [der Heilige Israels] ist klug; er führt das Unheil herbei; er nimmt sein Wort nicht zurück. Er erhebt sich gegen dieses Haus von Verbrechern und gegen die Helfer derer, die Böses tun") zu Deuterojesaja Jes 45,7 („Ich erschaffe das Licht und mache das Dunkel, ich bewirke das Heil und erschaffe das Unheil. Ich bin der Herr, der das alles vollbringt").[18]

4.2. Eng verwandt mit solcher Rede ist das Theologumenon, daß Jahwe einen bösen Geist sendet, der das Verhalten der Menschen verändert, oder daß er selbst zum Bösen reizt. Das gilt für Abimelech in

Ri 9,23f; für Saul in 1 Sam 16,14ff (2 Sam 26,19); für David in 2 Sam 24,1 und im Falle der Falschprophetie in 1 Kön 22,20–23. Eichrodt erklärt dieses Theologumenon auf folgende Weise[19]: „Das hier von Jahwe gewirkte böse menschliche Tun fällt für ihn (den Israeliten) unter den Begriff des von Gott gesandten Unheils, das sich nicht rational erklären läßt, sondern zu den Vorbehalten der göttlichen Majestät gehört. Immerhin ist es bezeichnend und darf auf keinen Fall übersehen werden, daß es sich in diesen Fällen um ein außerordentliches Geschehen handelt." In diesen Fällen führt Jahwe das Böse als Strafe herbei; dabei bezieht er das Handeln der Menschen in solches Gerichtswirken ein. Solche Vorstellung ist der Verstockungsrede verwandt.

4.3. Im Zusammenhang mit dem von Jahwe beschlossenen Gericht sind deshalb auch jene Stellen anzuführen, die schon eher die „Schmerzgrenze der Theologen" tangieren und in der Hermeneutik immer schon Schwierigkeiten bereiteten!

An erster Stelle steht der Verstockungsauftrag an Jesaja in Jes 6,9f: „Da sagte er: Geh und sag diesem Volk: Hören sollt ihr, hören, aber nicht verstehen. Sehen sollt ihr, sehen, aber nicht erkennen. Verhärte das Herz dieses Volkes, verstopf ihm die Ohren, verkleb ihm die Augen, damit es mit seinen Augen nicht sieht, und mit seinen Ohren nicht hört, damit sein Herz nicht zur Einsicht kommt und sich nicht bekehrt und nicht geheilt wird."

Die neuere Exegese[20] interpretiert die Verstockung als fiktiven Auftrag, der etwas über die Wirkung der Gerichtsbotschaft Jesajas aussagt:

„Verstockung dürfte sich wohl so vollziehen, daß zwar wahre prophetische Botschaft ergeht, diese aber nicht mehr verstanden, geglaubt oder realisiert werden kann, weil man schon Gefangener seiner Untaten, seines bösen Denkens ist . . . Es ist Jahwes Wille und Auftrag an Jesaja, daß das Volk nicht mehr zur Einsicht kommen kann bzw. darf und sich deshalb das Gericht zuzieht. Inwieweit sich Jahwe dabei der psychischen Verfaßtheit des Volkes bedient ist eine andere Frage. Daß er das tut, ist zwar nicht auszuschließen, aber auch nicht erhebbar, weil der Text selbst nur eine theologische Aussage macht: durch Jesajas Prophetie wird das Gericht nicht nur mehr angedroht – wie es viele Texte zu bezeugen scheinen –, es beginnt sich in der Verstockung bereits zu verwirklichen, weil Jahwe es so will."

Demnach bewirkt die Verstockung, daß das Ausmaß der Verweigerung auf seiten der Hörer offengelegt wird, und die offengelegte Ablehnung nur weiter ins Gericht treibt, weil sich von seiten des Menschen nichts mehr ändert. Verstockung ist Vollzug des Gerichts, nicht mehr Appell zur Umkehr (vgl. Mk 4,10–12 par.).

Auf ähnliche Weise als in seiner Ausweglosigkeit bestürzender, radikaler Gerichtsvollzug ist auch die schwierige Aussage von Ez 20,25f zu

verstehen: „Ich gab ihnen ungute Satzungen und Rechte, durch die sie nicht leben sollten. Ich machte sie unrein durch ihre Gaben, indem sie jede Erstgeburt darbrachten, damit ich ihnen Entsetzen einjage, damit sie erkennen sollten, daß ich Jahwe bin." Gemeint sind wohl die Vorschriften zur Opferung der Erstgeburt, die den Götzendienst auf den Höhen gefördert haben und so den vorexilischen Kult pervertierten.
Die ungeheuerliche Aussage wird zwar abgedämpft, denn den Satzungen und Rechten fehlt das im Kapitel Ez 20 übliche, auf Jahwe verweisende Possessivpronomen, und mit Bedacht ist der kontradiktorische Gegensatz „nicht gut" statt des konträren „böse" gewählt worden, aber die Herausforderung für den gesetzestreuen Israeliten bleibt. Zimmerli kommentiert diese Stelle[21]: „Es ist ohne Zweifel die Sprache einer tief vom Geheimnis angerührten in der sicheren Möglichkeit einer eigenen Gerechtigkeit erschütterten Zeit, die es wagt, sich dem Rätsel einer Strafe Gottes, die im Gebote selber enthalten ist, zu beugen, ohne diesem Gedanken auszuweichen. Das paulinische Bekenntnis vom Wesen des Gesetzes (Röm 5,20; 7,13; Gal 3,19) ist hier in einer eigentümlich begrenzten Formulierung von Ferne zu ahnen."
Bei solchen Gerichtsansagen provoziert die Endgültigkeit des Gerichts, mit der Jahwe seinen Heilswillen begrenzt. Insofern präludieren sie die Aussagen vom Endgericht.

4.4. Die Eigenständigkeit des menschlichen Handelns in der Sünde wird stärker betont, wenn der weitverbreitete Tun-Ergehen-Zusammenhang in bezug auf die Freveltat mit dem Handeln Jahwes verbunden wird. „Die Auffassung von schicksalwirkender Tat wird also nicht in der gleichen Weise nach der positiven wie nach der negativen Seite hin entfaltet; sie wird hinsichtlich der Guttat viel öfter mit dem Handeln Jahwes verkoppelt als hinsichtlich der Übeltat, bezeichnend dafür ist Ps 1,6: ‚Jahwe kümmert sich um den Weg der Gemeinschaftstreuen, aber der Weg der Frevler vergeht.' Im ersten Glied wird Jahwe genannt, im zweiten nur die schicksalwirkende Tat."[22]
Zu vergleichen sind noch Ps 32,10 und auch Ps 81,13 („Da überließ ich sie ihrem verstockten Herzen, und sie handelten nach ihren eigenen Plänen"). Über die Vermittlung der letztgenannten Stelle wird deutlich, daß dieses Rede-Modell vom Bösen verwandt ist mit der Rede, daß Gott das *Böse zuläßt.*

4.5. Wiederum auf andere Weise bewältigt Gott die böse Tat des Menschen nach den zentralen Deuteworten der gesamten Josefsnovelle in Gen 45,4–8 und 50,19–21, wovon vor allem 50,20 („Ihr habt Böses gegen mich im Sinn gehabt, Gott aber hatte dabei Gutes im Sinn, um zu erreichen, was heute geschieht: viel Volk am Leben zu erhalten") bekannt ist. Gott bezieht das böse Handeln der Menschen in sein rettendes Handeln ein. Eine solche Beurteilung deutet vom guten Ende her, ohne über das Wie aufzuklären. Es stehen nebeneinander das böse Planen und Handeln der Menschen und das heilvolle Planen und Ausführen Gottes. Gott setzt sich dabei durch und seine Fürsorge kommt zum Ziel. Deswegen kann Josef auch wie Gott die Schuld vergeben.

4.6. Bei den genannten Rede-Modellen ist jeweils ihr fiktiver wie ihr historischer Standort und ihre Aussageabsicht zu berücksichtigen. Sie sind nur schwer in ein System zu bringen. Ja, wenn eine Systematisierung vollzogen wird, dann kann sich schnell eine höchst ambivalente oder deutlicher eine schiefe Aussage ergeben. Ich führe zwei Beispiele an: *Jer 18,7–10* aus der prophetisch-geschichtlichen Tradition und *Jesus Sirach* als bezeichnender Vertreter der Weisheit. Hier das erste Beispiel: Jer 18,7–10! Die dtr. Bundestheologie mit ihrem Schwerpunkt auf dem Gehorsam (vgl. Dtn 26,17–19) und die Umkehrpredigt wie z. B. in Ez 33,7–9.10–11 (vgl. Jer 6,17 und Jer 23,14.22) mit ihrem pastoralen Appell werden hier zu einem Lehrsatz verdichtet, der in seiner strengen Alternative die Präponderanz des göttlichen Heilshandelns nivelliert und die theologische Absicht, die Freiheit göttlichen Handelns zu unterstreichen, gerade umkippen läßt.[23] „Diese Loslösung des Theologumenons aus dem Raum kontingenter Geschichte hat zur Folge, daß nun Jahwes Selbstbeherrschung (Reue) in gleicher Weise auf sein Heilshandeln wie auf sein Unheilshandeln übertragen werden kann. Auch Jahwes Heilszusagen werden zurückgenommen, wenn sich auf menschlicher Seite die Voraussetzungen ändern, auf denen sie basieren ... Die gleichwertige Nebeneinanderstellung von Heils- und Unheilshandeln Jahwes impliziert somit, daß Jahwes Handeln – seine Selbstbeherrschung zum Guten wie zum Bösen – im strengen Sinn Reaktion auf menschliches Handeln ist ... Jahwes Selbstbeherrschung ist nicht länger als seine äußerste Möglichkeit gesehen, Israel vor dem Verderben zu verschonen, sondern ist zur üblichen, normalen, erlernbaren und damit zur im vorausbestimmbaren und voraussehbaren Weise seines Reagierens auf menschlichen Willenswandel geworden ... Die Dringlichkeit des Umkehrrufes ist zudem dadurch in den Hintergrund gerückt, daß in dieser theologischen Geschichtsreflexion erstmalig ausgesprochen wird, daß Jahwes Selbstbeherrschung nicht nur für Israel, sondern für alle Völker gilt."

Das zweite Beispiel bieten die Überlegungen Jesus Sirachs zur Theodizee.[24] –

Einschlägig sind die Perikopen über die Theodizee in: Sir 15,11 – 18,14; 33,7–15; 39,16–35; 40,1–17; 41,1–13 und 42,15–43,33! Sirach macht hier den Versuch, die Disharmonien in der Welt (in Schöpfung und Geschichte) mit einer polaren Struktur zu beschreiben und es nicht bei der Unbegreiflichkeit der Welt stehen zu lassen. Die folgende Passage liest sich wie ein Programm: Sir 33,13–15: „Wie der Ton des Töpfers in seiner Hand liegt ..., so stehen auch die Menschen in der Hand dessen, der sie erschaffen hat, derart, daß er ihnen zuweist nach seinem Urteil. Gegenüber dem Bösen steht das Gute und gegenüber dem Tod das Leben; so steht auch gegenüber dem Frommen der Sünder. Und ebenso blicke auf alle Werke des Höchsten: Immer sind es zwei und zwei, eines dem anderen gegenüber."

Der Determinismus ist hier Ausdruck der für das Wirken Gottes geltenden Ordnung. Allerdings ist der Schluß zur Aufhebung der Willensfreiheit nicht erlaubt, wie die erste Perikope in 15,14–17 ausdrücklich festhält. Der Mensch ist von Anfang an mit Willens- und Wahlfreiheit ausgestattet. Er kann die Gebote der Thora halten und dem Willen Gottes gehorchen, er kann aber auch den Tod wählen. Damit steht der Mensch von Anfang an im Spannungsfeld von Gut/Böse und Leben/Tod. Er kann sein Leben als Frommer oder Gottloser führen.

Das Lehrgedicht 39,16–35 entfaltet die Hauptthese der Theodizee zu Anfang in VV. 16.33–35: Das Walten Gottes ist gut. Das wird auch gegen jene festgehalten, die wie in VV. 21.34 das Wirken Gottes von Fall zu Fall unterschiedlich beurteilen und durch solche Differenzierung in Frage stellen.

Die *VV. 17–23* erläutern Gottes Wirken in Schöpfung und Geschichte. *VV. 24f* geben einen Hinweis auf die göttliche Determination zum Guten wie zum Bösen. Für die Schlechten wird Gutes und Schlechtes vorherbestimmt. Die Variation des Parallelismus für die Guten – Gutes/ für die Schlechten – Gutes und Schlechtes scheint mir die Mitwirkung des Menschen anzudeuten. Gott teilt Gutes zu, das zum Schlechten durch die Frevler pervertiert. Die Frage des Wie wird nicht angegangen; dafür bleibt Sirach zu sehr am Ergebnis des Handelns orientiert.

Die Vorherbestimmung impliziert ein doppeltes Vorauswissen Gottes, vgl. 23,20: Gott kennt die Geschehnisse in ihrer Vorausbestimmung und dann, wenn sie in der Geschichte vollzogen sind. Nach *VV. 26f* werden die alltäglichen Lebensmittel in den Gegensatz Gut–Böse einbezogen. Für die einen dienen sie zum Guten, für die Schlechten wandeln sie sich in Schlechtes. Die Frage bleibt offen, wer für diesen Wandel zuständig ist: Gottes Fügung? – dem Duktus der Ausführungen entsprechend ist das zu bejahen – aber wohl auch durch die Bösen selbst!

Die *VV. 28–31* beschreiben segensreiche (Winde) und widrige Naturerscheinungen (Feuer, Hagel, Hungersnot, Pest, Raubtiere, Skorpione, Ottern) und Kriege, die in diesen Gegensatz Gut–Böse einbezogen werden; sie werden für den vorausbestimmten Zeitpunkt aufgespeichert, um dann ihrer Vorausbestimmung gemäß die Strafe zu vollziehen und

die Gottlosen auszurotten. Aus der Froschperspektive des Menschen sind diese Geschehnisse zumindest ambivalent; von Gott her haben sie alle ihre Funktion zu ihrer Zeit und sind darin gut.
Wie der theoretische Anspruch nach dem ausgeglichenen System und sowohl die religiöse Tradition als auch die Wirklichkeit auseinanderstreben, erhellen schlaglichtartig zwei Stellen:
*16,11f:* Sirach betont das gleiche Maß an göttlichem Erbarmen und Strafen; damit weicht er bezeichnend ab vom jehowistischen Bekenntnis in Ex 34,6f mit seinem Gefälle vom Erbarmen zum Strafen.
In *40,8–10* schlägt einerseits die Wirklichkeit durch: Auch über die Guten kommen Negativitäten. Allerdings für den Frevler siebenfach gesteigert und vorherbestimmt.
Insgesamt ist der Versuch von Jesus Sirach redlich im Verarbeiten der vielfältigen Phänomene, unausgeglichen aber im Verbinden von Prädestination und menschlicher Freiheit. Gelegentlich gerät dieser Versuch der Zusammenschau zur wirklichkeitsfremden theoretischen Konstruktion.
Die in diesem Abschnitt angeführten Rede-Modelle betonen auf der einen Seite die präponderante Kausalität Jahwes. Er wirkt alles bis auf das sittlich Böse. In seinem begründeten Strafwillen verursacht er sogar sittlich böse Handlungen des Menschen oder bestärkt sie darin. Auf der anderen Seite gibt es Rede-Modelle, die im Bereich des Bösen die Tat des Menschen betonen und Gottes Anteil minimieren, wie in der Rede von der zugelassenen Auswirkung des Tun-Ergehen-Zusammenhangs oder wie es bei Sir 15,11–15 zu Beginn der Theodizeepassagen der Fall ist. Schließlich zeigen die systematischen Versuche, wie schwierig es ist, das Wirken Jahwes mit dem Handeln des Menschen im Guten wie im Bösen zu verbinden, ohne daß an der Wirkmacht und Freiheit von einer der beteiligten Seiten Abstriche gemacht werden.[25]

## *5. Biblische Hinweise zur Reserve im Umgang mit der Rede von der Vorsehung*

Was schon im vorhergehenden Abschnitt angedeutet wurde, soll jetzt verstärkt werden.

5.1. Zuerst ist hier das Denken Kohelets als kritischer Filter anzuführen. Deutlich wird das vor allem in Koh 7,13–14: „Doch sieh ein, daß Gottes Tun noch hinzukommt.
Denn: Wer kann gerade biegen, was er gekrümmt hat?
Am Glückstag erfreue dich deines Glücks, und am Unglückstag sieh ein: Auch diesen hat Gott geschaffen, genau wie jenen, so daß der Mensch von dem, was nach ihm kommt, gar nichts herausfinden kann."

Der Übersetzer und Exeget N. Lohfink kommentiert folgendermaßen[26]: „Im Namen von Gottes Freiheit und Allwirksamkeit stellt er (Kohelet) ein Denken, das die Wirklichkeit im Griff zu haben behauptet, in Frage. Weil alles Menschentun zugleich dem Menschen undurchschaubares Gottestun ist, läßt sich keine Zukunft berechnen, vor allem nicht die Zeit nach dem eigenen Tod. Wir können nur jeden Augenblick, so wie er uns gegeben wird, von Gott entgegennehmen. In (Vers) 14 wird zum ersten Mal im Buch konkreter aufgeschlüsselt, was 3,14 ‚Gott fürchten' genannt worden war: Sich ins angebotene Glück einfach hineinfallen lassen, aber auch im Unglück Gott am Werk wissen und es deshalb annehmen." Die Begrenztheit des Erkennens gestattet dem Menschen nicht, Gottes Handeln zu umgreifen; so bringt es Koh 3,11 auf einen knappen Nenner: „Gott hat alles zu seiner Zeit auf vollkommene Weise getan. Überdies hat er die Ewigkeit in alles hineingelegt, doch ohne daß der Mensch das Tun, das Gott getan hat, von seinem Anfang bis zu seinem Ende wiederfinden könnte."
Was Kohelet aus der Sicht der späten Weisheit formuliert, das kann von prophetischer Seite ein Redaktor mit Blick auf die deuterojesajanische Heilsverkündigung analog ausdrücken in Jes 55,8f: „Meine Gedanken sind nicht eure Gedanken, und eure Wege sind nicht meine Wege – Spruch Jahwes. So hoch der Himmel über der Erde ist, so hoch erhaben sind meine Wege über eure Wege und meine Gedanken über eure Gedanken."

5.2. Ferner zeigt das AT einen Fall, wo bewußt die Rede von göttlicher Vorsehung vermieden wird.
Das Bundesbuch definiert den Fall des Totschlags im Gegensatz zum Mord in Ex 21,13 so: „Wenn er ihm aber nicht aufgelauert hat, sondern Gott es durch seine Hand geschehen ließ, werde ich dir einen Ort festsetzen, an den er fliehen kann." Die fahrlässige Tötung wird hier auf zweifache Weise eingefangen: Das Fehlen einer bösen Absicht, die am Auflauern abzulesen ist, und den Hinweis auf die Lenkung der Gottheit. Das Bundesbuch übernimmt hier eine geläufige, religiöse altorientalische Redeweise (vgl. CH § 249 und § 266), durch die sogenannte „Schicksalsschläge" bezeichnet werden. Hier wird darauf verwiesen, um das Subjekt der Tat von seiner Verantwortung zu entlasten und den Fall der fahrlässigen Tötung bzw. des Totschlags sicherzustellen. Das Dtn reformiert dieses Gesetz und ersetzt die religiöse Redeweise des Bundesbuches an diesem Punkt der Fallbeschreibung durch ein Beispiel, das profan den Zufall beschreibt: Dtn 19,5: „zum Beispiel wenn er mit einem anderen in den Wald gegangen ist, um Bäume zu fällen, seine Hand mit der Axt ausgeholt hat, um einen Baum umzuhauen, das Eisenblatt sich vom Stiel gelöst und den andern getroffen hat und dieser

gestorben ist, dann kann er in eine dieser Städte fliehen, um am Leben zu bleiben."

Und bei dieser Art der Fallbeschreibung ist es in der alttestamentlichen Rechtsprechung geblieben, vgl. Num 35,22f. In der alltäglichen Rechtsprechung kann also auf die Anwendung der Rede von der Vorsehung verzichtet werden zugunsten der Rede vom Zufall.

5.3. Den dritten einschlägigen Hinweis gibt Lk 13,1–5: „Zu dieser Zeit kamen einige Leute zu Jesus und berichteten ihm von den Galiläern, die Pilatus beim Opfern umbringen ließ, so daß sich ihr Blut mit dem ihrer Opfertiere vermischte. Dann sagte er zu ihnen: Meint ihr, daß nur diese Galiläer Sünder waren, weil das mit ihnen geschehen ist, alle anderen Galiläer aber nicht? Nein, im Gegenteil: Ihr alle werdet genauso umkommen, wenn ihr euch nicht bekehrt. Oder jene achtzehn Menschen, die beim Einsturz des Turms von Schiloach erschlagen wurden – meint ihr, daß nur sie Schuld auf sich geladen hatten, alle anderen Einwohner von Jerusalem aber nicht? Nein, im Gegenteil: Ihr alle werdet genauso umkommen, wenn ihr euch nicht bekehrt."

E. Schweizer kommentiert[27]: „Hinter Vers 1 steht die Frage aller Zeiten nach Gottes Gerechtigkeit; daher sind weder Frager noch Zeitpunkt näher bezeichnet ... Jesu Antwort macht das Dogma, daß besondere Schuld zu besonderem Unglück führe, unmöglich und damit auch die Meinung, wir seien ‚allzumal Sünder', aber doch nicht wie die und die. Sie weist mit betonter Einleitung die Zuschauerfrage und damit auch die Erklärung des Handelns Gottes ab. Nicht der Mensch soll Gott in Frage stellen, oder ihn dadurch retten wollen, daß er bei dem vom Unglück Betroffenen Schuld vermutet; Gott stellt ihn in Frage."

Diese Beispiele betreiben meiner Meinung nach Sprachkritik an der Rede von der Vorsehung Gottes. Sie fordern auf, nach der Funktion der Rede von der Vorsehung zu fragen und sie gegenüber Gott, dem Schöpfer und Herrn der Geschichte, zu rechtfertigen.

## 6. *Schlußbemerkungen*

Bei diesem umfasenden Thema und der notwendig und bewußt vorgenommenen Selektion kann hier zum Schluß weder Bilanz gezogen noch das Problem systematisch zusammengefaßt werden. Darum seien hier einige Anfragen und Aspekte angeführt:

6.1. Die Bibel zeigt die große Bedeutung von primären Gotteserfahrungen, zugleich aber auch die lange Kette von weitergegebenen und übernommenen Deutungen. Das verweist darauf, daß wir bei der Rede von der Vorsehung sowohl in die Überlieferung der primären bzw. unmittelbaren Augen- und Ohrenzeugen eintreten als auch an der Wirkungsgeschichte ihres Ursprungszeugnisses teilhaben.

6.2. Die Bibel bezeugt vor allem in ihren geschichtsgebundenen Überlieferungen des Pentateuch, der Geschichtswerke und der Propheten ein durchgängiges Interesse an der Lebendigkeit Gottes, gerade wenn sie von seiner Führung redet. Sie nimmt vieles in Kauf auch an schiefer und belastender Rede, um das beherrschende und konstante Interesse Gottes an seiner Schöpfung und in der damit angestoßenen Geschichte mit den Menschen zum Ausdruck zu bringen. Sie opfert gerne den unwandelbaren Gott dem überraschenden Gott, bei dem „kein Ding unmöglich ist", um bei den Menschen zu sein. Die fides quaerens intellectum muß sich von daher an der lebendigen Immanenz Gottes messen lassen.

6.3. Die primär auf Natur und einzelnes Menschenleben ausgerichtete Denkbewegung der Weisheit teilt das Weltbild der religiösen Welt des Alten Orients, das ein bedrohliches wie schützendes Anwesendsein bzw. Walten der Götter oder Gottheit kennt. Hierbei geht es – und zwar durchgehend in der alten wie jüngeren Weisheit – um eine stetige, lenkende Präsenz Gottes im Alltag, wie sie auch z. B. Ps 139 maßgeblich und umfassend beschreibt. In solch eine gläubige Überzeugung tritt man ein und übernimmt sie, bevor sie reflex erworben wird. Diese weisheitliche Vorstellung vom Handeln Gottes entspricht dem Gedanken der creatio continua.
Mit R. Rendtorff kann man daher zwischen einer weisheitlichen und einer geschichtlichen Art des Eingreifens Gottes unterscheiden.[28] Allerdings wird man fragen, ob man beide Arten nach seiner Weise voneinander abheben kann, nämlich daß das weisheitliche Denken das „Eingreifen Gottes in die Geschichte höchstens mittelbar durch die handelnden Personen geschehen" läßt, wohingegen im geschichtlichen Denken mit punktuellen, neuen und überraschenden Eingriffen Jahwes, während weisheitliches Denken von einer stetigen, fürsorgend lenkenden Präsenz Jahwes ausgeht. Das Problem der Vermittlung des göttlichen Handelns in das konkrete Geschehen besteht für beide Vorstellungsweisen.

6.4. Die Schrift entwickelt im Kleinen (dem weisheitlichen Alltag) wie im Großen (Geschichtstheologie) Reserven gegenüber der Rede von der Vorsehung, vor allem, wenn sich diese anschickt, Gott berechenbar zu machen. In diesem Kontext ergibt sich die Anfrage: Haben Vorsehungsaussagen nicht die Tendenz, zu abgehobenen Rahmenaussagen zu werden und sich im konkreten Geschichtlichen zu entleeren, weil sie sich auf Anfang und Ende von Handlungszusammenhängen konzentrieren?

Reibt sich nicht ihr ihnen inhärentes Moment der Beurteilung mit der jeweils noch unabgeschlossenen Geschichte, die sich gegenüber einem wertenden Urteil sperrt.

6.5. Die Bibel löst nicht das mysterium iniquitatis, sondern sie verschärft es sogar, indem sie für die Macht menschlicher Freiheit sensibilisiert gerade angesichts eines allmächtigen Gottes, des Schöpfers und Herrn der Geschichte.

*Anmerkungen*

1 Vgl. zu dieser Zweiteilung seit Joh. Salomo Semler und Joh. Philipp Gabler bis Gerhard Ebeling zuletzt *D. Ritschl,* „Wahre", „reine" oder „neue" biblische Theologie?, in: Ökumene, Medizin, Ethik, Gesammelte Aufsätze, München 1986, 111 bis 130 (= JBTh 1, 1986, 135–150).

2 *W. Kern,* MySal II, 529.

3 *A. Schilson,* Vorsehung/Geschichtstheologie, in: Neues Handbuch theologischer Grundbegriffe, IV, 254.

4 *O. H. Pesch,* Theologische Überlegungen zur „Vorsehung Gottes", in Christlicher Glaube in moderner Gesellschaft, IV,74. 79. 87.

5 *J. Kegler,* Debora – Erwägung zur politischen Funktion einer Frau in der patriarchalischen Gesellschaft, in: *L. Schottroff/W. Stegemann* (Hg.), Traditionen der Befreiung, München 1980, II, 37–59, 54.

6 Die neuere Analyse der Meerwundererzählungen von *P. Weimar,* Die Meerwundererzählung. Eine redaktionskritische Analyse von Ex 13,17 – 14,31, Ägypten und Altes Testament Bd. IX, Wiesbaden 1985, unterscheidet bei den angegebenen Versen noch zwischen einer alten Meerwundererzählung und einer jahwistischen Bearbeitung. Diese Differenzierung ändert nichts am relativ hohen Alter besagter Verse, auf das es hier vor allem ankommt.

7 Zur Analyse von Ps 18 vgl. *F. L. Hossfeld,* Der Wandel des Beters in Ps 18, Wachstumsphasen eines Dankliedes, in: *E. Haag/F. L. Hossfeld* (Hg.), Freude an der Weisung des Herrn, Beiträge zur Theologie der Psalmen (FS H. Groß), SBB 13, Stuttgart 1986, 171–190, bes. 183f.

8 *Ders.,* Politisches Geschehen und theologisches Verstehen, Calwer Theologische Monographien, VIII, Stuttgart 1977, 322.

9 Zur Exegese der Sprichwörter vgl. *O. Plöger,* Sprüche Salomos, BK XVII, Neukirchen-Vluyn 1984; *P. Doll,* Menschenschöpfung und Weltschöpfung in der alttestamentlichen Weisheit, SBS 117, Stuttgart 1985; *G. Vanoni,* Volkssprichwort und Jahwe-Ethos. Beobachtungen zu Spr 15,16, BN 35, 1986, 73–108. In seinen Erläuterungen zu Komposition und Redaktion führt Vanoni aus (ebd. 98f): „Die Jahwe-Sprüche waren den Sammlern genauso vorgegeben wie die übrigen Sprichwörter und wurden von Anfang an einkomponiert ... Die 55 Jahwe-Sprüche der Sammlung 10,1 – 22,16 verteilen sich von den ersten bis zu den letzten Versen, mit einem Übergewicht in der zweiten Hälfte und einer Konzentration im Kern ... Die ganze Sammlung will vom Jahwe-Ethos her verstanden werden."
Den Kern gibt Vanoni mit 15,33 – 16,9 an. Wahrscheinlich aber haben die Verse 16,1–2.4–7.9 ursprünglich eine Sondergruppe gebildet, die, für sich genommen, eine gewisse konzentrische Struktur besitzt, vor allem, wenn man die Rahmenverse 1 und 2 sowie 7 und 9 betrachtet. V. 3 fällt als Mahnwort aus der Reihe der

Sentenzen heraus. V. 8 verwendet nicht den Gottesnamen und sticht formenkritisch als „Evaluativ-Spruch" vom Kontext ab. Diese Beobachtungen können das relativ hohe Alter der ursprünglichen Sprachgruppe stützen. V. 3 wird hier aus thematischen Gründen mitbehandelt.

10 Zur Rechtfertigung der Existenz, zur groben Ausgrenzung des Umfangs und zur Konzeption des Jahwisten als ältester Pentateuch-Quelle zuletzt *E. Zenger,* Das jahwistische Werk – ein Wegbereiter des jahwistischen Monotheismus?, in: *E. Haag* (Hg.), Gott, der einzige, QD 104, Freiburg 1985, 26–53.

11 *J. Jeremias,* Die Reue Gottes, Bibl. Studien 65, Neukirchen 1975, 26.

12 Vgl. *J. Jeremias,* Der Prophet Hosea, ATD 24/1, Göttingen 1983, 138ff.

13 Zur Sinai-Konzeption des Jehowisten zuletzt *C. Dohmen,* Das Bilderverbot, BBB 62, [2]1987, 139ff.

14 Vgl. *R. Rendtorff,* Geschichtliches und weisheitliches Denken im AT, FS Zimmerli, Göttingen 1970, 344–353, 350f.

15 Zu Ez 20 vgl. *J. Lust,* „Gathering and Return" in Jeremiah und Ezekiel, in: *P. M. Bogaert* (Hg.), Le livre de Jérémie, BETL 54, Louvain 1981, 119–142, 137–139; *F. L. Hossfeld,* Untersuchungen zu Komposition und Theologie des Ezechielbuches, fzb 20, [2]1983, 332ff; *H. F. Fuhs,* Ezechiel 1–24, NEB 7, Würzburg 1984; *J. Pons,* Le vocabulaire d' Ez 20. Le prophète s'oppose à la vision deutéronomiste de l'histoire, in: *J. Lust* (Hg.), Ezekiel and his book, BETL 74, Leuven 1986, 214 bis 233.

16 Zum Nebeneinander bzw. Ineinander von kollektiver und individueller Vergeltung siehe den Exkurs bei *Chr. Levin,* Die Verheißung des neuen Bundes, FRLANT 137, Göttingen 1985, 40–46.

17 Einen systematischen Überblick bietet *W. Eichrodt,* Theologie des AT, Teil 2/3, Göttingen [5]1964, 112ff (Nachdr. Berlin [4]1961).

18 Vgl. ferner: 2 Sam 17,14; 2 Kön 6,33; Jes 41,23; ebenso die deuteronomistischen Passagen in Ex 32,12.14; 2 Sam 24,16 und in Jer 26 und 42.

19 Ders. (s. Anm. 17), aaO., 120.

20 Zusammengefaßt bei *R. Kilian,* Jesaja 1–39, EdF 200, Darmstadt 1983, 128ff.

21 *Ders.,* Ezechiel, BK XIII/1, 449.

22 *K. Koch,* Gibt es ein Vergeltungsdogma im AT, in: *K. Koch* (Hg.), Um das Prinzip der Vergeltung in Religion und Recht des AT, Wege der Forschung 125, Darmstadt 1972, 130–180, 150.

23 Ich folge hier der Interpretation von *J. Jeremias,* Die Reue Gottes (s. Anm. 11), 83–87, bes. 84–86.

24 Zu den betreffenden Stellen ist folgende Literatur einzusehen: Eine allgemeine Einführung geben die Analysen und Beschreibungen von J. Marböck, die aber die herangezogenen Stellen eher streifen: *J. Marböck,* Weisheit im Wandel, Untersuchungen zur Weisheitstheologie des Ben Sira, BBB 37, Bonn 1971; *ders.,* Sir 38,24 bis 39,11: Der schriftgelehrte Weise, in: *M. Gilbert,* La Sagesse de l'Ancien Testament, BETL 51, Leuven 1979, 293–316; ders., Im Horizont der Gottesfurcht. Stellungnahmen zu Welt und Leben in der alttestamentlichen Weisheit, BN 26, 1985, 47–70; vgl. ferner *G. von Rad,* Weisheit in Israel, Neukirchen 1970, 309ff; *P. Doll* (s. Anm. 9), aaO., 70ff; *R. Crenshaw,* The Problem of Theodicy in Sir; JBL 94, 1975, 47–64; vor allem ist auf die ausführliche Exegese der angegebenen Passagen bei G. L. Prato hinzuweisen: *Ders.,* Il problema della teodicea in Ben Sirach, AnBib 65, Rome 1975.

25 Das Zusammendenken vom Wirken Gottes und Handeln des Menschen gelingt eher im Bereich des Positiven bzw. Guten. Das kann man zum Beispiel an der theologisch reflektierten Rede von der verheißenen Umkehr Israels in Dtn 30,1–10 ablesen. Diese Verheißung stammt aus der Hand spät-deuteronomistischer Redak-

toren und zielt auf die Zeit nach dem Gericht des Exils. „Der (erneute) Besitz der Heilsgüter hängt nicht zuerst am menschlichen Handeln (speziell am Gesetzesgehorsam), sondern ist Ergebnis göttlichen Handelns." So *G. Vanoni,* Der Geist und der Buchstabe. Überlegungen zum Verhältnis der Testamente und Beobachtungen zu Dtn 30,1–10, BN 14, 1981, 65–98, 93f. Die Verse 1f.8 und 10 mit dem menschlichen Subjekt Israel zeigen im Kontext der Einheit das Zusammenwirken mit dem göttlichen Subjekt Jahwe. Die entscheidende Umkehr Israels zu Jahwe ist ganz Israels eigene Tat. Sie gelingt aber nur, weil Jahwe sie bewirkt (vgl. Dtn 30,6).

[26] *Ders.,* Kohelet, NEB 1, Würzburg 1980 (Nachdr. Leipzig 1987), 53f.

[27] *Ders.,* Das Evangelium nach Lukas, NTD 3, Göttingen 1982, 144.

[28] *Ders.* (s. Anm. 14), aaO., 352.

# Schöpfung und Heil

## *Theologiegeschichtliche Perspektiven zum Vorsehungsglauben nach Thomas von Aquin*

Von Hans Jorissen, Bonn

### 1. *Hinführung*

Man hat in jüngerer Zeit Thomas von Aquin des öfteren als „Theologen des Übergangs" gekennzeichnet.[1] „Nicht – wie O. H. Pesch erläutert – im Sinne der provisorischen Zwischenlösung, die vergessen werden kann, wenn man die endgültige hat. Thomas ist Theologe des Übergangs, weil in seinem Denken ... sich der volle Reichtum der Tradition sammelt, zugleich und darin aber ein Neuaufbruch sich anbahnt, der noch Jahrhunderte braucht, ehe er in allen Dimensionen zu Ende gebracht ist."[2] Diese Einsicht kann in vollem Sinne auf die Vorsehungslehre des Thomas angewendet werden. Denn in ihr hat nicht nur die theologiegeschichtliche Überlieferung dieses Themas ihren „klassischen" Ausdruck gefunden, sondern sie eröffnet – im Horizont der neueren Thomas-Forschung – auch und vor allem Perspektiven zur Überwindung aporetischer Positionen, die die traditionelle Vorsehungslehre bis heute belasten. Diese Aporien betreffen insbesondere das Verhältnis von Gottes ewiger Vorhersehung (Providenz) und Vorherbestimmung (Prädestination) zur kreatürlichen Eigentätigkeit, besonders zur menschlichen Freiheit. Die umfassende Perspektive, die sich von Thomas her zur Lösung anbietet, ist die radikale,[3] konstitutive Heilsbestimmung der Schöpfung, die Einheit von Schöpfung und Heil (von „Natur" und „Gnade"). Freilich ist Thomas selbst z. T. noch in diesen Aporien gefangen geblieben und hat die Perspektiven, die sich von seinem Systemansatz her boten, nicht konsequent ausgezogen. Sofern sich jedoch die Kriterien zur Thomas-Kritik werkimmanent erheben lassen, ist sein Werk ein „offenes System".

Wir werden im folgenden die wesentlichen Elemente seiner Vorsehungslehre aus der umgreifenden Systematik zu verstehen suchen, die Thomas selbst an die Hand gibt (ohne daß sie sich, wie so oft bei Thomas, dem ersten Hinblick und Zugriff schon öffnet).

### 2. *Annäherung: Theologischer Ort und Definition*

2.1. Thomas behandelt in seiner theologischen Summe die Vorsehung[4] im Rahmen der Gotteslehre, näherhin im Rahmen der Lehre vom Wesen und den Wesenseigenschaften Gottes, und hier nochmals innerhalb der Reflexion auf die immanenten göttlichen Tätigkeiten, die zugleich (simul) den Intellekt und den Willen betreffen.[5] Er definiert sie als „ratio ordinis rerum in finem in mente divina (prae-existens)“[6], als den „im Geiste Gottes bestehenden Plan der Hinordnung der Dinge auf ihr Ziel“, insbesondere auf ihr Letztziel. Er unterscheidet hierbei den „Plan“ (ratio) sehr präzise von der „Ausführung“ (executio, gubernatio),[7] die zwar im Plan intendiert, aber eben nicht dieser selbst ist. Der „Plan“ ist ewig, die „Ausführung“ ist zeitlich. Im Lex-Traktat identifiziert Thomas die Vorsehung mit dem „ewigen Gesetz“, das ebenfalls als „Plan“ der göttlichen Weltregierung von dieser selbst unterschieden ist.[8]

2.2. Diese Einordnung der Vorsehungslehre in die Gotteslehre gibt einen ersten bedeutsamen Hinweis für ihr Verständnis: Die Vorsehungslehre ist zunächst eine Aussage über Gott selbst. Das ist zu präzisieren: Denn dieser „Gott in sich selbst“ (Deus secundum quod in se est; I, 2 prol), von dem Thomas im ersten Teil der Gotteslehre handelt, ist kein in sich selbst verschlossener, weltabgewandter Gott, der bei sich selber bleiben will, sondern ein Gott, der sich von Ewigkeit her (noch „vor Grundlegung der Welt“, vor ihrer Erschaffung; Eph 1,4) – obwohl des Nicht-Göttlichen nicht bedürftig[9] – als Gott für Welt und Mensch vorgesehen, bestimmt hat; der – da der ewige „Plan“ auf zeitliche Verwirklichung angelegt ist – mit Welt und Mensch in einen Bezug – sagen wir schon hier: in einen Geschichtsbezug treten will. Nur deshalb „gibt“ es Welt, Schöpfung. Noch bevor sie ist, ist sie auf das Ziel, auf Gott selbst, hingeordnet, um dessentwillen sie „wird“.
Schon hier zeigt sich, daß die Unterscheidung von „Plan“ (ratio) und „Ausführung“ (executio), die man zuweilen dem Thomas als Mangel anlastete,[10] im Ganzen der Gedankenführung eine wichtige Funktion erfüllt. Sie präzisiert das (biblische) Gottesbild und darin den (christlichen) Vorsehungsgedanken: Gott ist von Ewigkeit her der Schöpfer,[11] der im Akt der Erschaffung die Kreatur auf sich bezieht und hinordnet. Die Vorsehung, der Plan dieser Hinordnung, ist deshalb streng identisch mit dem ewigen Schöpfungsplan.

2.3. Es will ferner bedacht sein, daß Thomas von vornherein die Vorsehung in einen sachlichen Zusammenhang mit der Prädestination (und Reprobation) bringt. Diese sind „Teil“ der Vorsehung (pars providentiae)[12] im Hinblick auf das besondere Ziel der Menschen: das ewige Heil (salus aeterna)[13] bzw. das ewige Leben (vita aeterna)[14]. Darum untersteht die rationale freie Kreatur auch in besonderer Weise der Vorsehung,[15] die – wie Thomas an anderer Stelle ausdrücklich sagt[16] – sich

nicht nur auf das natürliche Dasein, sondern auch auf das Heil des Menschen und seinen Weg zur Gemeinschaft mit Gott bezieht.[17]
Diese Beobachtung unterstreicht nochmals, daß die Vorsehungslehre bei Thomas in Verbindung mit der Gotteslehre nicht primär in kosmologischer, sondern in geschichtstheologischer, heilsgeschichtlicher Perspektive zu sehen ist. Das wird um so deutlicher, wenn wir uns der Frage nach der näheren Bestimmung des finis zuwenden, auf den der göttliche Plan die Dinge (die Schöpfung) hinordnet.

### 3. *Principium quia finis. Gottes Selbstmitteilungswille als Grund der Schöpfung*

3.1. Die Betonung des finis in der Vorsehungsdefinition lenkt unseren Blick auf das Einteilungsschema der Summa und den Stellenwert, den die Lehre vom finis ultimus darin einnimmt. Gott in sich selbst und als Ursprung (I) – und Ziel; die Bewegung der Kreatur, insbesondere der rationalen Kreatur, zu Gott hin (II) – Christus als Weg (III): das ist der bekannte Aufbauplan der Summa.[18] In der Durchführung dieses Planes stellt Thomas die Überlegung über Gott als Letztziel (finis ultimus) an den Anfang der Prima Secundae über die Rückbewegung der Kreatur zu Gott.[19] Diese Quästionen über den finis ultimus scheinen mir die „Schaltstelle" der ganzen Summa zu sein, somit auch zum näheren Verständnis der Vorsehungslehre. Das Letztziel, so Thomas, ist nämlich das primum principium essendi.[20] Die causa finalis ist schlechthin die erste aller Ursachen.[21] Diesen – insoweit gut aristotelischen – Gedanken von der Priorität der Finalursache wendet Thomas nun konsequent auf das Gott-Kreatur-Verhältnis an. Das besagt: Weil Gott sich selbst in absoluter und souveräner Freiheit als Letztziel der Schöpfung, insbesondere der rationalen Kreatur, bestimmt (und so als deren vollkommene Erfüllung) – *nur* darum erschafft er Welt und Mensch und wendet sie „durch innere Prinzipien" (per principia interiora) auf sich hin.[22] Als letztes Ziel (und nur von hier her) ist Gott der Seinsgrund der Welt: principium *quia* finis.
Thomas entwirft m. E. seine ganze Theologie vom finis ultimus her.[23] Der Gott, der sich als Ziel bestimmt und *deshalb* Welt und Mensch erschafft, ist kein anderer als der dreieinige Gott, der sich in Jesus Christus offenbart und sich in der Vollendung als unüberbietbare Erfüllung mitteilt, indem er die rationale Kreatur in die Intimität seiner trinitarischen Liebe einbezieht.

3.2. Hier wird nun schon im ersten Ansatz deutlich, daß Thomas seine Lehre vom finis ultimus und somit auch seine Vorsehungslehre nicht als ein philosophisches Lehrstück entwirft. Es geht nicht um die Teleologie einer „immanenten" Weltordnung (die es vom biblisch-christlichen Schöpfungsglauben her gar nicht geben kann), nicht um eine aus der Natur abgeleitete und von ihr her gedachte Finalität, sondern umgekehrt: Natur ist als Kreatur ganz von einem finis her gedacht, auf den sie hingeordnet ist, *weil* sie sich ihm ganz verdankt. Dieser finis ultimus, Gott selbst, ist jeder Kreatur absolut transzendent und „über-natürlich", in dieser transzendenten Über-Natürlichkeit und Vorausgesetztheit aber zugleich das total Konstituierende und Bewegende. Thomas denkt ganz theo-logisch. Aristoteles liefert ihm nur das Instrumentarium. Diesen theologischen Ansatz zu betonen ist deshalb wichtig, weil Thomas von daher mit Nachdruck dann auch die Eigenwirklichkeit und Eigenwirksamkeit der geschaffenen „Naturen" herausstellen kann. Das Eigene der Kreatur aber ist gerade bestimmt durch ihren Gott-Bezug. Sie ist deshalb in dem Maße „bei sich selbst", als sie sich (bezüglich der rationalen Kreatur) erkennend und liebend auf Gott hin übersteigt. Sie ist von ihrem geschaffenen Wesen her Selbsttranszendenz auf Gott als ihren Seins- und Bestimmungsgrund.[24] Darauf ist noch zurückzukommen.

3.3. Die einleitenden Quästionen I–II, 1–5 handeln im besonderen vom finis ultimus des Menschen. Es dürfte für ein Verständnis der Vorsehungslehre und deren inhaltlicher Entfaltung (die in den entsprechenden Quästionen I, 22–23 merkwürdig abstrakt abgehandelt wird) einiges abwerfen, wenigstens kurz auf die inhaltliche Bestimmung einzugehen.[25] Thomas gibt hier auf die Frage nach dem Letztziel des Menschen (in den Vorsehungsquästionen I, 22–23 als salus aeterna bzw. vita aeterna bestimmt) eine auf den ersten Blick erstaunliche Antwort: Der Mensch ist für das Glück (beatitudo) bestimmt[26] – und das Glück ist die erfüllende Vollendung des Menschen (completivum sui ipsius).[27] „Glück" (beatitudo) ist hier, genauso wie „Heil" (salus), als Ausdruck für die Ganzheit der menschlichen Sinnerfüllung verstanden. Thomas präzisiert diese Aussage durch die Unterscheidung zwischen der Wirklichkeit selbst (res ipsa), die erstrebt wird, und dem Besitz, dem Genuß dieser Wirklichkeit. Die Wirklichkeit selbst, die alleine dem Menschen letzte Erfüllung zu gewähren vermag, ist Gott. Damit bringt Thomas deutlich zum Ausdruck, daß der Mensch nicht durch sich selbst, aus und in sich selbst, nicht also innerhalb der Grenzen seiner kreatürlichen Endlichkeit seine Vollendung finden, sondern nur von „außerhalb seiner selbst", durch die absolute Transzendenz Gottes erfüllt werden kann. Nun geht es aber gerade um die eigene Erfüllung des Menschen. Deshalb muß die vorige Aussage mit der folgenden kontrapunktiert werden: Die absolute Transzendenz Gottes ist die wirkliche, innere Erfüllung des Menschen. Sie kann dies aber nur dadurch sein, daß Gott sich selbst dem Menschen als dessen eigene Erfüllung innerlich mitteilt und der Mensch so, in der Weise kreatürlicher Partizipation, die Wirklichkeit Gottes als seine eigene Vollendung „besitzt".[28]

Was die Schöpfung insgesamt betrifft, so betont Thomas mit Nachdruck die Einheit und Einzigkeit des Endzieles, auf das die Vorsehung hinordnet: Gott selbst;[29] nur die Art und Weise der Teilhabe ist verschieden: die rationale Kreatur „cognoscendo et amando", die übrigen Geschöpfe „inquantum participant aliquam similitudinem Dei, secundum quod sunt vel vivunt vel etiam cognoscunt".[30]

Wir haben uns mit diesen Überlegungen nicht vom Thema entfernt; es galt ja, das Ziel des Vorsehungsplanes näher zu kennzeichnen; daß es dabei – bezüglich der rationalen Kreatur – um ein von Gott durch die Schöpfung bzw. mit der Erschaffung intendiertes personales Kommunikationsgeschehen mit Gott geht, um dessentwillen Schöpfung überhaupt ist, wurde durch die nüchtern und abstrakt wirkende Sprache des Thomas allenthalben deutlich und wird sich im folgenden noch weiter erhellen.

3.4. Kehren wir deshalb nochmals zu der Feststellung zurück, daß es nach Thomas Schöpfung nur von ihrer Zielbestimmung, um ihres Zieles willen gibt. Das bedeutet zum einen, daß die Antwort auf die Frage nach dem Warum des Anfangs theologisch erst vom „Ende" her sagbar ist. Das heißt dann aber auch, daß Schöpfung und Vorsehung Wirklichkeiten sind, die sich im tiefsten erst dem Glauben erschließen.[31]

Das bedeutet zum andern, daß die Kategorie des Sinn-Zieles, des Worum-willen, des Woraufhin die schlechthin entscheidende theologische Kategorie ist. Dieses Sinn-Ziel ist nach der Auskunft, die Thomas mit der Offenbarung gibt, wie gesagt, nur eines und ein einziges für Welt und Mensch: die in Christus offenbarte und eröffnete (in ihm auch schon antizipierte) Zukunft bei (in) Gott.[32] Gott, der sich in Jesus Christus als Vollender von Welt und Mensch bestimmt hat, ist der Schöpfer der Welt, und er ist der Schöpfer der Welt nur, *weil* er sich als ihr Vollender, ihre Sinnerfüllung, theologisch gesprochen: als ihr Heil bestimmt hat. Von diesem absoluten, unbedingten Heilswillen Gottes, durch den er sich selbst als das Letztziel, die beatitudo, das bonum aeternum bestimmt, ist nach den bisher freigelegten Prinzipien des Thomas auszugehen (oder müßte konsequenterweise ausgegangen werden[33]), wenn nach dem Grund der Welt, dem Motiv der Schöpfung gefragt wird.[34] Es ist die Grund-losigkeit der Liebe, von der Thomas im Gnadentraktat der Summa sagt: „secundum hanc dilectionem vult Deus simpliciter creaturae bonum aeternum *quod est ipse.*"[35] Gott selbst – aus ungeschuldeter Liebe: das ist das eine und einzige Endziel;[36] Gottes Selbstmitteilungswille – der Grund-lose Grund der Schöpfung; anders gesagt: Gott selbst, insofern er sich mitteilen will und mitteilt. Das ist schlechthin „übernatürlich": „Dilectio specialis, secundum quam trahit creaturam rationalem supra conditionem naturae ad participationem divini boni“[37].

3.5. Wenn somit Schöpfung nur von dieser Zielbestimmung her ist, steht sie immer schon im Kraftfeld der Gnade, die primär Gott selbst in seiner Selbstmitteilung ist. Sie ist von vornherein (aufgrund ihres Geschaffenseins – und nicht eines davon unterschiedenen oder unterscheidbaren Aktes) gnadenhaft finalisiert. Denn die Hinordnung, das Bezogensein auf den Gott der (über-natürlichen) Selbstmitteilung bestimmt die ontologische Struktur der Schöpfung, von Welt und Mensch. Das Wozu bestimmt das Was, die perfectio finis bestimmt die perfectio formae.[38] K. Rahner drückt das – auch im Sinne der theologisch konzipierten Ontologie und Anthropologie des Thomas – zutreffend und präzise so aus: „Die Welt- und Personstruktur“ muß von hierher „gedacht werden als das, was – zwar von Gott verschieden – gerade wird, wenn und insofern sich Gott den Adressaten seiner Selbstmitteilung als Bedingung von deren Möglichkeit voraussetzt.“[39] Das Ziel, der finis, der Sinn hat ontologisch den Vorrang vor dem Sein, dem Wesen (bzw. dem Wesens-Sein), weil der Sinn, das Ziel, hier Gott selbst, der als der Vollender der Schöpfer ist (principium quia finis), die schlechthin seinsgebende, seinsverleihende, konstituierende Ursache ist.[40] Daß in dieser Konzeption auch die Freiheit des Menschen streng theo-logisch begründet ist, weil das (personkonstituierende) Angebot der göttlichen Selbstmitteilung nur in Freiheit angenommen werden kann, bedarf keiner weiteren Explikation.
Aus dem Gesagten ergibt sich, daß Welt (Schöpfung), theologisch gesehen, niemals nur als Herkunft von Gott (exitus) verstanden werden kann, sondern als Rückwendung zu Gott (reditus) verstanden werden muß: als geschichtliche, die Freiheit des Menschen einfordernde, auf ihre endgültige Vollendung in Gott hin offene Werde-Welt. Eine nur als von Gott herkommend gedachte Schöpfung wäre ein theologischer „Ungedanke“. Die Rückwendung zu Gott ist die (immanente, natureigene) Bewegung der Schöpfung, die in ihrem Da- und So-Sein durch ihr Auf-Gott-hin-Sein bestimmt ist. Anders gesagt: Die Herkunft der Welt von Gott ist *deshalb* der real-ontologische Grund ihrer Rückbeziehung zu Gott, weil die ontische Struktur der Welt, insbesondere der rationalen Kreatur, von Gott als ihrem Sinn- und Zielgrund her begründet ist.

3.6. Der Kreatur eignet also von ihrem kreatürlichen Wesen eine realontologische Ausrichtung, eine transzendentale Relation[41] auf den trinitarischen Gott, der sich von Ewigkeit her in Jesus Christus zur Selbst-Mitteilung an den Menschen, zur Gemeinschaft (communio) mit ihm,

bestimmt hat. Diese gnadenhafte Ausrichtung (die als solche freilich noch nicht deren Erfüllung ist) kommt nicht zur „Gnade" (Ungeschuldetheit) der Schöpfung, der geschaffenen „Natur", hinzu, sondern ist – entsprechend dem systematischen Ansatz des Thomas: principium quia finis – mit ihr identisch. Die Kreatürlichkeit als solche ist diese (gnadenhafte) Finalität. Thomas spricht deshalb mit Bedacht von der inclinatio naturalis bzw. vom desiderium naturale oder desiderium naturae[42], das, wie er – die Ausrichtung auf die Gottesschau verdeutlichend – auch sagen kann, auf die „unio ad Deum"[43] hinzielt, in der der Mensch erst seine vollkommene Glückseligkeit erreicht.
Das hat Konsequenzen für eine nähere Bestimmung des Verhältnisses von „Natur" und „Gnade". Vor allem müßte von dieser Sicht her der Begriff der „natura pura" (den Thomas konsequenterweise nicht kennt) als ein theologischer „Unbegriff" eliminiert werden. Die „Natur" steht immer schon und bleibend unter dem Angebot der „Gnade", d. h. unter dem Selbstangebot Gottes, um dessentwillen er die Kreatur überhaupt erst – auch in ihrer ontischen Struktur – konstituiert hat. Dieses Selbstangebot als der bleibende Konstitutionsgrund von Welt und Mensch ist jeder Kreatur absolut über-natürlich, wie auch die Erfüllung der natureigenen, d. h. einerschaffenen Finalität: Gott selbst in seiner frei geschenkten Selbstmitteilung[44] (vgl. oben 3.5.) absolut über-natürlich ist. Eine „Naturalisierung" der Gnade ist dadurch schlechthin ausgeschlossen. Vielmehr zeigt sich hier nochmals, daß Thomas den Begriff der Natur streng theologisch, näherin: von Gott her als ihrem Bestimmungsgrund (finis), der deshalb auch ihr Seinsgrund ist, denkt.

3.7. Gottes Selbstangebot kann nur in Freiheit angenommen werden. Deshalb impliziert die Herkunft von Gott, der sich „im voraus" zur Gemeinschaft mit dem Menschen entschieden hat, mit der Begründung von Freiheit zugleich die Konstituierung einer geschichtlichen Welt. Denn für Kreatur ist charakteristisch das Auseinanderstehen von Herkunft und Zukunft, von Bestimmung und Erfüllung, von perfectio formae und perfectio finis. Kreatur ist nicht schon vom Wesen her, wozu sie ist; wohl hat sie vom Wesen her eine Bestimmung, woraufhin sie ist.[45] Um zu ihrer Erfüllung zu gelangen, bedarf Kreatur der Tätigkeit.[46] Das heißt für Mensch und Menschheit: sie können ihre Wesensbestimmung nur in geschichtlich zu realisierenden Freiheitsakten zeitigen.[47] Von hier aus können wir die Vorsehung, durch die Gott die Kreatur auf ihr Endziel hinordnet, näher charakterisieren als Gottes Geschichts- bzw. Heilsplan.
An dieser Stelle wird die Frage nach dem Verhältnis von Gottes Handeln zum Handeln der Kreatur, insbesondere zur menschlichen Freiheit unausweichlich.

## *4. Handeln Gottes und menschliche Freiheit*

4.1. Die Freiheitsproblematik ist nichts anderes als der spezielle Anwendungsfall des allgemeinen Kreatur-Verhältnisses in der dialektischen Spannung von totaler Abhängigkeit und relativem Eigensein. Der Schöpfungsakt, der die Kreatur in totaler und bleibender Abhängigkeit von Gott konstituiert,[48] begründet in strenger Identität zugleich die Kreatur in ihrer Eigenwirklichkeit und Eigenwirksamkeit. So ist auch die menschliche Freiheit als von Gott konstituierte kein von Gott losgelöster Freiraum; in ihrer kreatürlichen Abhängigkeit ist sie aber als wirkliche Freiheit (sowohl ihrem Vermögen als auch ihrer Betätigung nach) schöpferisch von Gott begründet. Ein „deistisches" Erklärungsmodell ist für Thomas im Falle der kreatürlichen Freiheit ebenso ausgeschlossen wie im Hinblick auf das allgemeine Gott-Kreatur-Verhältnis, weil die totale Konstituiertheit der Kreatur im Sein und im Tätigsein die Notwendigkeit der beständigen schöpferischen Seinserhaltung einschließt. Dabei betont Thomas nachdrücklich, daß der Akt der Seinserhaltung keine neue Tätigkeit Gottes über den Schöpfungsakt hinaus darstellt, sondern mit diesem identisch und dessen fortdauernde Präsenz ist (creatio continua) – ein Akt, der folglich auch außerhalb jeder (kategorialen) Bewegung und der Zeit steht (sine motu et tempore), aber für die Kreatur schlechthin und fortwährend begründend ist.[49]

4.2. Diese allgemeinen Überlegungen eröffnen unmittelbar den Zugang zu einer näheren Bestimmung des Verhältnisses von Gottes Handeln in Vorsehung und Weltregierung (gubernatio, executio) und kreatürlichem, insbesondere auch menschlich-freiem Eigenwirken. An dieser Stelle erweist die thomasische Unterscheidung[50] von göttlicher Vorsehung als dem immanenten Akt der planenden, d. h. erkennend-wollenden Hinordnung der kreatürlichen Wirklichkeit auf ihr (End-)Ziel und von göttlicher Weltregierung als der zeitlichen Ausführung dieses Schöpfungs- und Heilsplans erneut ihre wichtige Funktion (vgl. oben 2.2.). Im Blick auf die Vorsehung selbst (die ratio ordinis rerum in finem bzw. die ratio gubernationis) gilt ein exklusives „solus Deus"; hier wirkt Gott unmittelbar und allein. Bezüglich der Ausführung des Planes, der Weltregierung (executio, gubernatio) hingegen lehnt Thomas entschieden die Meinung ab, daß Gott allein unmittelbar alles tut bzw. alles allein tut.[51] Hier wirkt Gott vielmehr mittels der (geschaffenen) Zweitursachen, durch die er seinen Plan ausführt – ohne daß dadurch die Unmittelbarkeit des göttlichen Handelns und seine Allwirksamkeit angetastet würde.[52] Hier leitet Gott die Kreatur durch die ihr eingeschaffene Eigentätigkeit auf ihr Ziel hin, und zwar in der jeder Kreatur natureigenen Weise, d. h. die freie Kreatur gerade durch die

Akte ihrer Freiheit.[53] „Daß Gott in den Dingen handelt, ist deshalb – nach Thomas – so zu verstehen, daß die Dinge selbst dennoch ihre eigene Tätigkeit besitzen.“[54]
Thomas, so können wir jetzt folgern, entwickelt also die Unterscheidung von Plan und Ausführung, um den allumfassenden Charakter der göttlichen Vorsehung und Weltlenkung mit der vermittelnden Funktion geschöpflicher Eigentätigkeit und Ursächlichkeit zusammenzudenken.[55] Gottes Handeln und kreatürliches Wirken gehören, wie Thomas ausdrücklich betont, nicht derselben Ordnung an.[56] Gottes Welthandeln (gubernatio) ist schlechthin seinsbegründend und deshalb (begrifflich wie sachlich) identisch mit dem göttlichen Schöpfungsakt (bezogen auf sein terminatives Ergebnis). Das Schöpfungsgeschehen aber umfaßt in einem sowohl die Hervorbringung (productio), die Erhaltung (conservatio) sowie die Hinordnung und Lenkung (motio ad finem) in der Weise, daß dadurch die Eigentätigkeit der Geschöpfe begründet wird.[57] Verbinden wir diese Einsicht mit dem oben schon (4.1.) angeführten Gedanken, daß die erhaltende Tätigkeit Gottes streng mit dem Schöpfungsakt Gottes identisch ist und deshalb nicht zeitlich oder als zeitlicher Bewegungsablauf, m. a. W. nicht in kategorialer Seinsweise existiert, so wird verständlich, daß Gottes Handeln in der Kreatur nach Thomas nicht als solches vom kreatürlichen Handeln abgehoben werden und an diesem unterschieden werden kann.[58] Dadurch wird aber um so nachdrücklicher unterstrichen, daß im Denken des hl. Thomas ein synergistisches Konkurrenzmodell zur Verhältnisbestimmung von göttlichem und geschöpflichem Wirken a limine ausgeschlossen ist. Vielmehr: Gott tut sein Ganzes (was nur er zu tun vermag) und die Kreatur tut ihr Ganzes (wozu sie, von Gottes schöpferischer Kraft getragen, ermächtigt ist), so daß Gott und Kreatur – auf je ihre Weise – denselben Effekt ganz hervorbringen: totus ab utroque.[59] In alledem tritt ein dynamisches Schöpfungsverständnis zutage, gemäß dem die kreatürliche Wirklichkeit, indem sie als wirkende gedacht wird, gerade in ihrem Eigensein in den Blick kommt.[60] Das bedeutet dann aber auch: Das Feld des göttlichen Handelns ist die Welt gerade in und gemäß ihrem Eigensein und ihrer Eigentätigkeit, die Gott nicht deshalb entgleitet, weil er sie in ihren Selbstand und ihre Selbsttätigkeit freigibt, die darin vielmehr Gottes Größe erweist.[61]

4.3. Was nun die menschliche Freiheit anbelangt, so hat O. H. Pesch in einer subtilen und gültigen Untersuchung gezeigt, daß hier, gerade auch in bezug auf ihre gnadenhafte Bestimmung dieselben Strukturen gelten.[62] Zum Vollzug der menschlichen Freiheit bedarf es nach Thomas über die schöpferische Konstituierung und ihre bleibende Präsenz in der creatio continua hinaus keiner besonderen neuen Bewegung (motio) durch Gott zur Verursachung der Einzelakte. Thomas kennt weder Begriff und Sache einer praemotio physica noch erst recht einer praedeterminatio physica.[63] Die creatio continua ist vielmehr die bleibende tranzendentale Bedingung, die allen kategorialen Akten der Freiheit, sie tragend und ermöglichend, zugrunde liegt und den Menschen zur geschichtlichen Realisierung seiner Berufung „zum Heil in der personalen Gottesgemeinschaft“[64] ermächtigt und einfordert. Im Blick auf dieses Freiheit und Verantwortung begründende schöpferische Wirken Gottes läßt sich nun präzisieren: Das Feld des göttlichen Handelns in Vorsehung und Weltlenkung ist der offene Raum der Geschichte, d. h. der freien Selbstbestimmung des Menschen unter dem Anspruch des göttlichen Selbstangebotes.

### *5. Thomas im Widerstreit mit sich selbst*

Thomas hält freilich diese im Vorhergehenden entfaltete Konzeption nicht durch. Das zeigt sich am deutlichsten in seiner Prädestinations- und Reprobationslehre.[65] Er bleibt hier der ‚Gefangene‘ Augustins.[66] Dazu nur einige Schlaglichter.

5.1. Wenn es nach Thomas richtig ist, „daß der Mensch vom Ursprung her in aktiver, durch Gott selbst bleibend-schöpferisch erweckter Tendentionalität seiner Geistnatur Gott will und sucht“,[67] wenigstens implizit, so aber, wegen der naturhaften Ausrichtung des Erkennens und Wollens auf das verum und bonum universale,[68] notwendig – wenn ferner diese immer schon gnadenhafte Ausrichtung unter dem Selbstangebot Gottes als dem Konstitutionsgrund dieses „desiderium naturae“ steht und deshalb notwendig auch „Ermächtigung zur Antwort in Freiheit“[69] bedeutet, dann befindet sich Thomas mit der ausdrücklichen Behauptung der Partikularität der Prädestination[70] im Widerspruch zu den genannten Prinzipien. Die Einheit von Schöpfungs- und Heilsordnung ist hier nicht durchgehalten. Thomas geht hier nicht vom absoluten Heilswillen aus. Der allgemeine Heilswille ist vielmehr nur eine velleitas, eher ein „Mögen“ denn ein wirkliches Wollen.[71]

5.2. Demgegenüber sieht Thomas in der Reprobation „einen entschiedenen Willensakt Gottes“, nämlich den „Akt zulassender Verwerfung“.[72] Dieser ist zwar nicht die Ursache der Schuld, wohl aber des Von-Gott- (bzw. der Gnade-)Verlassenseins (derelictio), das aber zwangsläufig zur Schuld und damit zur ewigen Strafe führt.[73] Warum Gott die einen erwählt und die anderen (die Mehrzahl![74]) verwirft, kann, wie Thomas mit Augustinus bekennt, nur aus dem unergründlichen Willen Gottes entgegengenommen, aber nicht erklärt werden.[75] Dennoch ist Gott nicht ungerecht, weil auf die Prädestination, die rein aus Gnade gewährt wird, kein Rechtsanspruch besteht. „Was aus Gnade geschenkt wird, kann jemand nach seinem Belieben schenken, wem er will."[76] Mit Recht merkt G. Kraus an: „Die Willkür, die Thomas hier ... explizit in der Konsequenz seiner Lehre von der Prädestination einzelner vertreten muß, läßt sich nicht harmonisieren aus und mit seinem Gesamtdenken."[77] Man kann bzw. muß fragen, ob hier die menschliche Freiheit – entgegen den vorher entwickelten Prinzipien – nur noch verbal behauptet, aber nicht mehr einsichtig gemacht werden kann.

### 6. *Vorsehungsglaube – Zeugnis der Hoffnung*

6.1. Zur Vermeidung der zuletzt angedeuteten Inkonsequenzen und Aporien müßte die Vorsehungs- und Prädestinationslehre entschieden mit der Schöpfungslehre verbunden und diese von vornherein in der Heilsperspektive gesehen werden, die Schöpfung, „Natur und Heilsgeschichte [als] Gestalten des einen Grundvorganges, in dem die von Gott geschaffenen Wesen, von Gott nach ewigem Plan geleitet, je auf ihre Art zu ihm als Ziel in Bewegung sind",[78] in den (gläubigen) Blick bringt. Thomas gibt dazu beste systematische Ansätze. In eine solche, vom absoluten Heilswillen Gottes als Grund und Ziel der Schöpfung ausgehende Konzeption ließe sich ein breiter Strom patristischer Überlieferung integrieren, in der „Schöpfung und Erlösung, Geschichte und Heilshandeln Gottes nicht nur in einem allgemeinen Sinn aufeinander bezogen [sind], sondern ... in bruchloser Kontinuität zueinander [stehen]: Die besondere Heilsgeschichte ... bringt zur Entfaltung, Fülle und Vollendung, was von Schöpfung her in der Geschichte von Gott grundgelegt und gewollt ist ... Schöpfung und Geschichte ... sind also nicht nur ‚irgendwie' in das Gnadengeschehen hineingenommen, sondern selbst *integraler Teil* der einen göttlichen oikonomia, die als ganze und in all ihren Teilen souveräner göttlicher Freiheit und Liebe entspringt, die ... darum reine Gnade, Geschenk unverdienter göttlicher Huld bedeutet."[79]
Vorsehungsglaube wird so zum Zeugnis der Hoffnung für (und auf) die Geschichtsmächtigkeit des Schöpfergottes: Welt, Mensch und Geschichte haben ein Ziel, das, weil im absoluten Heilswillen Gottes gründend, nicht unerfüllt bleiben kann. Sie sind hineingenommen in die Bewegung „von Gott zu Gott".[80]

6.2. Für Thomas ist Vorsehung Gegenstand des Glaubens.[81] Wie läßt sich dieser Glaube bewahrheiten und bewähren? Auch hier kann Thomas einen Fingerzeig geben. Nach ihm untersteht der Mensch in ausgezeichneterer Weise (excellentiori quodam modo) als die anderen Geschöpfe der Vorsehung, weil er nicht nur für sich, sondern auch für andere vorsehen, für-sorgen (providere) kann.[82] Im für-sorgenden Einstehen und Dasein für andere soll (und kann) der Mensch, der gerade als freies Geschöpf Ebenbild Gottes ist,[83] in der Welt Hoffnungszeichen und -träger für den Gott sein, der sich mit absolutem Selbstmitteilungswillen in Jesus Christus als Gott für Welt und Mensch definiert hat. Vorsehungsglaube verweist so den Glaubenden in die Praxis der Nachfolge Jesu.

*Anmerkungen*

1 *O. H. Pesch,* Das Gesetz. Kommentar zu Thomas von Aquin, Summa Theologiae I-II, 90–105 = Deutsche Thomas-Ausgabe, Bd. 13, Heidelberg–Graz 1977, 715 u. ebd. Anm. 72, mit Verweis auf U. v. Balthasar, M. Seckler, P. Engelhardt.

2 AaO., 715f.

3 Damit soll gesagt sein, daß die Heilsbestimmung die Kreaturen bis in die Wurzel, die Tiefe ihres Wesens betrifft.

4 Sth I, 22, 1–4. – Vgl. I Sent, d. 39 q. 2; Ver 5; CG III, 64; 71–78; 94–98; CTh 123; 130–133; 139; 140.

5 Vgl. *O. H. Pesch,* Theologische Überlegungen zur „Vorsehung Gottes" im Blick auf gegenwärtige natur- und humanwissenschaftliche Erkenntnisse, in: Christlicher Glaube in moderner Gesellschaft (= CGG), Bd. IV, Freiburg [2]1982, 74–104, hier: 74–76. *Ders.,* Die Theologie der Rechtfertigung bei Martin Luther und Thomas von Aquin, unv. Neuauflage Mainz 1985, 842–849.

6 I, 22, 1 c.

7 Ebd. ad 2; 3 c; 103–104. – Im Hintergrund steht die augustinische Unterscheidung zwischen den „ewigen Ideen" und der göttlichen Weltlenkung; vgl. *L. Scheffczyk,* Schöpfung und Vorsehung, in: HDG II, 2a (1963), 61–66.

8 Vgl. *O. H. Pesch,* Gesetz, 562.

9 Vgl. I, 44, 4 c. – Das könnte vor allem auch von der Trinitätslehre her begründet werden.

10 Vgl. *L. Scheffczyk,* Schöpfung, 92.

11 Der Akt der Erschaffung ist ein immanenter, ewiger, mit dem göttlichen Wesen identischer Akt, der von seinem terminativen, zeitlichen Ergebnis verschieden ist; vgl. I, 45, 3 ad 1.

12 I, 23, 1 c; 2 c; 3 c; 6 c.

13 I, 22 prooem; 23, 3 c.

14 I, 23, 1 c; 3 c.

15 I, 22, 2 ad 4 et 5; I–II, 91, 2 c.

16 II–II, 1, 7 c.

17 Vgl. *O. H. Pesch,* Gesetz, 562.

18 Vgl. hierzu besonders *O. H. Pesch,* Gesetz, 601–612 (Literatur), *M. Seckler,* Das Heil in der Geschichte. Geschichtstheologisches Denken bei Thomas von Aquin, München 1964, 33–47, *K.-W. Merks,* Theologische Grundlegung der sittlichen Autonomie, Bonn 1976, 34–53.

19 I–II, 1–5. Vgl. *H. Jorissen,* Zur Struktur des Traktates ‚De Deo' in der Summa theologiae des Thomas von Aquin, in: *M. Böhnke, H. Heinz* (Hg.), Im Gespräch mit dem Dreieinen Gott (FS W. Breuning), Düsseldorf 1985, 231–257; hier: 255.

20 I–II, 2, 5 ad 3; vgl. I–II, 1, 5 c.

21 I–II, 1, 2 c; vgl. I, 105, 5 c.

[22] I–II, 2, 4 c.

[23] Von hierher könnte die Diskussion um den Aufbauplan der Summa – in der heilsgeschichtlich-christologischen Interpretation, wie sie die oben Anm. 18 genannten Autoren mit einigen unterschiedlichen Akzentuierungen wohl zu Recht vertreten – noch etwas vertieft werden.

[24] Vgl. Ver 22, 2: In jedem erstrebten Gut – das gilt für die Strebetendenz jeder, nicht nur der rationalen Kreatur – wird implizit, so aber naturhaft und notwendig, Gott miterstrebt. Bez. der geistigen Kreatur, ebd. ad 1: „omnia cognoscentia cognoscunt implicite Deum in quolibet cognito"; vgl. I, 44, 4 ad 3: „omnia appetunt Deum ut finem, appetendo quodcumque bonum"; vgl. auch I–II, 1, 6 ad 3.

[25] Vgl. *H. Jorissen,* Christliches Verständnis von Welt, Mensch und Geschichte aus dem Glauben an die Menschwerdung Gottes, in: *H. Waldenfels* (Hg.), Theologie – Grund und Grenzen (FS H. Dolch), Paderborn 1982, 125–146, bes. 143f.

[26] I–II, 1 prooem; 1, 7 s.c. (mit Berufung auf Augustinus); 3, 2 c. Vgl. den Gesamtduktus I–II, 1–5. In CG III, 25–40. 44. 48 spricht Thomas von der felicitas (statt: beatitudo); so auch Sth I, 62, 1 c.

[27] I–II, 1, 5. – Sicher ist (außer Aristoteles) besonders auch Augustinus in diesen Quästionen über die beatitudo anwesend. Dennoch ist der Unterschied nicht zu übersehen, wie *G. Greshake,* Glück und Heil, in: CGG IX, 101–146, hier: 114–119, gut herausstellt.

[28] Vgl. I, 43, 3 ad 2: „gratia gratum faciens disponit animam ad habendam divinam personam."

[29] I–II, 1, 7; 1, 8; 91, 1 ad 3.

[30] I–II, 1, 8 c; vgl. I, 65, 2 c.

[31] II–II, 1, 7 c. Vgl. *O. H. Pesch,* Gesetz, 562.

[32] Vgl. II–II, 2, 7; 1, 6 ad 1; 1, 8.

[33] Zu den Spannungen und Unstimmigkeiten bei Thomas selbst vgl. unten Abschn. 5.

[34] Darum ist auch von „Heil" nicht sogleich und im Ansatz schon in hamartiologischer Engführung zu reden. Nach *O. H. Pesch,* Gesetz, 609, entspricht eine solche positiv-heilsgeschichtliche Sicht auch eher dem geschichtstheologischen Aufbau- bzw. Strukturplan der Summa. Die I$^{a}$ und II$^{a}$ Pars zeichnen „das Bild einer Heilsgeschichte, wie sie ohne die Sünde und ihre Folgen, aber mit Christus als eschatologischem Vollender verlaufen wäre" und legen so „die bleibende geschichtliche Struktur geschöpflichen Daseins, die Dimension der Schöpfung bloß". Dieses Verfahren läßt nach Pesch die „zentrale theologische Grundoption des hl. Thomas" erkennen, nämlich die „Schöpfung" als „die umgreifende Perspektive seines theologischen Denkens und Redens".

[35] I–II, 110, 1 c.

[36] I–II, 91, 1 ad 3: „finis divinae gubernationis est ipse Deus."

[37] I–II, 110, 1 c.

[38] Vgl. III, 27, 5 ad 2; I, 62, 1 ad 2; 62, 7 c; 73, 1 c; vgl. 6, 3 c. – Perfectio formae: = Vollendung im Wesen = *was* etwas ist; perfectio finis = Erfüllung, Vollendung der Wesensbestimmung = *wozu* etwas ist.

[39] *K. Rahner,* Der dreifaltige Gott als transzendenter Grund der Heilsgeschichte: MySal II (1967) 375.

[40] I–II, 2, 5 ad 3.

[41] Vgl. I, 45, 3.

[42] Vgl. z. B. I, 12, 1; I–II, 3, 8 c; CG III, 48. 50. 57. Vgl. *H. de Lubac,* Die Freiheit der Gnade, II, Einsiedeln 1971, 88ff, 144, 257ff u. passim.

[43] I–II, 3, 8 c.

[44] I, 62, 1 c: „haec (ultima) beatitudo non est aliquid naturae, sed naturae finis." Vgl. *H. de Lubac,* aaO., 144.

[45] Vgl. *H. Volk,* Gnade und Person, in: *Ders.,* Gesammelte Schriften, I, Mainz 1967, 107–122; bes. 113f.

[46] I, 105, 5; vgl. I–II, 1, 2.

[47] Thomas verdeutlicht das an folgendem Beispiel, I, 100, 2: Falls die Stammeltern nicht gesündigt hätten, wären deren Nachkommen nicht deshalb im unverlierbaren Gnadenstand geboren worden. Auch sie hätten, da der Sünde fähig, ihren Gnadenstand bewähren müssen. Vgl. bes. auch I, 62, 1 c et ad 2; 62, 5 ad 1; Ver 18, 1 ad 5.

[48] Vgl. I, 45, 1; 45, 4 ad 1; 65, 1 c; 65, 3 c; 104, 1.

[49] I, 104, 1 ad 4: „conservatio rerum a Deo non est per aliquam novam actionem, sed per continuationem actionis qua dat esse; quae quidem actio est sine motu et tempore."

[50] I, 22, 1; 22, 3; 103, 6.

[51] I, 105, 5 c; vgl. 103, 6 ad 2.

[52] I, 22, 3 ad 2; 23, 5 c; 104, 2 c et ad 2; 116, 2 c; vgl. CG III, 69. 77. Hier ist demnach von einer „vermittelten Unmittelbarkeit" zu sprechen.

[53] I, 22, 2 ad 4 et 5; 83, 1 ad 3; 103, 1 ad 1; 103, 5 ad 2; I–II, 93, 5 c; 113, 3 c.

[54] I, 105, 5 c.

[55] Vgl. *K.-W. Merks,* Theologische Grundlegung, 193.

[56] I, 105, 5 ad 2.

[57] I, 103, 5 c; vgl. 103, 4; 103, 3. – Vgl. *K.-W. Merks,* aaO., 199.

[58] I, 23, 5 c: „nec est distinctum quod est ex causa secunda et causa prima. Divina enim providentia producit effectus per operationes causarum secundarum."

[59] CG III, 70: „non sic idem effectus causae secundae et divinae virtuti attribuitur quasi partim a Deo, et partim a naturali agente fiat, sed totus ab utroque secundum alium modum." Vgl. *O. H. Pesch,* Gesetz, 554.

[60] Vgl. *K.-W. Merks,* Theologische Grundlegung, 198.

[61] I, 22, 3 c et ad 2; 23, 8 ad 2; 103, 6; CG III, 69. 77.

[62] *O. H. Pesch,* Freiheitsbegriff und Freiheitslehre bei Thomas von Aquin und Luther: Cath (M) 17 (1963) 197–244; vgl. *ders.,* Philosophie und Theologie der Freiheit bei Thomas von Aquin in quaest. disp. 6 De malo. Ein Diskussionsbeitrag: MThZ 13 (1962) 1–25; *ders.,* Gesetz, 476 (weitere Literatur).

[63] *O. H. Pesch,* Freiheitsbegriff, 209 Anm. 43; ders., Philosophie, 21–23.

[64] *O. H. Pesch,* Freiheitsbegriff, 230.

[65] Vgl. *G. Kraus,* Vorherbestimmung. Traditionelle Prädestinationslehre im Licht gegenwärtiger Theologie = Ökumenische Forschungen, Abt. II, Bd. V, Freiburg 1977, 59–80 (Literatur).

[66] Zur Prädestinationslehre des hl. Augustinus vgl. außer *Kraus,* aaO., 27–44, auch *G. Greshake,* Gnade als konkrete Freiheit. Eine Untersuchung zur Gnadenlehre des Pelagius, Mainz 1972, bes. 193–274.

[67] *O. H. Pesch,* Freiheitsbegriff, 209.

[68] Ebd. 200–210; 202 Anm. 24. Vgl. oben Anm. 24.

[69] Ebd. 210.

[70] I, 23, 2 c: „praedestinatio est quaedam ratio ordinis aliquorum in salutem aeternam"; u. ö.; 23, 5 ad 3; 23, 6; 23, 7 (Zahl der Erwählten).

[71] I, 19, 6 ad 1: „magis potest dici velleitas quam absoluta voluntas"; vgl. *G. Kraus,* aaO., 76.

[72] *G. Kraus,* aaO., 77.

[73] I, 23, 3 ad 2.

[74] I, 23, 7 ad 3.

[75] I, 23, 5 ad 3.

[76] Ebd.

[77] *G. Kraus,* aaO., 78 Anm. 128.

[78] *O. H. Pesch,* Gesetz, 566.

[79] *G. Greshake,* Gnade, 280f.

[80] Vgl. *M. Seckler,* Das Heil in der Geschichte, 29.

[81] II–II, 1, 7 c. Vgl. *O. H. Pesch,* Gesetz, 562.

[82] I–II, 91, 2 c. Vgl. *O. H. Pesch,* aaO., 480.

[83] I–II prol: „secundum quod et ipse est suorum operum principium, quasi liberum arbitrium habens, et suorum operum potestatem.“

# Zur frühchristlichen Lehre über die Vorsehung und das Wirken Gottes in der Welt

*Ein Diskussionsbeitrag*

Von Basil Studer OSB, Rom

Wenn Prof. Hans Jorissen die von ihm erbetene theologiegeschichtliche Einführung in die Problematik der Vorsehung und des Wirkens Gottes in der Welt auf eine Übersicht über die einschlägigen Quaestiones der *Summa Theologiae* des Thomas von Aquin beschränkte, wird man ihm das Recht zu einer solchen Abgrenzung seines Themas nicht bestreiten, zumal er es nicht unterließ, den Zusammenhang mit der vorausgehenden Tradition, besonders mit Augustinus, zu betonen. Es mag indes nicht unnütz sein, eigens wenigstens einen kurzen Blick auf die frühere Überlieferung zu werfen. So wird man die Bedeutung der einzelnen vom Aquinaten aus der Tradition übernommenen Elemente exakter beurteilen können. Niemand wird jedoch von diesem improvisierten Diskussionsbeitrag eine umfassende und noch weniger eine ausgeglichene Darstellung der frühchristlichen Überlieferung erwarten. Es soll bloß versucht werden, stichwortartig auf die wichtigsten Etappen der diesbezüglichen Lehrentwicklung hinzuweisen. Um ein weiteres Studium dieser recht komplexen Geschichte zu erleichtern, seien einige bibliographische Angaben hinzugefügt.[1]

## *1. Zur Geschichtstheologie im zweiten Jahrhundert*

In den inner- und außerkirchlichen Auseinandersetzungen des zweiten Jahrhunderts entwickelten Justinus und Irenäus eine Geschichtstheologie, welche für die folgenden Zeiten maßgebend wurde. Von seinen missionarischen Anliegen her erweiterte der erste die heilsgeschichtliche Schau der Lukasschriften und des Hebräerbriefes (vgl. bes. Hebr 1,1–3). Er beschränkte sich nicht auf die Israel zuteil gewordene prophetische Offenbarung, sondern dehnte die christliche Vorgeschichte ausdrücklich auf die griechischen Philosophen und Gerechten aus.[2] Sein eindeutig universaler Ansatz wird vor allem von Klemens von Alexandrien und von Eusebius von Cäsarea voll aufgenommen werden. Andererseits war es ein Hauptanliegen der antignostischen (= antihäretischen) Polemik des Irenäus, die Freiheit des geschichtlichen Handelns Gottes vollumfänglich zu wahren. Er legte darum nicht nur großen Wert auf die Themen der Erziehung, der wechselseitigen Angewöhnung Gottes und des

Menschen, der *oikonomia* und der *anakephalaiosis*. Er stellte vielmehr in aller Klarheit fest, daß der an sich unsichtbare Gott sich offenbarte, wem er wollte, wann er wollte und wie er wollte (vgl. bes. AdHaer IV, 20,5).[3]

## 2. *Die Logos-Christologie*

Zur Vertiefung seiner für Heiden und Juden entwickelten heilsgeschichtlichen Schau stützte sich Justinus vor allem auf die sog. Logos-Christologie ab.[4] Indem er Jesus Christus als den Logos hinstellte, der schon immer zu den Menschen gesprochen hatte, sowohl in den Propheten Israels als auch in den großen Griechen, und der schließlich sich in der Menschwerdung ganz enthüllte, konnte er nicht bloß aufzeigen, wie sehr die christliche Religion schon in der Vorzeit verwurzelt war (vgl. bes. Apol I,46), sondern zugleich den christlichen Anspruch der absoluten Gottheit voll und ganz wahren. Damit hatte er dem theologischen Grundanliegen des zweiten Jahrhunderts Rechnung getragen, weder den NOVA die VETERA noch den VETERA die NOVA zu opfern. Der mittel-platonische Logosbegriff aber, den er dabei in die christliche Theologie einführte, wurde im folgenden grundlegend für das ganze theologische Denken, im besonderen auch für die Lehre von der Vorsehung. Sowohl die Erklärung der Bibel als auch der *intellectus fidei* im allgemeinen wurden fortan als ein Suchen nach den im Logos schon immer erhaltenen *rationes aeternae* der Schöpfung und der Geschichte verstanden. Alles theologische Bemühen galt nun dem „Logischen" in den Dingen *(gnosis ton onton)* und im Wortlaut der Heiligen Schrift.[5] Dabei ist allerdings nicht zu übersehen, wie sehr der apokalyptische Mysterium-Begriff, wie er im besonderen in den Paulus-Briefen, vorab in den Deutero-Paulinen zu finden ist, die Rezeption dieser von der platonischen Unterscheidung des Sinnenfälligen und Geistigen geprägten Thematik erleichtert hat. Auch für die christliche Apokalyptik war nämlich die Geschichte nichts anderes als die Enthüllung dessen, was von Ewigkeit an im Himmel, in Gott selbst, vorherbestimmt war.[6] Nicht weniger beachtenswert ist ein anderer gerade auch für die Apokalyptik wichtiger Zusammenhang. Justinus und andere sahen im menschgewordenen und in der Kirche weiterwirkenden Logos nicht bloß eine Offenbarung der Geheimnisse Gottes. Sie hielten ihn auch für eine *dynamis*, für eine Kraft Gottes, die alles Böse in der Welt überwindet.[7]

## 3. *Die Problematik des Einen und Vielen*

Noch mehr als die Logos-Christologie führte die mittelplatonische Problematik des Einen und Vielen zu einer folgenreichen Vertiefung der frühchristlichen Geschichtstheologie. In dieser Sicht wird die ganze Wirklichkeit als eine abgestufte Teilnahme an dem über allem stehenden Einen verstanden. Dabei wird nicht nur die Vermittlung des zwischen dem Einen und Vielen stehenden *nous* herausgestellt, sondern in mehr pythagoräisch-stoischer Art die Ordnung und Harmonie aller Dinge betont. Vor dem Konzil von Nicäa stellte sich vor allem Origenes, besonders in seinem dogmatischen Hauptwerk *De Principiis* in diese Perspektive.[8] Später werden ihm Gregor von Nyssa und vor allem Ps. Dionysius folgen, der in Anlehnung an Proclus diese im Grunde biblische (apokalyptische), aber stark philosophisch gefärbte Sicht des Ausganges und der Rückkehr aller Dinge weiter ausbaute und damit die Anlage der *Summa Theologiae* von Thomas entscheidend beeinflußte. Die Rezeption des philosophischen Schemas des Einen und Vielen durch die Scholastik war um so eher möglich, als es auch von Augustinus übernommen worden war.[9] Zum vollen Verständnis dieser Entwicklung dürfen die Bemühungen zur Wahrung der menschlichen Freiheit in keiner Weise übersehen werden. Gerade weil Origenes nicht Gott, sondern die Freiheit der geistigen Geschöpfe für das Übel verantwortlich machen wollte, führte er in die Erklärung der Weltentstehung das Thema der doppelten Schöpfung ein.[10] Auch wenn seine die Präexistenz der Seelen voraussetzende Ansicht sogleich bekämpft wurde, blieb sein Anliegen, die Sünde nicht auf das Wirken, sondern nur auf die Zulassung Gottes zurückzuführen, immer lebendig.[11]

### *4. Die nicänische Krise*

Bei aller Gedankenschärfe gelang es Origenes nicht, den Grunddaten der biblischen Schöpfungslehre gerecht zu werden. Die Unklarheiten in seiner Schöpfungstheologie führten in der Folge, neben anderen Umständen, zur sog. arianischen Krise, oder besser, zur Krise der origenischen Theologie.[12] Offenbar im geschichtlichen Umfeld der philosophischen Diskussionen über die Ewigkeit der Welt, vor allem aber auf Grund der nunmehr ausdrücklicher anerkannten biblischen Lehre von der *creatio ex nihilo,* stellte Arius Christus auf die Seite der Geschöpfe und provozierte damit die Reaktion seines Bischofs Alexander und des Konzils von Nicäa (325). Dieses definierte Jesus Christus als den eingeborenen Sohn Gottes, der aus dem Sein des Vaters gezeugt, nicht durch den göttlichen Willen erschaffen worden ist.[13] Damit war auch das Prinzip *per quem omnia facta sunt* dogmatisch festgelegt, allerdings aber auch eine Verengung der ntl. Schöpfungs- und Geschichtslehre auf das andere Prinzip *omnia opera ad extra communia sunt* eingeleitet. Vor allem war in der nicänischen Unterscheidung von *natus per naturam – factus per voluntatem* eine Verstärkung des voluntaristischen Gottesbildes eingeschlossen. Was das bedeutet, sieht man besonders in der anti-arianisch inspirierten Theologie des Ambrosius, der wie wenig andere vom schöpferischen Willen Gottes spricht.[14] – In diesem Zusammenhang darf auch auf die Kritik Epikurs an den landläufigen Auffassungen vom kosmischen Gott hingewiesen werden. Auch wenn dieser Denker von den Kirchenvätern wie schon zuvor von den Philosophen als „Atheist" hingestellt wird, werden seine Vorbehalte gegenüber der allzu immanentistischen Gotteslehre der Stoiker von ihnen dennoch übernommen.[15]

### 5. *Die politische Theologie der reichskirchlichen Bischöfe*

Das Konzil von Nicäa markierte auch die damals einsetzende Zusammenarbeit des Römischen Reiches mit den christlichen Kirchen.[16] Das bedeutet nicht bloß, daß fortan die vor allem synodal festgelegte Orthodoxie, nicht mehr der peinlich genau vollzogene Kult, die Grundlage der *salus rei publicae* bildete. Es brachte vielmehr auch mit sich, daß die politischen Kategorien und Metaphern der biblischen Schriften, besonders der Pastoralbriefe und der johanneischen Apokalypse, stark aufgewertet wurden. Gott und Christus wurden als *imperator (despotes, basileus)* bezeichnet und bekamen zugleich die kaiserliche Titulatur oder die kaiserlich verstandenen Titel der Bibel. Vertreter dieser politischen Theologie war bekanntlich in erster Linie Eusebius von Cäsarea. Aber auch „kirchlichere" Bischöfe, wie Johannes Chrysostomus, Ambrosius und selbst Leo I., bewegten sich in diesen Geleisen. Augustinus unterzog wohl diese politisch gefärbte Theologie einer scharfen Kritik.[17] Aber auch er übernahm in seiner Gotteslehre die politischen Vorstellungen von damals.[18] Durch den Vergleich der göttlichen Weltherrschaft mit der Regierung des römischen Kaisers wurde jedoch der voluntaristische Zug seiner Gottesauffassung erheblich verstärkt. Selbst die Übernahme des Themas der *clementia* schwächte die „despotischen" Züge darin in keiner Weise ab.[19] Ganz im Gegenteil, sie bestätigte sie nur. Im übrigen verdient auch beachtet zu werden, wie Athanasius die politische Theologie des Eusebius insofern korrigierte, als er nicht wie dieser unter dem Heil die Erhaltung der Schöpfung verstand, sondern die *soteria* als Befreiung von der Todesverfallenheit und damit als Neuschöpfung verstand. Für ihn hatte damit der Titel *soter* nicht den politischen Sinn von Erhalter. Er bedeutete vielmehr in der nicänischen Sicht der *felix culpa* Erlöser und *reformator*.[20]

## *6. Die neuen Züge der augustinischen Gotteslehre*

Unter den Problemen, mit welchen Augustinus konfrontiert wurde, waren es besonders zwei, die ihn dazu brachten, seine Gotteslehre weiterzuentfalten. Auf der einen Seite nötigten ihn die katastrophalen Verhältnisse um 410, sich über den Sinn der *tempora christiana* Rechenschaft zu geben. In seiner großangelegten Apologie *De Civitate Dei* führte er darum gegen Varro, Apuleius und besonders gegen Porphyrius aus, daß die römischen Götter weder das irdische Wohlergehen noch das geistige Glück zu sichern vermögen. Jesus Christus, der einzige Mittler, kann allein die Menschen durch die wechselhaften Läufe der Geschichte hindurch zu jener *beatitudo* führen, die im Frieden des in der Auferstehung vollendeten himmlischen Jerusalem besteht. Damit vertiefte Augustinus nicht bloß in einzigartiger Weise die christliche Auffassung vom geschichtlichen Handeln Gottes in der Welt. Er erklärte dieses göttliche Wirken von Christus her, in dem die ganze Menschheit mit Gott verbunden wird.[21] Andererseits zwang die pelagianische Kontroverse, seine größte theologische Herausforderung, Augustinus, die Gratuität der in der Taufe (selbst der Kinder) angefangenen als auch der fortwährenden Befreiung von der Sünde herauszustellen. So kam er fast notwendig dazu, die voluntaristischen Züge seines Gottesbildes zu verstärken. Indem er nicht bloß die Vergebung der Sünden in der Taufe, sondern jeden einzelnen Heilsakt von der Gnade Christi abhängig machte, verlegte er das der menschlichen Freiheit vorausgehende Wirken Gottes eindeutig von der göttlichen Voraussicht in die von jedem menschlichen Verdienst unabhängige Erwählung des gerechten und allmächtigen Gottes. Dabei scheute er sich selbst nicht, das Risiko einer doppelten Erwählung in Kauf zu nehmen.[22]

## *Abschließende Erwägung*

Selbst wenn Johannes von Damaskus mit seiner *Expositio fidei,* in der er die vorausgehende griechische Überlieferung zusammenzufassen suchte, und die spätpatristischen und frühmittelalterlichen Streitigkeiten um die Prädestination auf die Lehre des Thomas von Aquin über die Vorsehung und das Wirken Gottes in der Welt einen nachhaltigen Einfluß ausübten, ist es doch offensichtlich, daß dieser, wie auch Hans Jorissen mit Nachdruck betonte, ganz im Bann des Augustinus stand. Darum mag es am Platze sein, diese kurze, sicher unvollständige geschichtliche Übersicht mit einer Erwägung zu beschließen, in welcher der größte Theologe des lateinischen Altertums nochmals zu Worte kommen soll.

Im Anschluß an die einzigartige Synthese des augustinischen Denkens, wie sie E. Przywara[23] vorlegte, möchte ich die Gotteslehre des Augustinus wie folgt zusammenfassen: In den frühen Schriften stellte Augustinus gegenüber dem Manichäismus Gott in eine neuplatonische „All-Lichtigkeit" hinein, in welcher die Gebrochenheit von Sünde und Kreuz in einen ungestörten Stufen-Anstieg von der sinnenfälligen Welt bis zur reinen Wahrheit ausgeglichen scheint. Das Übel, dieses Nicht-Sein, spielt in diesem lichtvollen Bild nur die Rolle des zur vollendeten Schönheit notwendigen Schattens. In den Spätschriften hingegen fühlte sich Augustinus erneut der letzten dunklen Unbegreiflichkeitsspannung zwischen Himmels-Macht und Höllen-Macht ausgeliefert, die er im Kampf gegen den Manichäismus überwunden hatte. Doch gerade in dieser pessimistischen Sicht begriff er vollends, daß Gott sich letztlich erst in der Erniedrigung des Kreuzes offenbarte, daß er erst in der Nacht des Todes unwiderleglich bewies, ganz Liebe zu sein. Augustinus läßt uns damit jene ungeheure Spannung spüren, welcher jeder ausgesetzt ist, der sich ehrlich und für alle Nöte des menschlichen Herzens offen bemüht, das Wirken Gottes in der Welt und im besonderen das Zusammenwirken des gnädigen Gottes und des sündigen Menschen tiefer zu verstehen.

*Anmerkungen*

1 Dabei sei es gestattet, der Einfachheit halber in erster Linie mein Buch „Gott und unsere Erlösung im Glauben der Alten Kirche" (Düsseldorf 1985) und meine Artikel im „Dizionario Patristico e di Antichità Cristiane" (Casale Monferrato 1983/4) heranzuziehen, wo die weitere Literatur verzeichnet ist. Grundlegend für den ganzen Fragenkomplex bleibt indes noch immer *L. Scheffczyk,* Schöpfung und Vorsehung (HDG II/2a), Freiburg 1963.

2 *Studer* 65–71.

3 *Studer* 78–89, mit Tremblay u. Berthouzoz.

4 *Studer* 63–77.

5 Vgl. bes. das Logos-Mysterium bei Origenes: *Studer* 106ff.

6 Vgl. *Studer* 51f; DizPatr 2265f.

7 *Studer* 69ff.

8 *Studer* 105–108.

9 Vgl. bes. Trin IV, 7, 11.

10 Vgl. *Scheffczyk* 49ff.

11 Vgl. *Scheffczyk* 51–66, bes. die Hinweise auf Basilius und Augustinus.

12 *Studer* 120–136, mit den Hinweisen auf die Arbeiten von F. Ricken.

13 *Studer* 131ff.

14 Vgl. bes. Sacr IV, 17–23; Myst 9,50–53, wo vom schöpferischen Worte Christi die Rede ist, durch welches die Konsekration von Brot und Wein zustande kommt, d. h. von der sakramentalen Epiklese, dem „Extremfall" des christlichen Bittgebetes.

15 Vgl. *J. Pepin,* Théologie cosmique et théologie chrétienne. Ambroise, Exam I, 1,1–4, Paris, 1964.

16 *Studer* 159–171.

[17] Vgl. *R. A. Markus,* Saeculum: History and Society in the Theology of St Augustin, Cambridge, 1970.

[18] Vgl. etwa Conf VII, 21, 27; EnPs 36, III, 4; Trin IV, 4, 9.

[19] Vgl. Soliloqu I, 14, 26.

[20] *Studer* 144f.

[21] Vgl. bes. CivDei X, 6; X, 32, 2: *Studer* 212–219.

[22] Vgl. bes. PraedSanct 10, 19: DizPatr 961.

[23] In: Augustinus. Die Gestalt als Gefüge, Leipzig, 1934, bes. 91f.

# Wie ist Gottes Wirken in Welt und Geschichte theologisch zu verstehen?

Von Raphael Schulte OSB, Wien

Bekanntlich ist es eine Grundüberzeugung der in der Heiligen Schrift mit-ausgesprochenen Glaubenserfahrung des biblischen Menschen, daß Gott Jahwe, der Gott Abrahams, Iaaks und Jakobs, der Vater unseres Herrn Jesus Christus, der eine und wahre, einzige Gott ist, der Schöpfer alles Sichtbaren und Unsichtbaren, der sich in Welt und Geschichte allgemein, und insbesondere in der Geschichte des Heils durch Wort und Tat als tätig und wirksam erweist. Diese biblische Überzeugung ist auch die der christlichen Glaubenserfahrung, wie es bis in unsere Zeit hinein als unbezweifeltes Glaubenswissen feststeht. Es ist fast als eine Selbstverständlichkeit zu bezeichnen, daß die Überzeugung nicht nur vom göttlich-absoluten Schöpfersein Gottes, sondern eben auch vom Wirken Gottes persönlich in der Welt und in der Geschichte schlicht zum Kerngehalt des christlichen Glaubens gehört, gelegentlich sogar ausdrücklich herausgestellt und gegen ein falsches, zum Beispiel deistisches Gottes- und Wirklichkeitsverständnis betont und verteidigt worden ist.

Theologisch gesehen ist die Sachlage allerdings nicht so einfach, wie es diese erste Feststellung suggerieren könnte. Denn einerseits ist es tatsächlich ein allenthalben wie selbstverständlich begegnender Satz, daß Gott in der Welt und vor allem in der Geschichte wirkt – man schaue nur auf die entsprechenden Aussagen der gängigen Biblischen Theologien und in ihrem Gefolge auf die der verschiedenen systematisch-dogmatischen Werke –; andererseits erweist sich diese so selbstverständlich erscheinende Aussage als äußerst frag-würdig, dann nämlich, wenn Auskunft darüber erbeten oder gegeben wird, *wie* denn dieses Wirken oder Handeln Gottes genauer zu fassen sei, und wenn folglich die entsprechenden Erfahrungen angegeben werden sollen, die solches Reden rechtfertigen könnten. Von Theologen unseres Jahrhunderts wird zudem meistens darauf hingewiesen, frühere Zeiten hätten sich in dieser Frage leichter getan, da für sie ihr Vorverständnis von Welt und der Hinweis auf die Allmacht Gottes eine hinreichend beruhigende Antwort bereitstellen konnten. Es machte lange Zeit keine Schwierigkeit, mit der Heiligen Schrift Gott überall persönlich am Werk zu sehen, angefangen beim Naturgeschehen bis hin zum sogenannten heilsgeschichtlichen Handeln, das für damaliges Verständnis auch unmittelbares Beeinflussen, Lenken und Leiten konkreter Geschichtsmächte durch Gott einschloß.

Eine solche Sicht sei, so heißt es, dem modernen Menschen gründlich abhanden gekommen, so daß die bisherige Sicht der Frage wie auch ihre gängige Lösung dem heutigen Wissensstand nicht mehr zuzumuten seien. Geht man der Sache genauer nach, so kann man sich je länger desto mehr dem Eindruck nicht erwehren, hier liege ein theologisch recht komplexer Sachverhalt vor, dessen einzelne Elemente ungeklärter sind, als man vermuten möchte.

Von daher versteht sich die Zielsetzung dieses Referates. Es ist die Absicht, auf einige unbegründete sowie auch theologisch unzureichend geklärte Elemente in den heute gängigen Aussagen zum Wirken Gottes in Welt und Geschichte aufmerksam zu machen und eine mögliche Lösungsrichtung für die auf diese Weise ins Licht gerückte Problematik anzugeben. Aus Zeitgründen, und das heißt zugleich auch: um möglichst unmittelbar an die Sache selbst heranzukommen, soll die Problematik in ihren Grundlinien anhand ausgewählter konkreter Textbeispiele herausgestellt werden, nämlich solcher, die gerade keine Ausnahme darstellen, sondern die heute allgemein zu gelten scheinende Auffasung widerspiegeln. Dabei ist in der Auswahl der Beispiele Wert darauf gelegt, nicht die namentlichen Autoren als solche in ihren Sentenzen zu kritisieren, sondern jene wirklich frag-würdig erscheinenden Elemente deutlich sichtbar zu machen, die in allenthalben begegnenden Formulierungen auftauchen und eine deutliche Sprache sprechen.

Und noch eine Vorbemerkung ist zu machen: Sogleich zu Beginn sei ausdrücklich betont, daß es in den folgenden Überlegungen (noch) nicht um *fundamentaltheologische* Fragestellungen geht. Wird das christliche Glaubensgut im Sinne dogmatisch-systematischen Interesses bedacht, dann ergeben sich natürlich immer *auch* fundamentaltheologische Probleme, unausweichlich und berechtigter-, ja notwendigerweise. Steht das christliche Glaubensgut gar in neuem dogmatisch-systematischen Interesse, dann hat auch stets die Fundamentaltheologie neu auf den Plan zu treten. Das alles ist im folgenden nicht übersehen oder in seiner Dringlichkeit geringgeschätzt. Doch ist es, solange die übliche, relativ unterschiedliche Aufgabenstellung der Dogmatischen und der Fundamentaltheologie (noch) ihren Sinn hat, berechtigt, *zunächst* einmal die *dogmatisch-systematische* Seite unserer Problematik in den Blick zu nehmen. Entsprechende fundamentaltheologische Überlegungen haben zu folgen, was freilich nicht mehr Aufgabe *dieses* Referates sein kann. Übrigens gilt eine entsprechende Begrenzung, wenn an ein sich heute öfters einstellendes Problem gedacht wird, nämlich das der möglichen bzw. der heute geforderten Versprachlichung theologisch-systematischer Einsichten. *Hier* geht es uns zunächst um das *Was* dessen, was theologisch zum Wirken Gottes zu sagen ist. Die angemessene, gegebenenfalls neu zu gewinnende Form der Versprachlichung, gar für die konkrete

Verkündigung, wird sich an diesem Was auszurichten haben. Dabei ist keineswegs vergessen, daß es den bekannten unauflöslichen hermeneutischen Zusammenhang von Wirklichkeitsverständnis und Sprache gibt. Die Betrachtung des Was ermöglicht ein Sich-Herantasten an die je angemessenere Sprachgestalt, und umgekehrt.

Wenn wir nun einen Blick auf theologische Abhandlungen unserer Tage werfen, die sich als ganze oder in entscheidenden ihrer Teile ausdrücklich mit der Verstehensmöglichkeit eines *Wirkens Gottes in Welt und Geschichte* befassen, so machen wir durchgängig die Feststellung, daß diese weitreichende, weil fundamentale Glaubensfrage faktisch immer paradigmatisch anhand der Wunder- und Evolutionsproblematik bzw. des Bittgebetes und des Problems des Verständnisses seiner möglichen Erfüllung oder eben seiner eigentlich nur existentiell-psychologischen Bedeutung diskutiert wird. Es springt in die Augen, wie sehr stets, ohne daß das recht bewußt zu werden scheint, eine Welt und ein Weltgeschehen der theologischen Überlegung vorausgesetzt werden, in die Gott im Grund eigentlich, wenn überhaupt, dann nur durch ein *außerordentliches* Tun *„eingreifen"* kann, wie der immer wieder begegnende Ausdruck ja bezeichnenderweise lautet. Diese Konzentration auf eher *außerordentliches* Geschehen hat offensichtlich zu einer Einengung des Problembewußtseins geführt, die noch kaum recht erkannt zu sein scheint. Das Außerordentliche ist jedoch vom Ordentlichen, das Außergewöhnliche und die Ausnahme vom Gewöhnlichen, von der Regel her zu verstehen und zu erklären, und nicht umgekehrt. Deswegen wird schon hier deutlich, daß zuerst einmal nach dem normalen, dem alltäglichen, dem ordentlichen, von allen Menschen täglich erfahrbaren Da-Sein und Wirken Gottes zu fragen ist – sofern natürlich von einem solchen *überhaupt* die Rede sein kann –, um es dem theologischen Verstehen näherzubringen. Denn erst in einem solchen Rahmen kann es wissenschaftlich vertretbaren Sinn haben, nach Besonderem, gar Ungewöhnlichem, vielleicht nur epochal sich ereignendem und epochal wirksam werdendem Handeln Gottes persönlich Ausschau zu halten.

Bei näherem Zusehen stellt sich tatsächlich heraus, in welchem Maß ein vielleicht unbewußt vor-gefaßtes, jedenfalls aber theologisch kaum oder unzureichend hinterfragtes Welt- und Geschichtsverständnis überhaupt „erlaubt" bzw. eben kaum noch erlaubt, Gott persönlich *in* dieser so verstandenen Welt und ihrer Geschichte wirklich vorkommen zu lassen, und wie das genauer zu verstehen sei. Es wird alles darauf ankommen – an sich eine Binsenwahrheit, die jedoch in konkreter Thematik stets neu ihre Brisanz zeigt –, *ob* wir von einem wie immer woanders her gewonnenen Welt- und Menschenverständnis her unser christliches Gottesverständnis geprägt sein und kritisch gelten lassen und von daher Gottes Wirken zu erfassen suchen, *oder ob* es gilt, den umgekehrten Weg einzuschlagen – *oder* einen nochmals anderen. Jedenfalls korrespondieren Welt-, Menschen- und Gottesverständnis derart miteinander, daß sie letztlich nur im steten Miteinander bedacht, eingesehen und zur Sprache gebracht werden können. Dabei ist, wie hier nicht erst aufgewiesen werden muß, auch stets die Frage der alltäglichen Erfahrbarkeit dessen gestellt, was theologisch behauptet wird. Und umgekehrt: es können natürlich nur *die* Erfahrungen von Wirklichkeit das entsprechende wissenschaftliche Ergebnis und seinen Aussagegehalt bestimmen, die man tatsächlich mitberücksichtigt hat. Auch das ist in unserer Thematik ein durchaus frag-würdiger Punkt, der die folgenden Überlegungen mitbestimmt.

## *I. Zum heute allgemein angenommenen Verständnis des Wirkens Gottes in Welt und Geschichte; kritische Anfragen*

Um sogleich unmittelbar das Gesicht zu bekommen, worüber im einzelnen bei der heute meist angenommen Lösung unserer Frage entschieden nachgedacht werden muß, zitieren wir einige aufschlußreiche Texte – und es erweist sich als notwendig, sie genau zu lesen.[1] Ein erstes Zitat zeigt, wie E. Schillebeeckx die Sache sieht. Das zweite Beispiel ist jener Arbeit entnommen, die nicht nur die Position namhafter Theologen, vor allem auch K. Rahners, in gewissem Sinn zusammengefaßt vorlegt, sondern zudem eine eigene Lösung zu formulieren und vor allem argumentativ abzusichern versucht und auf weite Anerkennung gestoßen ist, nämlich B. Weissmahr, Gottes Wirken in der Welt. E. Schillebeeckx schreibt unter der Kapitelüberschrift „Heilshandeln Gottes in der Geschichte“:

> Viele haben Schwierigkeiten mit Ausdrucksweisen wie: Gott handelt in der Geschichte. Ist das ein mythologisches Sprechen? Das heißt, sagt man damit, wenn auch in mythologischer Sprache, eigentlich etwas nicht über Gott, sondern über den Menschen, so daß die damit gemeinte Wirklichkeit in einer kritischen Zeit inhaltlich besser und gemäßer in rein menschlichen Kategorien artikuliert werden kann? Oder sagen wir darin wirklich etwas über Gott selbst, wenn auch in menschlich mangelhafter, nur evokativer und suggestiver (auf begrifflicher Ebene „analog“ genannter) Sprache?
>
> Unser Sprechen von Gott ist nie eindeutig, höchstens „analog“, d. h. ein indirektes Sprechen: Von der Welt und unserem Menschsein aus sagen wir etwas über Gott selbst, aber mit Begriffen und Ausdrücken, die eigentlich nur auf unsere weltliche Wirklichkeit geeicht sind. Denn Gott handelt nicht in der Geschichte, wie Menschen darin handelnd auftreten. Nach unseren modernen Erfahrungen wird unsere Geschichte in der Naturgeschichte von Menschen gemacht, und sie ist nicht, wie man im Altertum dachte, der Spielball überirdischer, guter oder böser Geister. In der ihnen bis zu einem hohen Grad immer fremd bleibenden kosmischen Natur sind die (stets überlebenden) Menschen ... selbst die handelnden Subjekte der Geschichte ... Glaubenssprache hat eine vom historischen Sprechen verschiedene Funktion, mit einer eigenen Logik. In beiden Fällen sprechen wir von unserer, *von Menschen gemachten*

Geschichte ... Daraus folgt schon, daß Gottes Handeln in der Geschichte kein „intervenierendes" Handeln ist, dessen Ergebnis der Historiker messen und prüfen könnte. Gottes Handeln ist selbstverständlich göttliches Handeln, d. h. absolut-transzendent, schöpferisch ... Es ist ... ein Handeln, das nicht zu dem addiert werden kann, was die Geschichte als Handeln freier Menschen schon ist ... Über den transzendierenden Akt, der Gott ist, ließe sich nicht einmal sprechen – auch nicht in Glaubenssprache –, wenn er sich nicht im Innenverkehr unserer Welt manifestieren würde. Daher hat das Sprechen von Gottes Handeln in der Geschichte in Glaubenssprache eine *erfahrbare,* wenn auch nur im Glauben *interpretierbare* Basis in unserem menschlichen Stehen in Welt und Geschichte. Denn unser Sprechen von Gottes Transzendenz hat keinen anderen Grund als *unsere* Kontingenz; die religiöse Sprache bezieht ihr Material aus unserer Kontingenzerfahrung als „disclosure", in der sich tiefere Perspektiven eröffnen ... Das allgemeine Heilshandeln des Schöpfergottes, koextensiv mit der ganzen Menschengeschichte, wird der Gottgläubige in Glaubenssprache erst dann als „besonderes Heilshandeln" bezeichnen können und dürfen, wenn sich in der Geschichte tatsächlich irgendwie „Diskontinuitäts"-Phänomene zeigen, jedoch als das Werk von Menschenhänden. Auch hier ist nicht die Rede von nicht-transzendentem und somit *intervenierendem* Heilshandeln Gottes. Dies alles impliziert schon, daß Gott sich nur in einer „indirekten Offenbarung" als heilsgeschichtliches Handeln manifestiert und Menschen bekannt macht. In der *Vermittlung* von befreiendem Handeln von Menschen auf der Suche nach Heil von Gott her offenbart sich Gott in der Geschichte „indirekt" als Heil für Menschen ... Wenn Gottes Heilshandeln wirkliche und göttliche Realität ist, werden sich in unserer Geschichte „Zeichen" von Gottes befreiendem Tätigsein mit den Menschen finden lassen – Zeichen, die bemerkt, gesehen und interpretiert werden müssen, weil sie in sich, wie jedes historische Phänomen, doppeldeutig, ambivalent sind und nach Interpretation verlangen. Erst in der Interpretation, erst soweit sie von Menschen erfahren und zur Sprache gebracht sind, werden sie als Zeichen des Heilshandeln Gottes in der dennoch von Menschen gemachten Geschichte erkannt."[2]

Wir halten fürs erste fest: 1. mit „Geschichte" ist offenkundig die *von Menschen gemachte* Geschichte und *nur* sie verstanden; 2. die Heilsgeschichte wird koextensiv mit *der* Geschichte begriffen, die der Historiker beschreibt, und das gerade so, daß es über diese hinaus nichts an Taten gibt, die zu den Menschentaten „addiert" werden könnten oder müßten; 3. was als Heilshandeln Gottes gelten darf und kann, ist jedenfalls nur „indirekte Offenbarung", nur „Zeichen"; denn ausschließlich in der Vermittlung von befreiendem Handeln von *Menschen* zeigt sich „indirekt" Heil, jedoch „als Werk von Menschenhänden"; 4. wir beachten die eigentümliche Identifikation von „göttlich" mit „absolut-transzendent" *und* mit „schöpferisch"; 5. die Weise, Glaubensrede begründet zu sehen: „Von der Welt und unserem Menschsein aus sagen wir etwas über Gott selbst ... Unser Sprechen von Gottes Transzendenz hat keinen anderen Grund als *unsere* Kontingenz." –
Die Zusammenfassung seiner Untersuchung formuliert B. Weissmahr folgendermaßen:

„Alles, was sich in der Welt ereignet, muß auf innerweltliche, geschöpfliche Kräfte zurückgeführt werden können. Dieses Postulat ist ... nicht nur für die naturwissenschaftliche Forschung selbstverständlich, sondern für jedes Denken, das die Transzendenz Gottes ernst nimmt. Ein Wirken Gottes in der Welt ohne, und deshalb anstelle einer geschöpflichen Ursache, d. h. ein göttliches Handeln innerhalb der Welt, das nicht durch die (letztlich freilich von Gott herstammende) Eigenwirksamkeit des Geschöpfes vermittelt wäre, ist undenkbar, da dies – wie gezeigt wurde – ein Wirken Gottes *als* Zweitursache bedeuten und damit aus Gott wenigstens in diesen Fällen einen innerweltlichen Faktor neben anderen innerweltlichen Faktoren machen würde. Gott kann also in der Welt gar nicht anders tätig sein als durch Vermittlung von geschöpflichem Wirken."[3]

In diese Sentenz will Weissmahr auch ausdrücklich das sog. Heilshandeln (in der Heilsgeschichte) oder Gnadenwirken Gottes einbegriffen wissen, womit er übrigens über K. Rahner, dem er sonst in vielem folgt, entschieden hinausgeht.[4]
Die These Weissmahrs ist dadurch neu, daß sie etwas ganz unmißverständlich ausspricht und durch denkerische Bemühung argumentativ zu begründen trachtet, was schon zuvor einige Autoren vorgetragen haben, wenngleich nicht bis in diese letzte Deutlichkeit der Aussage hinein. Das Entscheidende ist dies: Auch und gerade wenn es sich um das sog. „freie und persönliche und in diesem Sinne unmittelbare Wirken Gottes in der Welt", um ein sog. „unmittelbares Eingreifen Gottes" in Welt und Geschichte, nicht zuletzt dem Menschen gegenüber als Gnade zu dessen Heil, handelt, dann gilt immer und muß gelten: es gibt keinerlei Handeln oder Wirken Gottes in der Welt, es sei denn, dieses sei zweitursächlich vermittelt, und zwar vollständig.[5]
Es ist hier nicht der Raum noch die Absicht, der Begründung Weissmahrs für seine These im einzelnen nachzugehen. Diese ist freilich so weitgehend anerkannt worden[6] und sie enthält zudem zahlreiche bezeichnende Ausdrücke und Begriffe, die allenthalben in der Theologie heute begegnen, daß es Sinn hat, seine Aussagen zum Ausgangspunkt unseres kritischen Nachdenkens zu wählen; sie gehen zudem offenkundig mit dem konform, was wir bei Schillebeeckx und anderen lesen. Es fallen jedenfalls bestimmte philosophische und theologische Begriffe und deren Verständnis auf. Gemeint sind vor allem: Erst- und Zweitursächlichkeit; die behauptete *prinzipielle* Notwendigkeit der Vermittlung *allen* göttlichen Wirkens *in* der Welt durch die *Eigen*wirksamkeit der geschöpflichen *Zweitursachen,* und das aufgrund der ernst zu nehmenden *Transzendenz Gottes;* und schließlich der Ausdruck „innerweltlich" und seine jeweilige Verwendung, was mit dem korrespondiert, was Schillebeeckx unter „Geschichte" versteht. Wir gehen dem nun im einzelnen nach.

### *1. Zur Begrifflichkeit der Erst- und Zweitursächlichkeit und ihrem Verständnis bei Weissmahr (und anderen)*

*Alles* Wirken *in* der Welt und daher auch Gottes persönliches Wirken *in* der Welt ist nach Weissmahr in der Kategorie der Erst- und Zweit-

ursächlichkeit *vollständig* zu erfassen und kann und *muß* wegen der Transzendenz Gottes nur in ihr gefaßt werden.[7]
Wie nun erinnerlich, so ist die Begrifflichkeit „Erst- und Zweitursache" in der Metaphysik ursprünglich dafür entwickelt worden, das Wirken *endlicher* Seiender als deren *eigenes* Wirken zu erfassen und sachgerecht zur Sprache zu bringen. Denn was nicht aus sich selbst *ist*, sein *Sein* vielmehr von einem anderen her hat, das kann auch nicht ursprünglich aus sich selbst ursächlich *tätig sein*, es sei denn, ihm werde auch dieses von einem anderen verliehen. Weil es hier aber keinen processus ad infinitum geben kann, ist jene Ur-Ursache, Gott genannt, anzusetzen bzw. schon immer miterfahren, die dem Universum insgesamt wie auch einem jeden einzelnen in ihm Seienden und Tätigen ursächlich *verleiht*, selbst in Eigen-Sein zu *sein* und Eigen*wirksamkeit* zu besitzen *und* auszuüben. Von daher leitet sich der überkommene Inhalt der Begriffe „Erstursache" für Gott (und für Gott allein) und „Zweitursache" für die geschaffenen, endlichen Seienden her. Das philosophisch-metaphysische Interesse war und ist hier eindeutig, das Wirken *endlicher* Seiender metaphysisch zu begründen. *Nicht* ist dabei gefragt (und daher auch nicht entfaltet), ob und wie *Gott selbst*, in seinem *eigenen* Wirken, handelt und wie daher *sein* Wirken metaphysisch zu fassen sei, noch einmal abgesehen von der einschlußweisen Behauptung, *alles* Wirken Gottes *in* der Welt sei *prinzipiell* und immer als *erst*ursächliches zu begreifen.
Es ist nun offensichtlich eine folgenschwere Umkehrung des ursprünglich mit dem Begriff der Erst- und Zweitursächlichkeit Anvisierten und Gemeinten geschehen, jedoch – und das muß besonders herausgestellt werden – ohne daß dafür eine Begründung angegeben erscheint. Aus dem (in der entsprechenden Metaphysik) berechtigten und allgemein akzeptierten Satz: *Alles* ursächliche Wirken *endlicher* Seiender kann nur geschehen aufgrund erstursächlichen Wirkens Gottes (insofern Gott als *Erstursache* begriffen wird!) und ist daher *prinzipiell* als zweitursächlich zu definieren, wurde der Satz gebildet: *Alles* Wirken *Gottes* ist immer und in *jedem* Fall *erstursächliches* Wirken und bedarf daher zum *eigenen göttlichen* Wirken *in* der Welt immer und *notwendig* des entsprechenden zweitursächlich Wirkenden. Gott sei daher nie im Reigen der in der Welt wirkenden Wirksamkeiten vorfindlich, da er dann notwendig selbst Zweitursache wäre, was aber als widersinnig zu gelten habe. Das ist durchgängig der Tenor der Argumentation, wie an folgenden Zitaten hinreichend ersichtlich wird, deren apodiktische Sprechweise mitbeachtet sein will:

„Würde Gott, die Erstursache, innerhalb der Welt eine partikulare Wirkung ohne Zweitursachen hervorbringen, dann wäre er – auch wenn man das nicht wahrhaben will und mit verbalen Lösungen verdeckt – zugleich auch die Zweitursache dieser Wirkung. Ohne Zweitursachen in der Welt wirken, würde für Gott notwendigerweise ein Wirken als Zweitursache bedeuten. Das ist aber widersprüchlich, da es die Leugnung der Transzendenz Gottes bedeutet."[8]

„Gott kann innerhalb der Welt niemals wirken, ohne daß seine Tätigkeit auf der Ebene der Welt von der Eigenaktivität geschöpflicher Wirkursachen vermittelt wäre."[9]

Geht man dem in solchen Sätzen Behaupteten genauer nach und bedenkt man die darin enthaltenen Implikationen, so kommt man zu folgendem Welt- und Gottesverständnis: Die Welt ist zwar von Gott allein geschaffen, doch nach seinem freien Willen dergestalt, daß schlechthin *alles* Geschehen *in* dieser Welt durch die *Eigen*wirksamkeit der *geschaffenen* Seienden geschieht, eben auch das, was gegebenenfalls als Gottes persönliches Wirken in der Welt zu gelten hätte. Will nämlich Gott seinerseits *in* der Welt persönlich handeln, so kann er das aufgrund des von ihm geschaffenen Seinsgesetzes *nur* und ausschließlich dadurch tun, daß er sich selbst als Erstursache betätigt und daher *immer* einer Zweitursache bedarf. Der Grund dafür liege in der Transzendenz Gottes, in der er „tragender Grund" allen Seins und Wirkens, nie aber Ursache unter anderen Ursachen in der Welt sei, wie K. Rahner es formuliert hat.[10] Gottes Wirken, und zwar ein *jedes* Wirken Gottes, muß stets und in Vollständigkeit (!) durch die Zweitursächlichkeit endlicher Seiender vermittelt sein.[11]

Die Frage ist nun erstens, ob jene Umkehrung der metaphysischen Aussage zum Wirken endlicher Seiender in die angeführte Aussage über Gottes Wirken in der Welt überhaupt zu Recht erfolgen kann und was dafür gegebenenfalls als Beweis gebracht werden könnte; und zweitens, ob ein solches Weltverständnis dem christlichen Glaubenswissen entspricht. Denn Welt wäre, gesehen gemäß den Implikationen jener These, als Ensemble endlicher Seiender verstanden, für das *prinzipiell* feststeht, daß alles und ein jedes Geschehen *in* ihm durch die *Eigen*wirksamkeit dieser endlichen Seienden vollständig(!) erklärt werden kann und muß.[12]

Was sich hier an Ungeklärtheit zeigt, wird noch verschärft, wenn wir den bei Weissmahr und auch sonst oft begegnenden Satz mitbeachten, gemäß dem Gott *in* der Welt ausschließlich *nur durch Vermittlung* von *Zweit*ursachen wirken kann. Das ist jedoch zu fragen.

## 2. *„Gott wirkt nur durch Vermittlung von Zweitursachen"?*

Auch hier liegt offensichtlich eine folgenschwere Verwechslung vor, nämlich dessen, was Erst- und Zweitursächlichkeit ursprünglich meint, mit dem, was der Begriff der Prinzipal- und Instrumentalursächlichkeit fassen soll. Im letzteren Fall kann sinnvoll von „vermitteln" die Rede sein, keineswegs aber im Fall von Erst- und Zweitursächlichkeit. Die causa instrumentalis wirkt gemäß gängigem Verständnis gerade nicht aus eigener Kraft, noch weniger aus eigener „Initiative", sondern nur, soweit und wozu sie von einer causa principalis bewegt und durch deren Kraft zu einer Wirkfähigkeit erhoben wird, die *gerade nicht* ihre *Eigen*wirksamkeit ist. Was im gegebenen Fall geschieht und als Effekt erscheint, kann gerade nicht aufgrund der *Eigen*wirksamkeit des instrumentum erklärt werden. Es heißt aber bei Weissmahr immer wieder: Gott wirkt alles *erst*ursächlich und daher notwendigerweise alles *zweitursächlich vermittelt,* und das gerade so, daß *alles* Geschehen *in* der Welt notwendig durch die *Eigen*wirksamkeit der *endlichen* Seienden, diese als Zweitursachen verstanden, erklärt werden kann und muß. Die Kategorie der Erst- und Zweitursächlichkeit ist nun aber, wie schon geklärt wurde, gerade nicht dazu ausgebildet worden, vermittelte oder vermittelnde Ursächlichkeit zu erfassen, sondern dazu, das Wirken *endlicher* Seiender als *deren eigenes* Wirken metaphysisch voll-gültig zu begreifen. Wenn hier eingewendet würde, daß doch Zweitursachen vielfältig zu einem Vermittlungsgeschehen beansprucht und eingesetzt werden können, so ist gegen das, *was* damit eigentlich gesagt sein soll, natürlich nichts einzuwenden. Doch ist darauf hinzuweisen, daß in einem solchen Fall eine unsachgemäße Sprechweise vorliegt. Denn dann soll ja gerade nicht von Zweitursachen als solchen (diese jetzt natürlich sachgerecht verstanden!) die Rede sein, vielmehr wird dabei der Ausdruck „Zweitursache" anstatt des richtigeren „endliches" oder „geschöpfliches Seiendes" oder gegebenenfalls auch „endliche" oder „geschöpfliche Ursache" gesetzt. Zur Vorstellung und Erklärung der Wirkweise *vermittelnd* wirkender Seiender und Ursachen oder der Tätigkeitsweisen solcher Ursachen, die sich anderer Seiender *als vermittelnder* bedienen, dient schon immer die Kategorie der Prinzipal- und Instrumentalursächlichkeit, und das offenkundig sachgerecht, von vielleicht noch anderen möglichen Kategorien hier einmal abgesehen. In der Weise, wie bei Weissmahr Erst- und Zweitursächlichkeit und vermittelnde, möglicherweise gemeinte Prinzipal- und Instrumentalursächlichkeit zusammengefügt werden, kann das anstehende Problem nicht gelöst werden, was übrigens auch schon philosophisch betrachtet gilt.[13]

In der Sentenz Weissmahrs begegnet in diesem Zusammenhang noch ein anderer Ausdruck in eigenartiger Verwendung, nämlich „Eigenwirksamkeit". Geht man ihm näher nach, so wird erkennbar, daß noch etwas anderes übersehen bzw. ungeklärt zu sein scheint. Es stimmt: Alles und ein jedes einzelne Wirken endlicher Seiender (ein Wirken, das natürlich *in* der Welt und nur dort geschieht) ist von ihnen selbst verursacht, seinem ganzen Bestande nach, und es ist daher innerweltlich (um zunächst noch bei diesem fragwürdigen Ausdruck zu bleiben) vollständig erklärbar. Sie wirken allerdings zweitursächlich, was metaphysisch gefordert ist und kein Problem darstellt. Das bedeutet aber zugleich wesentlich und notwendig, daß dieses ihr Wirken zur Gänze *auch* von der Erstursache, von dieser eben erstursächlich, verursacht ist. Zusammengeschaut bedeutet das aber: Es handelt sich bei *„beiden“* Ursachen um deren jeweilige *Eigen*wirksamkeit. Es hat keinen erkennbaren Sinn, den *Zweit*ursachen *Eigen*wirksamkeit zuzusprechen, wenn nicht im selben Atemzug auch der *Erst*ursache für genau dieses eine und selbe Wirken die *ihr* eigene *Eigen*wirksamkeit zugesprochen wird. Denn, um es von der Wirkung her aufzuzeigen, was im Wirken endlicher Wirkursachen als *Wirkung* zu gelten hat, ist ja nicht ein Zweifaches, sondern die eine und einzige Wirkung, die *als diese* auf Erst- *und* Zweitursache zurückzuführen ist. An der Wirkung kann und darf ja nicht „etwas“ der Zweitursache und nur ihr, ein anderes „etwas“ von ihr nur der Erstursache zugeschrieben werden. So hat es aber keinen erkennbaren Sinn, im hier interessierenden Zusammenhang überhaupt von *Eigen*wirksamkeit der *Zweit*ursachen zu sprechen. Denn in dem, was die Kategorie Erst- und Zweitursächlichkeit von Haus aus zur Sprache bringen will, erfüllen „beide“ Ursachen ihre *Eigen*wirksamkeit (wenn dieser Ausdruck unbedingt aufscheinen soll). Weil das aber gilt, so ist unter dieser Rücksicht schlechthin alles, was in der Welt geschieht, *sofern* alles Geschehen *in* der Welt tatsächlich „auf innerweltliche, geschöpfliche Kräfte zurückgeführt werden“ muß, und zwar in Vollständigkeit, *eigenes* Wirken der *endlichen* (geschöpflichen) Kräfte, *zugleich* aber auch *eigenes* Wirken Gottes, *insofern* er Erstursache ist und nichts ohne ihn *als* Erstursache geschieht, was endliches Sein bewirkt.

Nun schließt Weissmahr jede andere Art „eigenen Wirkens“ Gottes *in* der Welt als in sich widersprüchlich aus.[14] Damit bleibt die Frage immer noch bestehen, ob es denn auch ein „eigenes“ Wirken Gottes gibt und geben kann, das als ein „besonderes“ zu gelten hat, und woran das erkannt werden könnte. Denn ihm müßte verständlicherweise Gott selbst (und niemand sonst) diese besondere „Note“ geben, was er aber wieder nach Weissmahr nur durch zweitursächliche Vermittlung tun kann. Ein processus ad infinitum erscheint hier unvermeidbar – oder aber die Welt und daher Gottes Wirken der Welt gegenüber wird doch *deistisch* verstanden. Denn wird die Kategorie Erst- und Zweitursächlichkeit in ihrem genuinen Sinn ernst genommen *und zugleich* eine andere Wirkweise Gottes als eben die der *Erst*ursächlichkeit schlechterdings ausgeschlossen, dann ist Gott nur mehr der Ermöglichungsgrund des Wirkens endlicher Seiender selbst (von der Schöpfung als Anfangsetzung hier einmal abgesehen). Es steht so kein Weg mehr offen, Gott eine wirklich ureigene Initiative persönlichen Wirkens *in* der Welt und *in* der Geschichte zuzugestehen, *solange* er eben *nur* als *außerweltliche* Erstursache, d. h. als das Eigenwirken der endlichen Seienden ermöglichender Grund, „in“ die Welt hineinzuwirken imstande ist. Denn Erstursächlichkeit bedeutet gemäß ihrem anerkannten Verstande kein spontan-persönliches, freies Selbstwirken, vielmehr die Ermöglichung der Spontaneität gerade der endlichen Seienden.

Mit der Kategorie der Erst- und Zweitursächlichkeit allein läßt sich daher wohl alles Wirken *endlicher* Seiender voll erfassen, nicht jedoch ein *jedes* Wirken *Gottes, sofern* – und das ist allerdings entscheidend! – dieser nicht *nur* als Erstursache (was Gott freilich *auch* ist), sondern in vollem Ausmaß als *Gott christlichen Glaubensverständnisses* begriffen wird. Hier dürfte der Grund liegen, weswegen sich Weissmahr genötigt sieht, von „vermitteln" zu sprechen. Doch dazu bedarf es notwendig anderer Kategorien bzw. sie wären daraufhin zu erarbeiten und vorzustellen. Möglicherweise kann hier die Kategorie der Prinzipal- und Instrumentalursächlichkeit Verwendung finden, ohne daß es schon entschieden ist, ob sie zur vollen Erklärung allen und eines *jeden* göttlichen *Wirkens* in der Welt hinreicht.

Was nun diese Lösungsmöglichkeit angeht, so ist mit ihr das anstehende Problem sicher schon entschieden sachgerechter gestellt. Es bleibt freilich auch damit noch die Frage bestehen, ob eingesehenerweise gesagt werden muß: *Alles* Wirken Gottes *in* der Welt und in der Geschichte ist prinzipiell als ein *notwendigerweise* instrumentalursächlich vermitteltes anzusehen. Im Sinne der möglicherweise von Weissmahr intendierten, wenngleich unglücklich formulierten Sentenz hieße das: Gott kann jedenfalls, wegen seiner wesentlichen Transzendenz, *in* der Welt tatsächlich nur und ausschließlich durch Vermittlung endlicher, geschöpflicher Seiender wirken, die daher immer und in jedem Fall als *instrumenta* mit-beteiligt sind. Weil die Instrumentalursachen als solche jedoch die Wirkung nur kraft der Prinzipalursache hervorbringen (wenngleich die Wirkung *auch* von der Eigenart des Instrumentes mitgeprägt wird), deswegen kann sinnvoll *nicht* mehr gesagt werden, *alles* göttliche Wirken in der Welt sei notwendig ein durch die *Eigen*wirksamkeit der endlichen, geschöpflichen Seienden vermittelt. Daß hier Fragen übrigbleiben, zeigt sich auch aus dem, was nun noch zu besprechen ist.

### 3. *Zum Begriff „innerweltlich"*

Immer wieder begegnet in unserem gängigen theologischen Sprechen der Ausdruck „innerweltlich". In der Argumentation Weissmahrs nimmt er einen vornehmen Platz ein. Wenngleich dieser Ausdruck „innerweltlich" tatsächlich allenthalben im theologischen Sprechen vorkommt, so muß er entschieden hinterfragt werden. Das wird für uns offenkundig, wenn wir folgende Sätze auf ihre Implikate hin betrachten. So heißt es bei Weissmahr:

> „Das Prinzip der innerweltlichen Kausalität ist eine Grundvoraussetzung der Naturwissenschaft. Es besagt: Jedes innerweltliche Geschehen muß auf innerweltliche Ursachen zurückgeführt werden; alles in der Welt ist innerweltlich begründet und als

solches erklärbar." „Der Naturwissenschaftler geht in seiner Forschungsarbeit davon aus, daß jedes innerweltliche Ereignis auf ein anderes innerweltliches Ereignis zurückgeführt werden kann. Er könnte auf seinem Gebiet gar nichts unternehmen, wäre er nicht von der Gültigkeit dieser Voraussetzung überzeugt. Deshalb ist es verständlich, daß er sich weigert, die göttliche Ursächlichkeit, also einen wesentlich außerweltlichen Faktor, als unmittelbare Erklärung eines innerweltlichen Geschehens anzunehmen."[15]

Was ist dazu zu sagen? Zunächst ist dieses festzustellen: Kein Naturwissenschaftler wird so sprechen. Der Ausdruck „innerweltlich" kommt in naturwissenschaftlicher Sprache nicht nur nicht vor, er wäre darin schlicht ein Unbegriff. Diese Wissenschaft befaßt sich mit der „Natur", mit der „Welt", dem „Universum", und das so, daß sie gerade nicht zwischen einem Innen und Außen dieser Welt, dieser Natur oder dieses Universums unterscheidet, um sich dem Innen wissenschaftlich zuzuwenden. Tatsächlich gibt es keinen naturwissenschaftlich wie auch immer definierten Begriff „innerweltlich". Ihm müßte ja ein ebenfalls *naturwissenschaftlich begründeter* und entsprechend definierter Begriff „außerweltlich" zugeordnet sein, was zu tun keinem Naturwissenschaftler kraft seines wissenschaftlichen Ansatzes in den Sinn kommen würde oder könnte. (*Wenn* ein solcher Ausdruck im Sprachgebrauch eines Naturwissenschaftlers begegnet – was durchaus der Fall sein kann –, dann gerade nicht kraft seiner Wissenschaft, sondern aufgrund fremder, woanders herrührender Problemstellungen – was noch nichts darüber aussagt, ob es ein sachgerecht geprägter und verwendeter Begriff ist.) Daher wird sich der Naturwissenschaftler natürlich mit allem Recht gegen die Einführung von „außerweltlichen Ursachen" wehren, die zur Erklärung des von ihm untersuchten Naturgeschehens zu berücksichtigen oder jedenfalls nicht zu leugnen ihm angetragen würde. Er sucht ja kraft seines Material- und Formalobjektes im Geschehen des *einen* Universums nach ursächlichen Zusammenhängen und Gesetzlichkeiten *naturwissenschaftlichen* Verständnisses – wobei wir hier methodische Übergriffe oder Unbedachtheiten nicht zu besprechen haben, die ja vorkommen mögen, ohne deswegen freilich wissenschaftliches Recht beanspruchen zu können, und daher den hier gemeinten Sachverhalt nicht berühren.

Es mag nun der Einwand kommen, der Ausdruck „innerweltlich" sei doch, trotz seines vielleicht nicht hinreichend geklärten Inhalts, einigermaßen üblich, ja allgemein rezipiert, zumal in theologischer Sprache, wenn nicht gar innerhalb bestimmter Problemstellungen unentbehrlich. Dem muß allerdings entgegengehalten werden: Der Begriff „innerweltlich" erscheint bei näherem Zusehen gerade auch theologisch als äußerst fragwürdig. Was könnte einen berechtigten Grund einer solchen Begriffs- und Wortbildung hergeben? Aus den vorhin gebotenen Zitaten wie auch aus einem gewissen üblichen Sprachgebrauch läßt sich erkennen, daß mit der Unterscheidung „innerweltlich – außerweltlich" in Wirklichkeit *Geschöpfliches* einerseits (das Geschaffene in seinem Mit- und Untereinander) und das *Göttliche* bzw. Gott selbst andererseits (als Nicht-Geschaffenes) zur Sprache gebracht werden sollen. Nun steht an sich ja nichts im Wege, das Gesamt des Geschaffenen theologisch als „Welt" zu bezeichnen. Dann steht Gott dieser streng so begriffenen Welt natürlich als Nicht-Welt gegenüber, wie Schöpfer und Geschöpf sich unter der Rücksicht der Schöpfung gegenüberstehen. So gesehen kann Gott, der Schöpfer, nie zugleich auch „Welt" oder „zur Welt gehörig" sein. Wenn daher der Ausdruck „Welt" tatsächlich „Schöpfung" meint und ausdrücklich das *Geschaffen*sein hervorkehren soll, „Welt" somit das Universum als Ensemble alles *Geschaffenen* bezeichnet, und wenn Gott dazu ausdrücklich, freilich auch *nur* als Schöpfer (Erhalter, „tragender Grund") begriffen und folglich strikt gerade in seiner *Schöpfer*transzendenz betrachtet wird, dann kann Gott natürlich, wenn man unbedingt will, „außerweltlich" genannt werden. Denn er ist ja tatsächlich nie *als Geschaffenes* weltzugehörig. Es kann aber und es muß mit Recht gefragt werden, ob eine solche Terminologie nicht mehr verdunkelt als erhellt. Es würde dann ja völlig ausreichen und auch viel deutlicher das Gemeinte hervortreten lassen, von „weltlich" und „göttlich" oder noch besser von „geschöpflich" und „göttlich" zu sprechen. Die Ausdrücke „innerweltlich" und „außerweltlich" suggerieren Vorstellungen von „Räumen" und „Wirklichkeiten", die sich jedenfalls nicht auf das christliche Glaubensverständnis von Gott und Welt stützen können.

Offensichtlich entscheidet sich hier vieles am rechten Begriff von „Welt", wie er von christlicher Theologie zu fassen ist.[16] *Wenn* man in diesem Zusammenhang einen solchen Begriff der „Welt" konstruiert oder ihn sich unbesehen von woandersher vorgegeben sein läßt, in dem Gott (wenn auch nur zunächst) überhaupt nicht vorkommt (weil er ja nicht selbst Welt, sondern, wie es meistens heißt, der tragende Grund und daher nicht Moment an und in der Welt sei), *dann* wird man freilich nicht um das Mirakulöse (das christlich verständlicherweise nicht zu vertreten ist) herumkommen – oder aber man darf die Welt dann doch nur deistisch verstehen. Es steht zur Frage, ob die hier meist aufgestellte Alternative überhaupt zu Recht besteht, ob mit ihr tatsächlich der ganze, durch die (volle, wenn man will: natürliche wie übernatürliche) Offenbarung aufgewiesene Sachverhalt erfaßt ist, jene Alternative, in der Gott und Welt so unterschieden und gegeneinandergestellt erscheinen, wie es z. B. in einigen Sätzen K. Rahners suggeriert wird, was Weissmahr und andere wiederholen: In einem behaupteten Wirken Gottes persönlich und unmittelbar *in* der Welt würde notwendigerweise „Gottes Wirken ein Tun in der Welt neben anderem Tun aller Geschöpfe sein"[17]. Für Rahner ist Gott „der transzendente, tragende Grund allen Tuns von allem, nicht aber ein Demiurg, dessen Tun innerhalb der Welt geschieht. Er ist Grund der Welt, nicht Ursache *neben* anderen *in* der Welt"[18]. Hier ist zu fragen, ob Gottes tatsächliches Weltverhältnis damit in seiner ganzen Fülle erfaßt und zur Sprache gebracht ist. Ist die aufgestellte Alternative wirklich vollständig? Wieso hindert denn Gottes *Grund*-von-allem-Sein (das nie geleugnet sein soll) daran, Gott darüber hinaus und in anderer Weise „persönlich und unmittelbar" *in* und gegebenenfalls auch *mittels* „Welt" da und tätig sein zu lassen? Ist solches jedoch anzuerkennen – und das festzuhalten dürften wir vom christlichen Glaubenswissen gehalten sein –, so bedeutet das keineswegs notwendigerweise, dann sei er eben „Ursache unter anderen Ursachen". Eine solche Argumentation setzt ja stillschweigend, aber unbewiesen, voraus, *in* der von Gott geschaffenen Welt gäbe es nur *eine* Art von Ursachen, und diese seien ausnahmslos *Zweitursachen.*[19] Von woher wäre aber erwiesen, daß ein jeder *in* der „Welt" Wirkende metaphysisch (oder wie auch immer) *notwendig nur* als *geschaffen* zu begreifen ist, Gott jedenfalls *nur* im Sinne der *„außerweltlichen" Erst*ursächlichkeit?[20]

Damit sind wir auf Entscheidendes gestoßen, das es zu fragen gilt: Wird in den kritisierten Auffassungen nicht ein unzulässig eingeengtes Verständnis sowohl dessen offenkundig, was „Welt" sinnvoll heißen mag, wie auch dessen, was die sog. göttliche „Transzendenz" christlich-theologisch umfangen muß? Diese Einengung mag ungewollt und unbewußt erfolgen. Bei genauerer Analyse dürfte sich jedoch herausstellen: *Christlich-theologisch* sinnvoll anzusetzende Begriffe von „Welt" wie von Gottes „Transzendenz" müssen entschieden reichhaltiger, wenn man will: komplexer gefaßt werden, als es meist der Fall ist. Um bei Letzterem zu beginnen: Wie Gottes *Gott*-Sein sich doch keineswegs schon in seinem *Schöpfer*-Sein erschöpft, jenes mit diesem keineswegs identisch oder bedeutungskongruent ist, so erschöpft sich auch das, was „Transzendenz Gottes" heißen mag, keineswegs schon in Gottes *Schöpfer*-Transzendenz, zumal wenn diese gar nur in Erstursächlichkeit gesehen wird. Sogleich auf unseren spezifischen Fragepunkt angewendet: Wenngleich Gott, *insofern* er als *Schöpfer* (Erhalter) gefaßt wird, nicht (auch) „Welt" ist und daher auch nicht *zur* „Welt" als ein *„Teil"* ihrer selbst gehört, so impliziert das keineswegs *notwendigerweise,* Gott könne deswegen überhaupt nicht, *unbeschadet* des soeben Festgestellten und ohne Zweifel Festzuhaltenden, *in* der von ihm in Mannigfaltigkeit geschaffenen und im Sein und Wirken erhaltenen „Welt" *als Gott* in *anderer* freier Weise seines Eigen-Seins da-sein und wirken. Das *Nicht-Welt*-Sein Gottes impliziert keineswegs notwendigerweise und erwiesenermaßen ein *prinzipielles* und in *jeder* Hinsicht geltendes *Außer*-der-Welt-Sein.

Die „Welt" müßte ja erst aufgewiesen werden als „etwas", *in* dem schlechthin *nur Geschaffenes* „Raum" haben kann. Es wäre erst aufzuzeigen, daß ein *jedes In*-der-Welt-Sein gleichsam per definitionem immer schon und notwendigerweise als ein Selbst-Welt- oder Selbst-Teil-der-Welt-Sein zu gelten hat. Theologisch zu verwendende Begrifflichkeit und Terminologie müssen sich doch an dem ausbilden und ausrichten, was christliche Glaubens- und daher Wirklichkeitserfahrung ist. Von ihr wird allerdings (was sogleich zu zeigen sein wird) ein Verständnis von „Welt" und in unserem Fall auch von der göttlichen Transzendenz gefordert, das jenes entschieden (im Sinne größeren Reichtums, größerer Dichte und Fülle) *übersteigt*, das den hier hinterfragten Positionen zugrunde gelegt erscheint. Und es dürfte übrigens auch philosophisch betrachtet nichts vorliegen, das erweisen (!) würde, ein entsprechender, auch philosophisch ausgebildeter und begründeter Welt-Begriff sei *prinzipiell* nicht erreichbar.

## *II. Elemente eines sachgerechten Ansatzes zum Verständnis des Wirkens Gottes in der Welt und in Geschichte*

Wir haben in dem bisher Besprochenen erkannt, daß für eine gültige und vor allem auch interdisziplinär vertretbare Zusammenschau erfahrener und eingesehener Wirklichkeitswahrheit alles davon abhängt, wie „Welt" und somit das Gott-Welt-Verhältnis für eine theologisch-wissenschaftlich verantwortete Aussage begriffen wird. Die erste und entscheidende Frage wird jetzt sein, wie denn überhaupt christlicher Glaube die Welt, den Menschen und Gott erfährt, auf welchem Wege es zum entsprechenden Glaubenswissen kommt. Erst dann kann kritisch angegeben werden, welche Erfahrungselemente von Wirklichkeit alle berücksichtigt sein wollen, soll ein umfassendes, jede unbegründete Reduktion möglichst vermeidendes Verstehen wenigstens im Ansatz erreicht werden. Nach meinem Dafürhalten ist an dieser Stelle zu überlegen (und gegebenenfalls die entsprechenden Folgerungen zu ziehen), ob nicht auch, neben anderen Gründen, bestimmte, aus der theologischen Tradition überkommene grundlegende Unterscheidungen ein zu erneuerndes theologisches Nachdenken oft verhindern oder jedenfalls ungebührlich blockieren. Es sind das Unterscheidungen, die irgendwann zu Recht in die christliche Theologie eingeführt wurden und auch heute noch in entsprechender Einzelthematik rechtens Verwendung finden. Sie sind allerdings auch Unterscheidungen, die oft wie endgültig gestellte Weichen für theologisches Denken wirken, unbesehen und ungewollt zwar, doch mit weitreichenden Folgen. Hat man sich nämlich aufgrund solcher Weichenstellung erst einmal auf das eine Gleis begeben, um das auf ihm Erreichbare in den Blick zu nehmen, so wird dann nicht selten vergessen, auch das auf dem anderen, ebenso berechtigten Gleis Erfahrbare genau so intensiv zu betrachten und theologisch zu reflektieren. So kann es geschehen – und dafür gibt es in der Geschichte der Theologie genügend Beispiele –, daß bestimmte Erfahrungsmomente theologisch gar nicht mehr erst bewußt, jedenfalls nicht mehr hinreichend beachtet werden. Der Blick für das ursprünglich Ganze und Eine bleibt somit, wenngleich als ungewollte Folge, verstellt. Es ist hier an Unterscheidungen gedacht wie „Natur und Gnade", „Schöpfungs- und Heilshandeln Gottes" (wobei ersteres dann nur mehr der „Natur", letzteres der „Gnade", dem „Ungeschuldeten", zugewiesen wird); dementsprechend „natürliche" und „übernatürliche Offenbarung" und die ihnen jeweils entsprechenden, oft allzu „sauber" unterschiedenen, wenn nicht gar getrennten Theologien, so daß die sog. „Natürliche Theologie" dann meist nichts anderes mehr ist als Philosophische Theologie, die dann allerdings nicht selten über die Interpretation biblischer Aussagen entscheidet. Nicht anders liegt die Sache, wenn „Natur" oder meistens sogar „Schöpfung" (nur) als Setzung der Bedingung der Möglichkeit von möglicherweise ergehender Offenbarung verstanden wird, der dann diese, als Selbstmitteilung Gottes begriffen, eigenartig gegenübergestellt erscheint, vom Fehlen einer grundlegend trinitarischen Betrachtungsweise schon des Schöpfungsgeheimnisses hier zunächst noch abgesehen. Es scheint an der Zeit zu sein, theologisch wieder und aufs neue zuerst einmal die Erlebnis*einheit* der Wirklichkeit, gerade der in christlichem Glaubenslicht erfahrenen Wirklichkeit insgesamt, bewußter und vollständiger in den Blick zu nehmen, als es noch gemeinhin der Fall ist, jene Erlebnis*einheit*, die überhaupt erst Grund und Berechtigung für dann allenfalls mögliche und sinnvolle Unterscheidungen erlaubt oder auch theologisch-wissenschaftlich unumgänglich macht. Unter dieses prinzipielle Vorzeichen seien die folgenden Überlegungen gestellt.

### *1. Zur biblisch-christlichen Wirklichkeitserfahrung und zur Weise ihrer Aneignung*

Allen Wissenschaften liegen Erfahrungen als ihr prinzipielles Woher zugrunde. Methodisch ist dabei stets *mit*zubeachten, *wie* die betreffenden Erfahrungen gemacht und also Einsichten gewonnen werden, seien sie nun noch vor-wissenschaftlich, seien sie ausdrücklich wissenschaftlich und/oder philosophisch reflektiert angestellt. Denn der miterfahrene Ausgangspunkt, die miterfahrene Herkunft meiner Erfahrungen ist mitentscheidend dafür, wie ich sie, ja ob ich sie für mich *gelten* lasse. Darauf weist übrigens Weissmahr sehr zu Recht schon in seiner philosophischen Gotteslehre hin: Es hängt in hohem Maß von der persönlichen Entscheidung ab, was ich erfasse und be-denke; Erkenntnis und vor allem Anerkenntnis des Erkannten sind unerzwingbar. Das gilt nochmals ausdrücklich, wenn die Erfahrungen von einer Person und deren Handeln ausgehen und wenn es um mich persönlich einfordernde Erkenntnisse geht, aufgrund der personalen Freiheit des Menschen. Was so für das Erkennen überhaupt schon gilt, hat im Zusammenhang unserer Fragestellung seine besondere, tiefreichende Bedeutung. Geschöpfliches Sein überhaupt als solches, wird nicht zuerst als Sachlichkeit und in Sachlichkeit erfahren, sondern vom Personalen her und als das, was gerade in seinem Sein-von-her vom Personalen geprägt ist, weil eben grundlegend und bleibend aus personal-schöpferischer Freiheit herrührend. Geschöpfliches Sein als solches, das ja Sein als Gabe, besser noch: Sein-aus-bleibend-schöpferischem-Geben (des Schöpfers), somit zur Gänze Geschaffen-Sein als eigentümlich-eigenen Seinsgehalt meint, wird darüberhinaus erfahren in einer Weise, für die weder das pure Passiv noch das pure Aktiv sachgerechtes Sprechen erlauben. Denn geschöpfliches Sein ist ja, weil ursprünglich und prinzipiell Gegeben-Sein, von ihm selbst her gesehen zuerst *Empfangen,* ja Empfangen-Sein; der eigene Seinsakt des Geschaffenen ist wesentlich *als* Gegeben-Sein *Annehmend*-Sein und Annehmend-*Sein.* Für personales Geschaffenes heißt das aber: Nur im Sich-ergreifen-Lassen vermag es selbst zu sein. Es ist sichergreifen-lassendes Ergreifen seiner selbst, oder besser noch: das aus und in Ergriffenheit Er- und Begreifen seiner selbst. Doch Ergriffen-Sein steht in der Freiheit, so daß nur der Ergriffen-sein-*Wollende* Wirklichkeit und Wahrheit zu er- und begreifen vermag. Ergriffen wird man aber nur, wenn man sich ergreifen *läßt.*

*Die* grundliegende Erfahrung nun, aus der der Glaube biblisch-christlichen Verständnisses erwächst und aus der heraus der Glaubende Wirklichkeit zu verstehen und ins Wort zu bringen beginnt, ist nun gerade nicht die, die man in ursprünglich *eigenem Zugehen* auf die Wirklichkeit macht, die vielmehr im *Auf-uns-Zukommen* der uns zur Erfahrung *gegebenen* Wirklichkeit begründet ist, der gegenüber wir uns ursprünglich *antwortend,* nämlich ein- und zustimmend – oder aber uns verweigernd, verhalten *können* und uns tatsächlich verhalten. Dieses persönliche, antwortende Sich-Verhalten ist der erste Schritt aller Erkenntnis, die als christlich-theologisch zu gelten hat bzw. gelten möchte.[21]

Vergegenwärtigen wir uns das für unsere Fragestellung Entscheidende an zwei biblischen Beispielen; an sich täte eine ausführliche Entfaltung not.

Als auf einen ersten Text sei auf Weish 13,1–5 hingewiesen, der anerkanntermaßen eine (nicht ursprünglich israelitische, sondern) aus hellenistischem Denken geprägte Argumentationsform wiedergibt. Diese Stelle endet mit dem Satz: „Denn von der Größe und Schönheit der Geschöpfe läßt sich auf ihren Schöpfer schließen.“ Hier wird offensichtlich auf ein sinnvolles und wegen der personalen Betroffenheit sogar notwendig zu vollziehendes *Schlußverfahren* hingewiesen, dem übrigens von der Heiligen Schrift her keineswegs Sinn und Berechtigung abgesprochen wird (was folglich auch eine heutige Theologie nicht tun sollte). Einer solchen Seh- und Denkweise steht nun jedoch eine andere gegenüber, auf die als tiefere und entscheidendere zu achten besonders wichtig erscheint. Gemeint sind Texte wie Psalm 8 und zahlreiche andere. Die jetzt für uns bedeutsamen Verse des Ps 8 lauten: „Jahwe, unser Herrscher, wie gewaltig ist dein Name (= bist du) auf der ganzen Erde; über den Himmel breitest du deine Hoheit aus! . . . Seh ich den Himmel, das Werk deiner Finger, Mond und Sterne, die du befestigt: Was ist der Mensch, daß du an ihn denkst, des Menschen Kind, daß du dich seiner annimmst? Du hast ihn nur wenig geringer gemacht als Gott, hast ihn mit Herrlichkeit und Ehre gekrönt. Du hast ihn als Herrscher eingesetzt über das Werk deiner Hände . . . Jahwe, unser Herrscher, wie gewaltig ist dein Name (= bist du) auf der ganzen Erde (wörtlich: im Gesamt der Welt)!" Aus der Fülle dessen, was dieser Psalm (wie entsprechend andere Texte) für unsere Frage zur Sprache bringt, sei nur eben das Wichtigste hervorgekehrt. Das Entscheidende: Der Beter *schaut* offensichtlich die *Wirklichkeit* in *einem* Blick; es ist keine Rede von einem *denkerischen* (schlußfolgernden) *Fortschreiten* von dem einen zum anderen. Er erfährt in unmittelbarem, persönlichem Angesprochensein (Betroffensein) *sowohl* Jahwe *als auch* sich selbst *wie auch* die Welt und die „Dinge" in ihr.[22] Im *einen* Anblick der (vollen, einen, wenngleich mannigfaltigen) Wirklichkeit schaut er die Herrlichkeit Jahwes, ja Jahwe selbst, *und nochmals zugleich* sich selbst, den Menschen (biblischer „Definition"!) als das Staunenswerteste, so sehr, daß er sich selbst nur in der Form der („rhetorischen"!) Frage zur Sprache zu bringen in der Lage ist. Es sei ausdrücklich das Erlebnishafte beachtet, das in diesem Geschehen – das Schauen *und* das unmittelbare, personal-persönliche, auf Jahwe hin vollzogene Begreifen und Aus-Sprechen des „Begriffenen" – zu eigen ist. Im *einen* Erleben der Wirklichkeit wird *alles,* Gott, Welt und das (religiös unmittelbar betroffene) Selbst, geschaut, personal „begriffen" und in diese eine Aussageformel gebracht, die bezeichnenderweise der auf Gott persönlich gerichtete Staunensruf ist, das Grundelement des Lobpreises. Übrigens wird alles als „Wirklichkeit" Erfahrene keineswegs nivelliert erfahren und ausgesprochen, einfach als „Sein" oder „Seiendes", vielmehr alles und jedes beim je eigenen „Namen" genannt.[23]

Nicht anders ist übrigens in ihrer eigentlichen Tiefe die Argumentation zu begreifen, die Paulus im Römerbrief anwendet. Denn in Röm 1,18 bis 21 ist nicht gemeint, der Mensch habe von den Werken der Schöpfung her auf Gott *denkerisch zu schließen* und sich *darin* verfehlt; vielmehr ist gesagt, er habe „in" dem Geschaffenen (zugleich und unmittelbar) *Gott erkannt*, gar in seiner Göttlichkeit, und das deswegen, weil Gott sich selbst *offenbart*.[24]

Es sind zwei Momente, auf die wir damit hingewiesen werden, die in unserer Frage Klarheit bringen können und beachtet sein wollen. Zunächst: In der Erkenntnis von Gott, Welt und dem Ich-selbst des Menschen erweist sich *nicht nur eines* dieser Erkenntnis-„Objekte" als *unmittelbar* erkannt (erkennbar), die anderen demgegenüber je erst von diesem her *als erschlossene* erkannt (d. h. als *nur* erschließbare und folglich auch *nur* aufgrund eines Schlusses kennbare). Vielmehr wird jedes, durchaus als Je-Anderes erfaßt, in der ihm eigentümlichen Unmittelbarkeit erkannt (von der zugleich mit-erfaßten und auch mit zur Sprache gebrachten gegenseitigen Zugeordnetheit und Relationalität hier noch einmal abgesehen, die freilich auch voll berücksichtigt sein muß, will man das ganze Phänomen *voll* beschreiben). Und zweitens zeigt sich die Grundstruktur von wirklichkeitsschaffender und offenbarungsträchtiger Zuwendung Jahwes selbst, ob nun in der sog. Natur und ihrem Geschehen, ob in der Geschichte allgemein, ob in der Heilsgeschichte im besonderen. Jahwe selbst *ist da, in* der von ihm geschaffenen Welt, und er ist daher *nicht nur* von ihr aus *erschließbar* (wenngleich auch das!) und daher nicht nur *als erschlossener* erfahrbar, erkennbar. Und wenngleich selbst nicht welt-*teilig*, so gibt *Jahwe* sich doch *in* der Welt selbst, als Gott, zu erkennen.[25]

Wir sollten hier ausdrücklich mitbeachten, was jedenfalls und spätestens vom trinitarischen Geheimnis aller Wirklichkeit her klar ist, jetzt freilich nur eben angedeutet, nicht entfaltet werden kann, wenngleich es fundamentale Bedeutung hat: Mit der Wirklichkeitszuwendung schenkt Jahwe auch stets und unmittelbar *den Geist des Verstehens* (des Verstehen-*Könnens*), auf freie Zu- und Einstimmung hin. Was Paulus in 1 Kor 2,12 aus *dort* gegebenem Anlaß vom Heilswerk und seinem Begreifen sagt, das gilt *grundsätzlich*: „(Zum uns offenbarten Geheimnis Gottes, seines Schöpfungswerkes, zumal unserer selbst, wie seines Heilswerkes) haben wir (gleichsam als Zu-Gabe und doch in eins) *den* Geist empfangen, der in und aus Gott ist, damit wir erkennen, was uns von Gott geschenkt ist", *den* Geist, „der auch die Tiefen Gottes ergründet" (2,11), der also auch in Gott selbst *die* „Instanz" des Erkennens ist. Der wirklichkeitsgerecht, und das heißt jetzt auch: unverkürzt und unverstellt erkennende Mensch (und das ist allerdings *nach* der Ursünde erst wieder der gerechtgemachte Mensch, der Glaubende; vgl. Röm; 1 Kor u. ö.) erkennt daher alle Wirklichkeit – Gott, sich selbst, Welt – im Geiste Gottes. Freilich wird das alles erst dann im hellen Licht erscheinen, wenn wir uns als Theologen endlich (wieder) entschließen, eine christliche Theologie der Geschöpflichkeit nicht (nur) philosophisch-ontologisch, sondern trinitarisch zu strukturieren. *Dann* wird auch der

Wahrheitskern der von uns zurückgewiesenen Aussage über eine notwendige Vermittlung sowohl im Wirken wie im Erkennen Gottes durch uns richtig erfaßt werden können. Denn es beeinträchtigt sowohl das volle trinitarische Glaubenswissen wie auch, folglich, das rechte Schöpfungsverständnis, wenn diese *Grund-Vermittlung* prinzipiell nur *endlichen, geschaffenen* Wesen zugesprochen wird, und das gar metaphysisch-nachweislich als göttlich-wesensnotwendig. Gott offenbart sich und wirkt durch sein eigenes, *göttliches* Wort im einen *göttlichen* Geist. Und so erfahren wir, wie die Heilige Schrift es ausspricht, eben nicht nur *von* Gott, nämlich *durch* andere oder gar ander*es*, aber jedenfalls durch geschaffene Seiende, und *nur* so; vielmehr erfahren wir *Gott*, ihn, Jahwe, selbst, weil er sich auch und zuerst durch sein eigenes, göttliches Wort offenbart.[26] Das stellt gerade keinen Widerspruch zu den anderen vielen Erfahrungen dar, in denen wir *auch durch Geschaffenes* von Gott erfahren: Die Himmel erzählen die Herrlichkeit Gottes; und nicht nur sie. Das eine schließt das andere nicht aus, weswegen hier für die *Fülle* der Glaubenserfahrung plädiert wird. – Damit sind wir auf ein weiteres gestoßen.[27]

### 2. *Zur grundlegenden schöpfungstheologischen Glaubensaussage*

Was oft zu wenig beachtet wird, ist hier von entscheidender Bedeutung. *Die* grundlegende schöpfungstheologische Aussage ist *Glaubens*aussage; sie lautet: Jahwe (!), Du bist mein Schöpfer (vgl. Ps. 8 u. ö.); oder gemäß allen Glaubensbekenntnissen: Ich glaube an Gott (Jahwe!), meinen Schöpfer.[28] Wir glauben nicht an den von uns erschlossenen Urgrund allen Seins, an die notwendige Erstursache. Und es geht im ersten Glaubensartikel auch nicht *zuerst* um Protologie engeren Verständnisses (Anfangsetzung der Welt). Prononciert und etwas ungeschützt formuliert: Was wir theologisch mit creatio *continua*, schöpferisches Erhalten, zu bezeichnen gewohnt sind, ist offensichtlich das *Erst*-Erfahrene und daher das *zuerst* (glaubend) Erkannte, und das gerade unter dem Aspekt des persönlichen Tuns Gottes bzw. des personal-lebendig (und nicht zuerst als ontologischen *Sach*verhalt) Erfahrenen. (Es bedarf offensichtlich, wie es notwendig eine besondere Hermeneutik eschatologischer Aussagen gibt, auch einer nochmals besonderen Hermeneutik protologischer Aussagen, eine Aufgabenstellung, die noch kaum recht angegangen zu sein erscheint.) Es ist erfreulich, daß heute immer mehr Exegeten auch ihrerseits wieder auf das Besondere der biblischen, schon der alttestamentlichen Schöpfungsaussagen hinweisen. Diese gehören mit zu den ältesten und dann immer wiederholten Jahwe-Aussagen. Sie verfolgen nicht *zuerst* ein protologisches Interesse. Sie sind zudem keineswegs erst aufgrund eines (wenn vielleicht auch religiösen) Rückschlußverfahrens, etwa vom erfahrenen und gedeuteten sog. Geschichtshandeln Gottes ausgehend, gewonnen. Ihr meist doxologischer und vor allem sozialer Kontext weist darauf hin, daß nicht erst ein Nachdenken über das Woher der Welt noch über die Macht Jahwes in der Geschichte *schlußfolgernd* zu Schöpfungsaussagen führte, sondern das Erleben der Macht und Treue Jahwes als des Spenders des Lebens und alles Guten für den Menschen in der „alltäglichen" Welt. Sie gehören wesentlich in das alle Wirklichkeit (und nicht nur die Geschichte) umfassende Bundesverständnis Israels, schon vor und noch jenseits aller solcher Unterscheidungen. *Alles* steht erfahrungsgemäß unter diesem einen Selbstentschluß-Satz Jahwes: „Ich will euer (dein) Gott sein, und ihr sollt mein Volk (du sollst mein) sein."

Wenn das gilt und wenn das folglich hier auch als das grundlegende hermeneutische Prinzip zu gelten hat, dann ist theologisch gefordert – wie immer es dann auch philosophisch betrachtet werden mag und muß –, *theologisch* die Ontologie vom Personalen und nicht das Personale aus jenem abstrakten Ontologischen herzuleiten, das ja zunächst von sog. personaler Spezifizierung glaubt absehen zu können. Was die freie Schöpfungstat Gottes, die als solche zugleich die grundlegende Offenbarungstat Gottes ist, bedeutet und was folglich Gott „am Anfang" begonnen hat, das ist die stets geheimnisvolle, stets als unerdenklich erfahrene gottgestiftete Wirklichkeit, nämlich die tatsächliche, freie und als wirklich erfahrene Lebens- und Schicksalsgemeinschaft Gottes selbst mit dem Menschen. Es sei sogar riskiert zu sagen, daß wir deswegen *theologisch* das esse vom vivere her und nicht das vivere vom esse her zu begreifen haben, wollen wir nicht Ursprüngliches ins Abgeleitete verweisen. Vom *convivium* Gottes mit seiner Schöpfung ist herzuleiten, was ontologisch gegebenenfalls *concursus* heißen mag, und nicht umgekehrt.

Diese Lebensgemeinschaft Gottes persönlich in seiner Dreifaltigkeit mit uns Menschen und mit allem Geschaffenen vollzieht sich *in* dem, was „Welt" genannt sein kann, wobei diese Welt gerade nicht der ausdrücklich den *geschaffenen* Wesen zugewiesene „Raum" ist, für das ihnen *als Geschaffenen* eigentümliche Sein und Leben mit- und untereinander, während Gott sich seinen *eigenen* Bereich *außerhalb* solcherart Welt vorbehalten hätte.[29] Schöpfung ist, christlich-theologisch zu sprechen, gerade nicht die Bereitstellung von Welt für *endliches*, vor allem menschliches Sein und Handeln, für eine Geschichte des Endlichen, für eine Menschheitsgeschichte (wenngleich natürlich *auch das*!), vielmehr für die Lebensgemeinschaft *Gottes und des Menschen*, so daß Gott *in* ihr und also *beim* Menschen, und der Mensch gleichfalls *in* ihr und also *bei* Gott angetroffen wird resp. sich selbst antrifft. Sogenannte „rein innerweltliche" Naturgesetzlichkeiten und Geschichtszusammenhänge postulieren bedeutet, schon den Naturgesetzen und den Geschichtszusammenhängen selbst nicht *voll* zu genügen. Denn es müßte doch erst erwiesen werden oder sein, daß es sie *so* „rein" überhaupt gibt. Gibt es überhaupt gottindifferentes Geschehen? Doch wohl nur aufgrund entsprechender Abstraktion. Was gerade bedeutet, daß eine *Einzel*wissenschaft rechtens ihr *partikuläres* Wissensobjekt wählen darf. Auf diese Weise wird jedoch Gott niemals zu einem notwendig „außerweltlichen Faktor"; er wird dann nur in der betreffenden Wissenschaft als solcher nicht betrachtet und zur Sprache gebracht.[30]

„Welt" ist, über das alles hinaus, auch nicht einfach das fertige, von Gott, *zuvor*, „am Anfang" schlechten Sinnes, fest-gefügte, einfach als ganzes dahingestellte Haus der gottmenschlichen Lebensgemeinschaft bzw. des Seins und Wirkens der geschaffenen Wesen insgesamt und als solcher. Vielmehr bauen, um im Bild zu bleiben, Gott und Mensch, Mensch und Gott die „Welt" zu ihrem gemeinsamen Heim, und das so, daß eben vom Anfang an niemand und nichts „draußen" weilt, eben auch Gott nicht. Die Welt wird uns von der Heiligen Schrift her vorgestellt als jener „Raum", in welchem Jahwe mit der Menschheit das gemeinsame Leben führt, ohne daß deswegen Gott oder dieses Leben „weltlich" im Sinne von „geschöpflich" oder „endlich" zu nennen oder Gott selbst „in" diesem „Raum" aufgrund räumlicher Abgrenzung „lokalisiert" oder auch nur „lokalisierbar" zu fassen wäre; der Unermeßlichkeit Gottes in ihrem theologisch überkommenen Verständnis widerspricht es keineswegs, Gott wegen seiner „*Über*weltlichkeit" (Nicht-Geschaffenheit) das *In*-der-Welt-Sein gemäß seiner göttlichen Freiheit zuzugestehen.

Erst in einem solchen Horizont stellen sich die sachgerechten Kategorien ein, *wie* vom Da-Sein und vom Wirken Gottes zu sprechen ist, soll der christliche Glaube ein-gesehen werden. Es sind nicht Sach-Kategorien zuerst, ontisch-ontologisch erschlossene, von denen her entschieden wird, was personal für Gott und daher für Geschaffenes zu gelten hat. Vielmehr hat das in und von Jahwe her Er-lebte und Erfahrene den Ausschlag zu geben für alles ontologisch-metaphysisch näherhin (und mit vollem Recht!) zu Reflektierende. Auf einiges sei da ausdrücklich hingewiesen. So ist Geschaffen-Sein vom Glaubenden nicht *zuerst* als „schlechthinnige Seins-Abhängigkeit" erfahren, sondern als freie, unerdenkliche, ungeschuldete, geschenkhaft geschehene-geschehende Namen-Gabe, Lebens-Gabe, Seins-*Gabe* und *dem*entsprechendes *Sein* und *Haben.* Aus Liebe ist alles auf die Gott-Geliebten hin, so sagt es das Neue Testament; und nicht auf Abhängigkeit, sondern auf freie, antwortend-liebende *Anhänglichkeit* hin ist alles Geschaffene, zum *Gottanhangen,* wie der Psalmist sagt und z. B. ein Irenäus aufs tiefste entfaltet. Schöpfung ist auch nicht eine ein für allemal gegebene Gabe, abgeschlossene Vor-Gegebenheit als die ins Nicht-Göttliche-Weggegebenheit

(Gott-*Ent*lassenheit); sie ist vielmehr Gabe als stetes Angeboten- und Gegeben-Werden, aus bleibender und bleibend frei engagierter Frei-Gebigkeit, die der persönliche Schöpfer in Person ist. Das begründet, warum und wie ein jedes Geschaffene, und das geschaffene Gesamt, prinzipiell und gleichsam per definitionem theo-phan ist, transparent für Gott, Gott als Gott kündet, wie das Geschenk *als Geschenk* den Schenkenden naturgemäß erscheinen läßt. Bleiben wir im Sprachspiel des Schenkens, so kann sogleich auch gesagt werden: Es ist kein metaphysischer oder sonstiger Grund erkennbar, der zwingen würde, Gott persönlich nicht nur als Schenkenden, sondern eben auch als den das Geschenk selbst und unmittelbar Überreichenden zu begreifen, und das Schenken nicht prinzipiell und in *jedem* Fall *nur* durch *geschaffene* Mittlerwesen geschehen zu lassen. Denn das ist schon unsere zwischenmenschlich-personale Erfahrung: Nicht *er*-schließt mein *Nachdenken* die schenkende Person; nicht was die Rosen aus und in sich sind, als Rosen, noch ihre Gestaltung zum Strauß offenbaren mir *kraft meines Denkens* die schenkende Person und deren Intention, sondern nur diese selbst, in personaler Unmittelbarkeit, wenngleich in solchem Fall zugleich und in Überschwenglichkeit *auch vermittelt* durch das Zeichen- und Ausdrucksgeschehen. Ausdrucks- und Symbol-Geschehen „funktionieren" nur im personal-unmittelbaren Sich-selbst-Zuwenden (das übrigens keineswegs an Zeit und Raum physikalischen Sinnes gebunden ist!), so daß das Symbol, das Zeichen, gerade kein trennendes Zwischen, auch nicht das *notwendig* „überbrückende" Zwischen ist, vielmehr die Person selbst in *zusätzlich-neuer* Erscheinung. So vermag ein von Gott dazu erwähltes Geschaffene, wenngleich schon immer theo-phan, in konkreter Situation über sich selbst hinausgeführt, zu einem besonderen, einmaligen, d. h. situationskonkreten Ausdrucksmittel Gottes zu werden, aufgrund göttlich-freier Inanspruchnahme, ohne deswegen notwendig (z. B. wegen der sogenannten, jedoch mißverstandenen Transzendenz Gottes) zu einem trennenden, jedenfalls den je größeren Abstand offenbarenden Zwischen zu werden. Personal wirksame Vermittlung setzt prinzipiell eine grundlegende Unmittelbarkeit voraus, während diese keineswegs prinzipiell und erwiesenermaßen *nur* eine durch *andere* Wesen *vermittelte* sein könnte.

Damit sind wir auf einen weiteren Aspekt gestoßen, der ausdrücklich besprochen sei.

### 3. *Zum persönlichen Engagement Gottes allem Geschaffenen gegenüber*

#### a) Zum Schöpfer-Sein Gottes und zum Verständnis von Welt

Wird das christlich-theologische Schöpfer- und Schöpfungsverständnis in seinem Entscheidenden in den Blick genommen, dann läßt die dabei un-

bedingt auszusagende *bleibende Freiheit Gottes* in seinem (dauernden) Schöpfungshandeln Wichtiges vor den Blick kommen, und zwar sowohl für unser rechtes Gottes- wie für unser Menschen- und Weltverständnis. Das theologisch *creare* genannte Wirken Gottes ist von Anfang an und *bleibt* ein *freies* Tun, das *nie* zu einem Neutralen (auch nicht in Gott) entpersönlicht wird noch werden kann. Das bedeutet: Soll nach Gottes freiem und sich treu bleibendem Willen *creatio* (und also *creatura*) Wirklichkeit sein und bleiben, dann „muß" Gott notwendig in personal-freiem, bewußt-wachem, nie ins bloß natural Funktionieren zu entlassendem, sich selbst und dem eigenen freien Entschluß *treu* bleibendem Engagement Creator sein und bleiben. Nun ist aber *creare* bekanntlich als ein schlechthin göttliches Wirken zu begreifen, das an nichts und niemanden „delegiert" werden, ja an dem nichts und niemand auch nur beteiligt werden kann, nicht einmal durch göttlich-schöpferisches Teilgeben bzw. geschöpfliches Teilnehmen, wie es für *Sein* und *Leben* aufgrund von Schöpfung christlichen Verständnisses gilt.[31] Deswegen geschieht und kann geschehen, was *creare* meint, nur durch das bleibende, freie, persönliche, im Engagement seiner selbst vollzogene *alleinige* Tun *Gottes selbst*. Wie immer dann dieses Da-Sein und Wirken Gottes, Erschaffen genannt, (philosophisch und) theologisch näher zu bestimmen und zu „erklären" sein wird, dieses eine steht jedenfalls fest: Es ist als ein unmittelbares, durch nichts und niemanden zu vermittelndes, liebend-schenkendes Tun Gottes zu fassen, durch das er *selbst* unmittelbar „bei" und „in" einem jeden Seienden und „im" Universum und seinem Geschehen da-ist und wirkt, und zwar so unmittelbar und vermittelt, wie es das recht verstandene *creare* wesentlich fordert.
Dieses „Bei"- und „In"-Sein Gottes *als des Schöpfers* „bei" und „in" allem Geschaffenen (im einzelnen wie im Gesamt) ist gerade der erste „Aspekt" der göttlich-*personalen, liebenden* Präsenz Gottes „gegenüber", „bei" und „in" dem von ihm Geschaffenen und daher in der Welt. Diese Präsenz kann, philosophisch und theologisch betrachtet, in durchaus wesentlichen Zügen durch das erfaßt werden, was Gottes eigene und eigentümliche „Transzendenz" und „Immanenz" genannt wird. Auch liegt in ihr das begründet, was die Kategorie der Erst- und Zweitursächlichkeit zur Sprache zu bringen versucht. Es ist jedoch *nicht hinreichend,* mit diesen Begriffen in ihrem üblichen Verständnis schon den *ganzen* oder auch nur den ersten, grundlegenden und daher eigentlichen Inhalt des *christlichen* Schöpfungsglaubens angesagt wissen zu wollen. Den Begriff „Erstursache-Sein" mit dem *vollen* Gehalt des biblisch-christlich zu begreifenden *creare* füllen zu wollen, könnte als eine Lösung erscheinen. Sie würde dann aber für den korrespondierenden Begriff der „Zweitursache" unüberwindliche Schwierigkeiten hervorrufen, noch abgesehen davon, ob eine solche Begriffsbildung – „Creator-Sein"

mit dem Ausdruck „Erstursache-Sein" als einem gültigeren zu ersetzen – sachlich und sprachlich überhaupt als angebracht erscheinen könnte. Die *Schöpfungs*präsenz Gottes ist unter anderem als jene Unmittelbarkeit, ja Unvermittelbarkeit anzusehen, die der Quelle dem aus ihr (und eben aus nichts sonst) Hervorgebrachten und bleibend *aus ihr allein* im Sein und Wirken bleiben Könnenden gegenüber eigen ist, wobei freilich *Gott* als Seins- und Lebensquelle *im Sinn des creare* analogielos zu gelten hat. Bei näherem Zusehen gilt die Entsprechung: Der unmittelbar-personalen, unvermittelt-persönlichen, wesentlich und zuerst durch Liebestreue bestimmten lebenquellenden (vgl. 1 Tim 6,13 u. ä.) „Nähe" Gottes seinem Geschaffenen „gegenüber" entspricht es, daß die eigene „Geschöpflichkeit" einem jeden Geschaffenen „näher" ist als sein konkretes Was-Sein (Wesen) und Da-Sein (Existenz); und „in" dieser Geschöpflichkeit ist Gott dem einzelnen wie dem Gesamt „näher", als es Geschaffene untereinander sind und je sein können, ja innerlicher, als es das betreffende Geschaffene selbst „in" und „bei" sich ist und sein kann.

Damit sind wir auf Entscheidendes gestoßen, das jene „Abgeschlossenheit" der „Welt" nach gängigem Verständnis, welches u. a. die Kategorien „innerweltlich" und „außerweltlich" erfunden hat, aufbricht auf ein gültigeres Verständnis von Welt und von In-der-Welt-sein-und-Wirken Gottes hin, das schon immer, von Anfang an und bleibend, ein zuerst Personales ist. Nur wenn dieses im eigentlichen gerade Göttlich-*Personale* des freien und treu-bleibenden Creator-Seins Gottes sowie, dazu in Entsprechung, das Göttlich-*Personale* des Gottes*werkes*, eben die von *solchem* Creator-Sein Gottes her zu definierende Geschöpflichkeit des Geschaffenen, erfaßt und entfaltet ist, vermag auch die Kategorie der *Ursache*, im üblichen metaphysischen Sinn verstanden, angewendet werden, um einen (natürlich durchaus wesentlichen) *Teilaspekt* dessen zu erfassen und zur Sprache zu bringen, was die Schöpfer-Geschöpf-Wirklichkeit ist. Christlich-theologisch gesehen ist ja auch das Geschaffen-Sein (eines *jeden* Geschaffenen, was immer es näherhin sei, ob Materielles oder Geistiges) nicht zuerst ein *Sach*verhalt, dem personale Relationalität erst im nachhinein „angefügt" würde, sondern ein ursprünglich göttlich-*personal* Geprägtes. Wir sind es zwar wegen der allzu mächtig gewordenen Auswirkungen der Unterscheidung „Natur – Gnade" gewohnt, die Geschöpflichkeit (oft verkürzt als „bloße Natur" begriffen) nicht in ihrer Gnadenhaftigkeit zu sehen (weil Gnade als Begriff anders vorgegeben ist), übersehen deswegen aber meistens den notwendig auszusagenden Geschenkcharakter der Schöpfung. Weil jedoch und solange von Ungeschuldetheit schon des Geschaffen-Seins zu sprechen ist, muß, dasselbe positiv gewendet, das aus Liebe und Freiheit stammende prinzipielle *Geschenksein* alles Geschaffenen *immer mit* zur Sprache kom-

men, soll „neben" Gott tatsächlich von Seiendem geredet werden, *wie es wirklich ist.* Denn dieses ist es selbst ja nur *als Geschaffenes*, seinem ganzen Gehalt nach, wobei „Geschaffen-Sein" christlich-theologisch entschieden mehr besagt als nur, von einer Erstursache ins endlich-abhängige Sein zu möglichem zweitursächlichen Wirken gestellt zu sein. Wie immer wir es nennen wollen (wenn eben nicht Gnade, aus den bekannten Gründen), so muß der aus göttlicher *Liebe* stammende Geschenkcharakter alles Geschaffenen auf jeden Fall theologisch zur Sprache kommen. Er gibt ja der Endlichkeit, Zeitlichkeit, Seinsabhängigkeit usw. des Geschaffenen überhaupt erst das eigentümliche Gepräge. „Geschöpflichkeit" meint christlich-theologisch *jene* „Kontingenz", deren Wesen von der göttlich-schöpferischen *Liebe* geprägt ist. Gottes Schöpfertum und, darin eingeschlossen, seine *Präsenz* in der von ihm geschaffenen „Welt" meinen daher, weil aus seiner sich frei engagierenden Liebe stammend, gerade nicht nur, ja nicht einmal zuerst sein Ur-*Ursache*sein.
Wir haben aufgrund dieser Überlegungen eine erste Weise göttlichen Wirkens näherhin zu Gesicht bekommen, das gleichsam per definitionem ein unmittelbares, unvermitteltes und unvermittelbares, weil in analogielosem Sinn göttlich-personales, zu nennen ist. Es ist ein Wirken, das offenkundig (auch) *in* der Welt geschieht, solange und insofern die schöpferische (strengen Sinnes!) Seins- und Lebensquelle notwendig „bei" dem aus ihr allein Hervorgehenden angetroffen wird oder, besser, dieses nur in eigentlicher Unmittelbarkeit aus jener *ist.* In üblicher philosophischer und theologischer Sprechweise gesagt, ist Gottes Schöpfertranszendenz ja gerade durch seine eigentümliche Immanenz im Geschaffenen charakterisiert. „Wo" die spezifische Wirkung angetroffen wird, „da" ist auch der Wirkende als der sie Wirkende da. Der Schöpfer ist somit, kraft seiner Schöpfertranszendenz, „mehr", „intensiver" *in* der Welt, als es die geschaffenen Seienden je zu sein vermögen, weil er durch sie dem einzelnen Geschaffenen und daher dem Universum innerlicher ist als diese selbst. Aus allen diesen Gründen ist folglich eine Kategorie wie „innerweltlich – außerweltlich" gemäß ihrer üblichen Verwendung nicht nur nicht gefordert; sie verbietet sich geradezu.
Einen besonderen Fall göttlichen Schöpfer-Wirkens stellt der Existenzbeginn eines jeden einzelnen menschlichen Lebens dar. Wie immer über die bislang übliche Formel zu denken und wie sie heute zu interpretieren sein mag, nach welcher die menschliche Seele eines jeden einzelnen Menschen zu dessen Existenzbeginn unmittelbar von Gott neu erschaffen wird (creare strengen Sinnes!) –, *daß* Gott in diesem Fall unmittelbar, weil in streng schöpferischem Sinn, wirkt, dürfte christlich-theologisch festzuhalten sein.[32] Freilich darf, was nicht selten geschieht, in der theologisch-denkerischen Erfassung dieses Geheimnisses keine Verwechslung passieren, nämlich zwischen einem göttlichen Wirken *im Verein mit*

Geschöpfen, hier den Eltern, *und* jenem Wirken, für das die Kategorie der Erst- und Zweitursache gilt. Diese reicht jedoch zur „Erklärung" der Herkunft der namentlichen menschlichen Person nicht aus, aber offensichtlich auch nicht die Prinzipal- und Instrumentalursächlichkeit.[33] Wird das alles zusammengeschaut, so zeigt sich jedenfalls dieses: Es erscheint angebracht, das, was „Welt" christlich-theologisch sinnvoll heißen soll, genauer zu fassen, soll es nicht durch eine ungenügend reflektierte Begriffsbildung zu unzureichenden oder problematischen Aussagen kommen. Es erscheint nicht sinnvoll, „Welt" als bloße „creatura", als das in sich und für sich geschaffene Ensemble allein der *untereinander* agierenden und reagierenden *geschaffenen* Seienden zu begreifen, so daß Gott *prinzipiell außerhalb* eines so verstandenen Ensembles anzusetzen wäre. Entscheidende biblische Gottes-, aber auch Schöpfungsaussagen, wie auch solche über den Menschen, würden dadurch äußerst verkürzt, wenn nicht verlassen.[33a] Geschaffenes ist ja, wenngleich *aus* Gott, so nicht Gott-*Ent*lassenes. Es ist vielmehr das durchaus ins Eigene Gerufene und Gestellte, doch in jener eigentümlichen Weise „in" Gott Verbleibende und zum *Mit-Sein* mit Gott Gerufene, wie es das rechte christliche Schöpfer- und Schöpfungsgeheimnis fordert. Und wie das „In"-Sein der Schöpfung in Gott weder diese ungebührlich vergöttlicht, noch Gott aufgrund seines behaupteten In-der-Welt-Seins monistisch oder pantheistisch zu einem Seienden, anderen Seienden gleich, „ver-weltlicht" wird, so bedeutet auch das freie (!) In-seiner-geschaffenen-Welt-Sein Gottes gerade nicht seine Entgöttlichung.

### b) Zum Verständnis von Geschichte und des Geschichtsverhältnisses Gottes

Was so im Blick auf einen zu gewinnenden (oder wiederzugewinnenden) theologisch verantworteten Begriff von „Welt" zutage tritt, gilt entsprechend von dem, was in unserem Zusammenhang sinnvoll unter *„Geschichte"* verstanden sein soll. Wird darauf geschaut, *wie* in den einschlägigen Werken, die vom Handeln Gottes in der Geschichte ausdrücklich sprechen, der Begriff „Geschichte" faktisch und meistens eingesetzt wird, so erscheint diese, bewußt oder unbewußt, als *Geschichte der Menschen* verstanden. Das deutet auch der immer wieder begegnende, bei näherem Zusehen sehr bezeichnende Ausdruck „eingreifen" für Gottes Handeln in Geschichte an. Damit wird Geschichte tatsächlich, wenn vielleicht auch nicht eigentlich intendiert, als ein Geschehen vorausgesetzt und diskutiert, das sich zwischen den Menschen, jedenfalls unter den *geschaffenen* freien Wesen (innerhalb vorgegebener Naturbedingungen) ereignet, vor allem aufgrund der eigenen Freiheitsentscheidungen personaler *geschöpflicher* Wesen. Es ist das ein Geschehen, in das Gott, wie es dann verständlicherweise heißt, „eingreift", an dem er jedoch nicht prinzipiell und eigentlich, von Anfang an und unaufhörlich, selbst *beteiligt* ist (es sei denn als „außerweltlicher" Richter). Es sei hier nochmals auf die schon zitierten Passagen bei Schillebeeckx hingewiesen, in denen er ausdrücklich Wert darauf legt, daß „Geschichte" die „von Menschenhänden gemachte Geschichte" ist, in welcher einzelne Fakten wohl „Zeichen" göttlichen „Wirkens", nicht aber von Gott selbst als Geschichts*beteiligtem* gesetzte Fakten sind.[34]

Betrachten wir demgegenüber die Grundaussagen der Heiligen Schrift zum Engagement Gottes seiner geschaffenen Welt und insbesondere dem Menschen gegenüber, so ist jedenfalls davon zu sprechen, daß Gott selbst, Jahwe, das *Geschehen* (um den Ausdruck „Geschichte" jetzt zunächst zu vermeiden) der von ihm frei gestifteten *Lebensgemeinschaft* mit dem Menschen seinerseits begonnen hat, selbst in ihm verbleibt und es durch die Freiheitsentscheidungen seiner selbst wie jener Wesen gestaltet (und sogar verunstaltet: Sünde!) sein läßt, denen er gerade auch dazu ihre Freiheit verliehen hat. Es mag auf den ersten Blick nichts dagegen einzuwenden sein, unter „Geschichte" tatsächlich die Geschichte der Menschheit zu verstehen, so daß, um mit Schillebeeckx zu sprechen, „die Menschen die handelnden Subjekte der Geschichte" sind und im Grunde *nur* sie (von anderen geschaffenen Geschichtsmächten hier einmal abgesehen, falls es sie und in welchem Sinn es sie gibt). Doch muß man dann erkennen, daß es gerade deswegen zum Problem wird, *wie* denn *Gott* in diese *so* verstandene und gerade in theologischer Argumentation *nur so* begriffene Geschichte „einzugreifen" imstande ist. Denn durch die vor-gefaßte Begriffsbestimmung – Geschichte ist *Menschheits*geschichte – kann Gott gar nicht mehr als ein *in* der Geschichte handelndes, ja nicht einmal als ein *in* ihr handeln *könnendes* Subjekt aufgefaßt werden. Denn Geschichte hätte, so verstanden, nur *Menschen* als ihre eigentlichen Subjekte.[35] Genau das ist aber zu fragen, wenn es um den intellectus fidei geht, der Gottes Engagement seiner Schöpfung gegenüber gemäß dem christlichen Glaubenswissen *voll* bedenken und zur Sprache bringen möchte. Die Heilige Schrift jedenfalls drängt dazu, schon die sog. Geschichte der Natur, um so mehr die Geschichte der Menschheit prinzipiell, vom Anfang an und dauernd, nicht ohne Gott Jahwe zu begreifen.[36]

Wenn es richtig gesehen ist, was wir im vorausgehenden Abschnitt besprochen haben, daß wir nämlich von der gottgestifteten und schöpferisch-ursprünglich von Gott in Treue besorgten Lebens-, ja Liebesgemeinschaft zwischen Gott und Mensch in Welt auszugehen haben, dann ist offensichtlich das personale *Lebensgeschehen der Gott-Mensch-Gemeinschaft in Welt* der alles umfassende *und* zugleich kritisch beleuchtende Horizont. Geschöpflich-menschliches Sein und Leben ist dann von allem Anfang an und wesentlich nicht sich selbst und für sich selbst Gegebenes, d. h. ins Eigene von Gott *entlassene* Dasein, um die *eigene* Freiheitsgeschichte zu treiben (in die Gott dann gegebenenfalls nach seinem Gutdünken „eingreift" oder auch nicht „eingreift").[37] Vielmehr ist es prinzipiell zuerst das geschenkhaft-verliehene *Mit*-Sein und *Mit*-Leben-Dürfen im *einen* Lebensgeschen, das Gott selbst „schon immer" lebt; es ist ja geschenkhaftes Hineingerufen-Sein ins Sein als Leben *mit* Gott, partizipatives con-esse und con-vivere cum Deo. Die erste Frage, die an den Menschen gerichtet ist, ist die, ob er aus seiner ihm dazu verliehenen Freiheit sich entscheide zu diesem *convivum mit Gott,* ja zu einem (um den theologisch „gefährlichen" Ausdruck zu gebrauchen) concursus *humanus* cum Deo in uno Spiritu, d. h. zur Zu- und Ein-Stimmung zum *einen* Lebens-Miteinander mit Gott im einen Geist.[38] (Erst in solchem Horizont kann dann am gegebenen Ort auch die alte Frage nach dem concursus *divinus* im Freiheitsgeschehen des menschlich-personalen Individuums bzw. auch der jeweiligen Menschengemeinschaft verhandelt werden.)[39]

Auf diese Weise wird auch das Ursprüngliche und Bleibende der Geschichte des Geschehens jener Lebensgemeinschaft erfaßt. Denn das schöpferische Ins-Dasein-und-Leben-Rufen des Menschen (wie aller Schöpfung) bedeutet ja gerade nicht einen *absoluten* Beginn von Leben und daher von Geschichte. Vielmehr läßt Gott an seinem längst und ewig lebendigen, ereignisvollen *eigenen* Leben Anteil nehmen, indem er beginnen und sich durchhalten läßt, was freie Lebensgabe aus eigener Lebensquellfülle heißen mag, auf Lebens*gemeinschaft* im *einen* Leben hin. Es ist notwendig vom Lebensgeschehen *Gottes* mit dem Universum und der Menschheit in diesem Universum zu sprechen, als schöpferischer Teilgabe und geschöpflicher Teilhabe am göttlich-ewigen, gleichwohl ereignisreichen dreifaltigen Leben und seinem ursprünglichen Geschehen „in" Gott. Daher ist in unserer theologischen Fragestellung das, was Geschichte heißen mag, prinzipiell und bleibend vom persönlichen, nie distanzierten oder indifferenten Da- und Mit- und In-Sein Gottes des Dreifaltigen persönlich gekennzeichnet, ob nun der Mensch das prinzipiell oder im jeweiligen Ereignis sehen will oder nicht, ob er in den „Ratschluß Gottes" (vgl. Ps 33,4–12; Eph 1,3–11 u. ä. mit jeweiligem Kontext) einstimmt oder sich verweigert. Denn sogar die Verweigerung der Zu- und Einstimmung in das Nah- und Da-Sein Gottes als des im *einen* Lebensgeschehen persönlich und liebend Engagierten vermag Ereignis zu werden *nur, weil* Gott stets der zuerst Angetroffene und Betroffene ist. Nicht „greift" Gott als Außenstehender, als zuschauender „Herr und Richter" gelegentlich *in* die Geschichte „ein", die die Menschen untereinander meinen führen zu können oder zu müssen. Er ist vielmehr der Erst-Engagierte in der Bleibendheit seiner engagierten

Liebe, welche Treue heißt, die selbst nur aus freiem Tun da ist und nie „von selbst funktioniert".[40]

Auch hier ist zu wiederholen, was im vorigen Abschnitt absichernd hat gesagt werden müssen: Es ist bisher kein zwingender, metaphysischer oder theologischer Grund angegeben, weswegen durch die (vom christlichen Glaubenswissen aufgetragene) Behauptung über Gottes persönliches In-der-Geschichte-Sein der Göttlichkeit oder Transzendenz Gottes Abbruch getan werde. Es ist noch nicht erwiesen worden, daß jene Alternative vollständig ist und gilt, nach welcher Gott *entweder* außerweltlich seiend (eben weil seine Transzendenz ernst genommen werden müsse, wie Weissmahr es formuliert) anzunehmen ist *oder* aber, wenn *in* der Welt und ihrer Geschichte anzutreffen, dann ein „innerweltlicher Faktor", also zugleich „Zweitursache", also Geschaffenes wäre (was freilich widersprüchlich ist).[41]

Mit diesen Überlegungen sind wir auf einen weiteren Überlegungskomplex gestoßen, der als letzter besprochen sei, wenngleich er sich eigentlich während unserer bisherigen Überlegung immer schon aufgedrängt hatte, bis jetzt jedoch zurückgehalten wurde. Es muß nämlich jetzt endlich und ausdrücklich die Frage gestellt werden: Was soll eigentlich in unserer Fragestellung näherhin und sinnvoll mit dem *„Wirken Gottes"* gemeint sein? Von welcher Art Tun, Handeln, Wirken ist da eigentlich zu reden? Welche „Tätigkeiten" und daher welche „Tätigkeitswörter" stehen hier zur Besprechung an?

### *4. Die causa efficiens als unzureichende Kategorie zur Erfassung der Wirk-Wirklichkeit Gottes in Welt und Geschichte*

Wie innerhalb anderer Wissenschaften, so gilt auch in der Theologie: Die zu erforschende Wirklichkeit ist das Kriterium für die zu verwendende, angemessene Sprache. Und wenn es gilt, sachgerechte Begriffe und metaphysische Kategorien einzusetzen, dann bestimmt nochmals die zu untersuchende Wirklichkeit, welche sinnvoll und sachgerecht anzuwenden sind. Daher steht jetzt, ja eigentlich schon von Anfang an zur Frage, was eigentlich mit dem gängigen Sprechen vom Handeln oder Wirken Gottes näherhin gemeint ist.[42] Es ist jetzt z. B. ausdrücklich zu fragen, welche biblischen Wendungen und welche von ihnen angeregten, in der Glaubensgeschichte ausgebildeten Ausdrucksweisen für das hier zu Bedenkende entscheidend sind.

#### a) Der personale Rahmen als notwendig erster Zugang

Nach allem bisher Besprochenen bedarf es jetzt keiner sonderlichen Rechtfertigung mehr, wenn schlicht gesagt wird: Es kann kaum angehen und zielführend sein, vom ontologisch-abstrakt erarbeiteten Verständnis eines unweigerlich funktionierenden, mechanistisch auszudeutenden Ursache-Wirkung-Zusammenhangs auszugehen oder zuallererst nach ihm zu fragen. Auch der von vornherein angesetzte Rahmen der *causa efficiens* erscheint, weil schon unbegründet einschränkend, als prinzipiell zu eng und daher nicht sachgerecht. (Was nicht bedeutet, es sei nicht *auch* davon zu sprechen!) Desgleichen stehen hier nicht, jedenfalls nicht zuerst, *naturale* Akte Gottes zur Frage (sofern es derartige gibt, was jetzt nicht zu entscheiden ist), sondern sicher zuerst solches Tun, Handeln, Wirken, das als frei-personales zu gelten hat. Denn Schöpfung und also Welt ist zuallererst aus jenem freien, personalen Sich-Engagieren Gottes, das wir *creare* nennen.[43] Das erscheint ja auch als das Grundverständnis des in der Heiligen Schrift vorgestellten Jahwe-Glaubens, der, jenseits von aller mythologischen wie auch naturalen Verflochtenheit Gottes in oder mit der „Welt" oder den Seienden, Gott in seiner freien, personalen Machtfülle erfährt und zur Sprache bringt. Das bedeutet, anders gewendet: Wir haben nicht physisch-physikalisches Wirken, Einwirken, Ursächlich-Tätigsein als grundlegendes Paradigma zu wählen, vielmehr solches Wirken, das von Person her frei gesetzt wird, zumal auf andere Personen und deren Freiheit hin bzw. im Verein *mit* ihnen, und *gegebenenfalls,* aber nicht prinzipiell und immer, *auch* physisch-physikalisch zu verstehende *Wirk*ursächlichkeit sein kann oder mit-einschließt. Die Metaphysik als philosophische, nicht theologische Disziplin kann natürlich in gegebener Problemstellung, nämlich wenn es ihr um Seiendes *als Seiendes* geht, vom eigentümlich Personalen des Nach-außen-Wirkens einer Person *als Person,* d. h. als frei und geistig (wenn auch vielleicht nicht *nur* geistig) Seienden abstrahieren.[44] In der Frage nach dem Wirken *Gottes* in Natur und Geschichte wird das jedoch von Anfang an nicht angehen können. Denn schon das Schöpfer- und daher Grund-Sein Gottes allem außergöttlichen Sein und Wirken gegenüber ist wesentlich und unaufgebbar personal bestimmt, wie wir schon gesehen haben.

Wir sind auf diese Weise darauf hingewiesen, zunächst bestimmte, ausgesprochen personale Weisen von Gottes Wirken, Handeln, Sich-Verhalten, Sich-wirksam-Erweisen usw. in den Blick zu nehmen und (philosophisch und) theologisch zu be-denken, solche zumal und wahrscheinlich zuerst, die der Mensch, insofern er frei-gesetzte *Person* ist, lebendig erfährt.[45] Es ist hier nicht der Raum und es kann daher auch nicht die Absicht sein, einen entsprechenden Überblick zu bieten über *alle* einschlägigen biblischen und daher theologisch zu reflektierenden, auf Lebenserfahrung Glaubender beruhenden Aussageinhalte und -weisen. Wir müssen uns mit entsprechenden Hinweisen begnügen, können das aber auch getrost tun, weil wir entsprechende zwischenpersonale Erfahrungen in unserem menschlichen Miteinander haben, die den Blick zu schärfen vermögen und das Denken in die richtige Richtung bringen.[46]

b) Gottes Jahwe-Sein; vom Selbstvollzug der Person auf die andere Person hin

Ist der personale Rahmen derjenige, der sinnvollerweise zuerst in den Blick zu nehmen ist, dann dürften jene Texte der Heiligen Schrift uns am ehesten Auskunft auf unsere Frage geben, die das Persönliche unmittelbar und gleichsam als solches aus- und besprechen. Es sind jene Texte, die unmittelbar das Erleben Jahwes und seines Anrufens, Ansprechens, Beanspruchens und Wirkens als Lebenserfahrungen und Glaubenserlebnisse zur Sprache bringen. Zu nennen sind da an erster Stelle sicher die Psalmen und ähnliche Gebetstexte, die ja neben anderem auch eine Fülle von entsprechenden Erfahrungs„berichten“ enthalten. Bei solchen und ähnlichen Texten ist zunächst auf das sogenannte alltägliche Leben mit und vor Gott zu achten, wie es im Grunde ein jeder Mensch erfährt, wenngleich natürlich ein jeder in jeweils seinen eigenen, oft unwiederholbaren Lebenssituationen. Sodann sind die „Schilderungen“ von besonderen Berufungen, und unter ihnen z. B. besonders die der (wahren, nicht der „institutionalisierten“ oder gar selbsternannten) Propheten zu befragen, da diesen ja ihrem eigenen Zeugnis nach Gottes eigenes, meist absolut unerwartetes, ja unerwünschtes Wort aufgetragen wurde/wird. Ohne dabei jetzt schon auf eine Ordnung zu achten oder an eine philosophisch-theologische Einordnung entsprechender Wirk-, Handlungs- und Verhaltensweisen Gottes, wie sie auf diese Weise erhoben werden können, zu denken, mögen einige konkrete „Taten“ Gottes genannt werden. (Ihre volle theologische wie philosophische Erarbeitung scheint noch auszustehen.)

Über die Erfahrung und das entsprechende (Glaubens)Wissen und Bewußtsein Gottes in seinem *Schöpfer*-Wirken (vollen biblischen Sinnes!) haben wir schon gesprochen und es als grundlegendes alltägliches Erfahrungswissen des glaubenden Menschen erkannt (ohne daß es deswegen von einem jeden Glaubenden auch schon als theologisch reflektiert zu gelten hätte). In ihm gründet u. a. jene Grundüberzeugung des glaubenden biblischen und christlichen Menschen, daß Gott des Menschen, eines jeden namentlichen!, *gedenkt,* sich um ihn *in persönlichem Engagement* kümmert, sein Antlitz auf ihn richtet, ja ihn in der Hand birgt, weswegen ihn das Bewußtsein, möglicherweise einem apersonalen Fatum o. ä. ausgesetzt zu sein, gerade nicht ängstigt, ja ihm prinzipiell verwehrt ist. Dem entspricht jene Erfahrung, die der Beter gelegentlich auf das meint zurückführen zu müssen, was er das *„Vergessen“* Gottes nennt, d. h. die Erfahrung des (vermeintlichen) Ausbleibens jenes göttlichen Tuns, das „Gedenken“ heißt, weil er in bestimmter Lebenssituation meint, sich keiner „Auswirkung“ des erwarteten und geglaubten Gedenken Gottes erfreuen zu können. Gottes Gedenken bedeutet Leben, von ihm vergessen werden, Tod. Bei alledem kommt übrigens

hinreichend deutlich *auch* das Bewußtsein zur Sprache, daß es *zweierlei* ist, das Gedenken selbst nämlich als persönliches *Selbst*engagement Gottes einerseits, und die aus diesem stammenden *anderen* Handlungen andererseits, z. B. das Zum-Einsatz-Bringen situationsverändernder göttlicher oder geschöpflicher Kräfte. Dieses letztere *muß* nicht *unbedingt* erfolgen, um überhaupt von göttlichem Gedenken als wirklichem und wirksamem Tun Gottes zu sprechen und sprechen zu können, wenngleich es ihm als *weitere* Auswirkung *zusätzlichen* Ausdruck verschaffen kann und es nach dem jeweiligen freien Willen Gottes auch tut.
Wir kennen es aus unserem eigenen personalen, zwischenmenschlichen Leben und Er-leben, was hier zuerst entscheidend ist. Das willentliche, persönlich-engagierte Da-Sein bei und Mit-Sein mit dem anderen ist gewollter und bewußter *Selbstvollzug der Person auf die andere Person hin,* der nicht schon im puren Miteinander-Existieren, im natural-physischen Da- und Miteinander-Sein im einen und selben Universum oder in gemeinsamen naturalen Lebensbedingungen besteht, vielmehr in Freiheit *getan* sein will und als Sich-selbst-Aktuieren wirkliches und wirksames Wirken zuerst auf die andere Person und deren Freiheit hin darstellt, um gegebenenfalls sich auch in weitere Handlungen hinein auszuwirken. Es sei hier erinnert an solche Wirklichkeiten und Wirksamkeiten unseres zwischenmenschlichen Verhaltens und Handelns wie z. B. an das bewußt gewollte und vollzogene Sich-mit-Freuen mit dem anderen, das engagierte, nur im Einsatz seiner selbst als Person mögliche Mit-Leiden mit dem anderen in *seinem* Leiden. Es sei daran erinnert, daß es für den anderen ein Geschenk bedeutet, von uns wissen zu dürfen, was er einem wert ist, wie man ihn achtet, seiner eingedenk, ihm wohlgesinnt ist, was alles ja zuerst einmal den entsprechenden, auf den anderen hin ausgerichteten Selbstvollzug voraussetzt, als ein dauerndes Tun, auch wenn dieses nicht ständig in einem Ausdrucksgeschehen zusätzliche Verwirklichung erfährt. Es sei erinnert an das Ertragen des anderen, nämlich so, daß dieser trotz seines begründeten Wissens um sein Lastsein und -bleiben von diesem Personal-ertragen-Werden lebt, ihm jedenfalls Mut gegeben ist, weiterhin er selbst in freiem Miteinander sein zu dürfen; an das Vergeben von Schuld als Befreiung des anderen zu *seinem* (neuen) befreiten, nicht mehr schuldbeladenen und also belasteten Selbstvollzug und damit zum Neuwerden der Gemeinschaft; an das Lieben (schon als „Haltung", als Tun also, das nicht sogleich und immer auch physisch-symbolische Akte nach außen setzt) als ein wirkliches und wirksames Tun, um das der andere wissen darf und aus diesem Wissen tatsächlich Leben schöpft; an das Sich-treffen-Lassen vom Schicksal des anderen, das dadurch eigenes Betroffen-*Sein* in bewußtem Selbstvollzug, weil frei-willentlich, ist, *als* Tun/Wirken, das dem *anderen* Kraft schenkt, das eigene Schicksal anders, weil neu zu tragen, es gar über-

windend tragen läßt, ohne daß man es ihm abgenommen hätte, es ändern oder auch nur „teilweise“ abnehmen könnte; – wir könnten die Beispiele vermehren, die uns auf die vielen Arten personalen Wirksamseins aufmerksam machen, die in der Fage nach dem Wirken Gottes zuerst einmal reflektiert sein wollen.[47]

c) Vom Mit-Sein als Selbstvollzug und seiner Wirksamkeit

In dieser Hinsicht ist vor allem auch auf Folgendes, für uns aus eigener personaler Erfahrung hinreichend klar Feststehendes hinzuweisen und ausdrücklich zu achten. Aufgrund solcher Akte, die freier Selbstvollzug der Person auf den anderen sind, wissen wir nämlich deutlich, daß es zweierlei ist, nämlich dieses Vollziehen seiner selbst, das Sich-selbst-frei-Aktuieren einerseits, *und* die daraus erwachsen *könnenden,* möglichen, gelegentlich auch *nicht* möglichen „weiteren“ Taten und Handlungen andererseits, die z. B. ändern würden, was Anlaß für das eigene Leid einer Person ist und folglich für das Mit-Leiden, als das wir uns vollziehen. Wir wissen recht gut, daß wir gelegentlich in solchen Situationen „nichts tun können“ (wie wir bezeichnenderweise sagen), *wenn* dabei an wirksame Änderung, an Abwenden des Widrigen usw. gedacht ist, daß aber gerade durch unser wirklich vollzogenes Persönlich-da-Sein und Mit-Sein als gerichteten Vollzug-unserer-selbst das Entscheidend-Personale getan, gewirkt wird und im „Adressaten“ auch seine tatsächliche Wirkung erfährt. Denken wir dabei z. B. an den Trost, an das Tun des Trost-Gebens (nicht eines billigen Vertröstens) in Krankheit oder Sterben des anderen, ein Wirken, das (normalerweise) an dem Krank- oder Auf-den-Tod-hin-Sein nichts ändert und doch eine entscheidende personal-wirksame Gabe ist. Das Im-Leid-Mitsein, personal vollzogen, wirkt auf den anderen *hin,* ja *in* ihm ein Ursprüngliches, das gegebenenfalls, aber nicht wesensnotwendig, *auch* noch mittels *anderer* Akte und deren Auswirkungen ergänzt, erhöht und zu weiteren Zielen vervollständigt werden kann – oder aber wegen widriger Situationsbedingungen auch nicht; es bleibt aber selbst das Eigentliche, Bewegende, dem Leben als Person Raumgebende und Befreiende. Nicht (erst oder allein) am äußerlich Gewirkten, gar an nachweisbar situationsveränderndem Wirken „außerhalb“ der Person ist abzulesen, daß es im hier gemeinten Geschehen personal Wirkende, wirksames Wirken und daher Wirkungen gibt. Denn es ist erfahrungsgemäß zweierlei, das Tun, d. h. das Sich-als-Person-Aktuieren im wirksamen Vollziehen des Gedenkens, des Liebens wie (wenn es der Fall ist) des Vergessens, des Hassens u. ä. einerseits, und andererseits, ob und wie sich solches Tun noch „nach außen“ zusätzlichen Ausdruck verschafft (verschaffen kann).

Wir achten wegen unserer besonderen Thematik zunächst vor allem auf dieserart gerichtete Selbstvollzüge der Person, die als diese Vollzüge schon ihre ihnen eigentümlichen „Wirkungen" in oder für die Person haben, auf die sie gerichtet sind, auch wenn diese Vollzüge nicht immer oder noch nicht in weiteren Handlungen und Ausdrucksgeschehen Auswirkungen haben. Wir wissen um diese person-eigentümliche, für alles weitere Handeln ausschlaggebende Wirksamkeit personal-gerichteten Selbstvollzuges auf die anderen Personen hin und deren „Welt" (= Situation als die konkreten Lebensbedingungen, Sachverhalte, ja Naturgegebenheiten). Das Entscheidende, das es hier auch zu sehen gilt, ist, daß alle diese Wirkweisen ursprünglich, weil personale Selbstvollzüge, nur in unmittelbar-persönlichem Tun realisierbar sind und nur deswegen gelegentlich auch dem jeweils gewählten Ausdrucksgeschehen oder personalen oder materialen Vermittlungsmedium die eigentümliche Kraft verleihen. Das Eigentliche solcherart Wirken kann nicht „delegiert" werden, kann nicht in seiner eigentlichen Ganzheit (auch) von einem Vermittelnden ausgeführt werden. Ein jeweils gewähltes Ausdrucksmittel kann zwar *zusätzlich* mit-wirken, nie aber selbst das Eigentliche aus *seinem* Eigenen *tun.* Ein klares Beispiel für das hier Gemeinte wäre das Vergeben Gottes, das er dem Sünder schenkt. Das vermittelnde Wort oder Zeichen, ja auch eine geschöpfliche Mittlerperson kann nur aus-sprechen und sagen, was allein Gott durch sich selbst und unmittelbar *tut,* nämlich vergeben. Mitbeteiligen im Gesamtgeschehen solcher Akte bedeutet keineswegs das adäquate, seinsidentische *Tun* (wie es z. B. im Falle dessen gilt, was mit Erst- und Zweitursächlichkeit angesprochen sein soll).

d) Zur Wirkweise personalen Selbstvollzugs auf den anderen hin

Es ist hier aller Wert darauf zu legen, daß das hier gemeinte personale Wirken im Selbstvollzug der Person, etwa im Gedenken, Lieben, Trost-Sein, aktivem Mit-Leiden usw., jeweils unmittelbar die andere Person als diese „trifft", diese zuerst, in ihrem Person-Inneren in Unmittelbarkeit (noch abgesehen von durchaus möglichen und vollzogenen, aber nicht *immer* möglichen, vor allem nicht wesensnotwendigen Vermittlungen). Und das gerade *nicht, weil* diese betroffene Person *von sich aus* z. B. ein widriges, leidvoll erfahrenes Geschehen ihrerseits und von sich aus *interpretiert,* sondern weil jener Selbstvollzug seine freipersonale Sinnrichtung bei sich trägt und daher die rechte Interpretation seinerseits selbst besorgt.[48] Da jedoch solcherart Selbstvollzug der Person auf die andere hin, zugleich mit der mitgegebenen Sinnfülle, immer diese andere Person in ihrer *eigenen* Freiheit voraussetzt und vorausgesetzt bleiben lassen muß, soll kein Zwang vorliegen, deswegen kann solcherart Wirken nur dann und nur dadurch die entsprechende *Wirkung* in und „bei" dieser Person haben, wenn und indem diese sich in ihrer Freiheit *frei* „treffen" *läßt.* Sowohl Wirkung wie Sinndeutung „funktionieren" in solchen Fällen nicht automatisch, sondern nur kraft freier Antworthaltung und entsprechenden Eigenvollzugs. In *diesem* Sinn ist in allem und einem jeden hier gemeinten Geschehen personalen Wirkens stets auch der „Adressat" am Zustandekommen der „Wirkung" wesentlich mitbeteiligt, *wenn* an das tatsächliche Erreichen des intendierten *Zieles* gedacht ist. Was freilich nicht bedeutet, jener Selbstvollzug einer Person auf die andere hin wäre nicht schon selbst ein wahres, wirkliches *Tun,* ein Sich-Aktuieren, oder dieses käme überhaupt erst durch den Adressaten in seinen eigenen Akt. Es ist ja zu unterscheiden zwischen dem Akt des Sich-selbst-Vollziehens und dem der Auswirkung im Adressaten; und nur dieses letztere steht in dessen Freiheit.

Von hierher versteht sich auch das scheinbar Paradoxale, oft vordergründig als in sich widersprüchlich erscheinend Bezeichnete von wirklichem, wahren Wirken personal-gerichteten Selbstvollzuges einerseits und möglichem, fallweise tatsächlichem Ausbleiben oder Verleugnet-Werden (weil verweigert) des entsprechenden Wirksam-geworden-Seins. Daß Gott, um ein Beispiel zu nennen, sich selbst offenbart, ungefragt und durch eigenes freies Sich-Aktuieren auf sein Geschöpf hin, ist eines; ob es bei und in dem „ankommt", den „beeindruckt", ja für den lebensbestimmend wird, auf den hin es tatsächlich als Wirken Gottes geschieht, das ist ein anderes, das nicht kausal-unweigerlich eintritt (vgl. dazu nochmals Röm 1,18–25). Oder um noch ein anderes biblisches Beispiel zu nennen: Die sog. Unveränderlichkeit Gottes gilt philosophisch-theologisch als eine der negativen und absoluten bzw. prädikamentalen, ruhenden Eigenschaften Gottes.[49] Der *Glaubende* erfährt diese „Eigenschaft" jedoch gerade als personales *Tun* Gottes; besser: er erfährt Gott in seinem freien Selbstvollzug auf den Menschen hin und *für* diesen. Gott ist, um auf die Psalmen und die ihnen zugrunde liegenden Lebenserfahrungen zu rekurrieren, „die Burg, der Fels" (das meint die dann später so genannte „Unveränderlichkeit") nicht als ontologisch erschlossenes notwendiges Wesen und als entsprechende Ursache, sondern als lebendig erfahren, und das deswegen, weil Gott sich in seiner liebenden und freien, helfenden und stützenden Grund bietenden Freiheit auf solche Weise *selbst aktuiert* und engagiert, zwar durchaus *aufgrund* seines göttlichen Wesens, aber gerade nicht aus dessen naturaler Notwendigkeit. Solcherart Tun, Handeln, Wirken Gottes ist in unserer Frage entschieden zu bedenken.

Dabei stoßen wir dann auch auf etwas anderes, das wir kennen, freilich kaum sonderlich reflektieren: Wir bemerken nämlich bei solchem Nachdenken die Unzulänglichkeit oder wesentliche Ergänzungsbedürftigkeit mancher unserer Tätigkeitswörter, wenn sie *nur* gemäß ihrer (oft allzu vordergründig aufgefaßten) aktivischen oder passivischen Grundbedeutung angewendet oder interpretiert werden. So ist z. B. das (wirkliche, nicht das bloß „höflich" vorgegebene, dahergesagte) Mit-Leiden *mit* und *in* dem Leiden eines anderen wahres, wirkliches *Leiden* und daher, so gesehen, durch das Passiv wiederzugeben, *wenn* an den und den allein gedacht wird, der dieses Leiden als Mit-Leiden selbst „erleidet", d. h. sich das Leid des anderen selbst zugefügt sein läßt. Genau dieses freiwillentliche Mit-*Leiden* ist jedoch das glatte Gegenteil von Passiv-Sein; es ist eine eminent aktive Weise eines personalen *Tuns,* Wirkens, das sich gerade auch im *anderen* auswirkt, also ein transeunter freier Akt, weil ja bewußt und gewollt *mit* dem ursprünglich Leidenden und *auf ihn hin* getan (wiederum: *falls* dieser solches für sich auch geschehen *läßt* und darum wissen mag. Man kann sich ja auch solcherart Beteiligen verbieten).

In entsprechend anderer Richtung geschieht Einwirken und Einwirken-Lassen, Beeindrucken und Beeindrucken-Lassen in jenen Fällen, da jemand für einen anderen Vorbild zur Nachahmung, zum Sich-Gleichgestalten wird. Eine Person *kann* Vorbild und nachstrebenswertes Leitbild für jemanden anderen sein, *ohne* selbst davon zu wissen oder es gar selbst zu „tun". Es kann aber auch ausdrücklich gewollter, freier Selbstvollzug der betreffenden Person im Blick und mit Zielrichtung auf andere sein, wie es ja z. B. für Jesus bzw. Gott Vater als von Jesus stets vorgestelltes „Ideal" (vgl. etwa Mt 5,45.48; Phil 2,1–5; 1 Joh passim u. ä.) gilt. Dann liegt ein nochmals ganz eigentümliches Wirken vor, das ein wahres Sich-Aktuieren auf den anderen hin, ein *Tun* ist, das jedoch „nur" durch das freie Sich-selbst-Bestimmen des anderen zur „Wirkung" gelangt. Hier wäre die Kategorie der Formal-Ursache (z. B. als Exemplarursache oder im Sinne der causa formalis extrinseca oder quasiformalis) am ehesten am Platz (keineswegs aber die der Erst- und Zweitursächlichkeit), wenngleich sie *allein* wahrscheinlich auch nicht ausreicht, um das bewußte und gerichtete *Tun* des Vorbild-Seins herauszustellen. Gerade das aber wird für unsere Frage nach den möglichen Weisen göttlichen Wirkens, hier also im Falle göttlichen Vorbild- und Sinn-*Gebens* auf entsprechendes Maß- und Sinn-*Nehmen* seitens des Geschöpfes und darin geschehende geschöpfliche Selbstbestimmung hin, entschieden zu beachten sein.

Um mit Beispielen hier abzubrechen, kann jetzt zusammenfassend gesagt werden: Wollen wir die Weisen göttlichen Wirkens, die es zuallererst zu reflektieren gilt, zu Gesicht bekommen und theologisch „einordnen" und zur Sprache bringen, so haben wir offensichtlich *zunächst* entschieden und nachdrücklich auf solche zu achten, die wir im Vorausgehenden beispielhaft und stellvertretend für zahlreiche andere genannt haben. Eine entsprechende Erarbeitung scheint noch auszustehen, vor allem auch was ihre philosophische Durchdringung angeht.

e) Zum Einsatz personaler Ausdrucks- und Wirk-Medien

In einem weiteren Überlegungsgang ist hier auf ein anderes, nicht minder wichtiges Moment hinzuweisen und entsprechend zu entfalten, das personalem Wirken zugeordnet ist, ihm entspringt und von ihm her sein ontologisches Gewicht empfängt. Person ist nämlich, wie es unsere Alltagserfahrung allenthalben aufweist und hier nicht erst entfaltet zu werden braucht, befähigt, die Symbolfähigkeit und Symbolträchtigkeit der Welt und der in ihr vorfindlichen nicht-personalen Seienden für ihr personales Wirken einzusetzen. Wir erfahren und erkennen die Welt und alles in ihr Seiende als von Gott, dem Schöpfer, *so* Geschaffenes, daß ihm „neben" und „in" seinem ihm je verliehenen *Eigen*-Sein *zugleich noch* diese eigen-artige Möglichkeit (Mächtigkeit; potentia) eingegeben ist, symbol-fähig und somit symbolträchtig sein zu können. Abgesehen davon, daß alles und ein jedes Geschaffene schon als solches und in seinem Eigen-Sein selbst „mehr" kündet und zu verstehen gibt als nur sich selbst, nämlich auch Gott als Schöpfer,[50] so gilt, daß alles und ein jedes *auch* dazu „dienen" kann, Ausdrucksmittel oder Ausdrucksgeschehen eines anderen, nämlich Personal-Ursprünglichen zu sein. Dem entspricht, daß Person – sei es nun Gott aus eigener schöpferisch-freier Macht und Entschlußkraft, sei es die geschaffene Person aufgrund der ihr verliehenen Freiheitsermächtigung – sich anderer Seiender „bedienen" kann, um sich selbst *in* ihnen und *mittels* ihrer „zum Ausdruck zu bringen", zumal auf andere Personen und deren Freiheit hin. Dieses Inanspruchnehmen verfälscht die Seienden keineswegs in deren eigenem Sein, noch werden diese vergewaltigt, falls sie als Symbol, als Zeichen, als Ausdruck eines anderen eingesetzt werden. Es gehört ins Wesen unserer Freiheitserfahrung, daß den Person-Seienden diese Ermächtigung zuteil wurde und daher deren Ausübung dem Sinn und Geist der Schöpfung entspricht (worin keineswegs die X-Beliebigkeit solcher Machtausübung impliziert ist). Die auf diese Weise beanspruchten Seienden dienen daher dem Personalen im Sinne etwa der Instrumentalursächlichkeit, ohne daß damit gesagt sein soll, mit dieser Kategorie sei das ganze Phänomen schon hinreichend erfaßbar.

In einer nochmals spezifischen Weise ist das jetzt Gemeinte zu begreifen, wenn Person eine andere Person in Anspruch nimmt, also jemanden anderen „für" sich da-sein und tätig werden läßt, so daß dieser als „Repräsentant", als „Stellvertreter" kraft freien Engagements da-ist und wirkt. Hier von Instrumentalursächlichkeit sprechen zu wollen, wäre nur dann sachgerecht, wenn die Freiheit der in Anspruch genommenen Person voll gewahrt und daher auch zur Sprache gebracht wird. Nichtpersonalem Seienden gegenüber hat Person ja offensichtlich die Macht, ihm wirkmächtig einzugeben, was es ungefragt als frei-gewähltes Medium an Personalem vermitteln kann und soll. Dem *selbst* Person seienden anderen Seienden vermag nur durch Inanspruchnahme seiner ihm eigenen Freiheit wahre Vertretungs- und Repräsentierungsmacht eingegeben zu werden; diese Person muß sich (z. B. durch Gehorsam; durch personale Ein- und Zustimmung in den Freiheitsentschluß der anderen Person) frei entscheiden, „für“ die und „anstelle“ der sie in Anspruch nehmenden Person da-sein und wirksam sein zu wollen. Sie vermag dann jedoch nie „mehr“ zu vermitteln, als ihr die betreffende Person selbst frei „eingegeben“ hat und zu vermitteln aufträgt. Dieses Eingeben „muß“ die sich und ihr Persönliches repräsentieren lassen wollende Person *selbst,* persönlich und *unmittelbar* tun, was aus der Natur der Sache, eben aus dem Sein und dem Begriff des Person-Seins hinreichend offenkundig ist. Deswegen hebt solcherart Repräsentieren einer Person durch eine dazu ermächtigte andere die ursprüngliche Unmittelbarkeit nicht nur nicht auf, sie setzt sie vielmehr voraus *und* übt sie wirkmächtig aus. Letzteres gilt jedenfalls für manche Fälle entscheidender personaler Zuwendung Gottes auf den Menschen hin, wenn er sich z. B. zu dessen Heil anderer Menschen als Mittler „bedient“, wie es etwa im sakramentalen Geschehen der Fall ist. Da liegt ja gerade nicht ein Abwesendsein Gottes vor, das Stellvertretung gemäß üblichem Sprachgebrauch notwendig macht; vielmehr spricht die Heilige Schrift in solchem Fall von Mit-Wirken, von „Mit-Arbeiter Gottes“, „in“ denen Gott selbst da-ist und wirkt, nicht in „vermittelter Unmittelbarkeit“, sondern in *solcher* personalen Unmittelbarkeit, die in ihrer Eigen-Artigkeit gerade durch das *Mit*-wirken-Lassen, das *Beteiligen,* das Kon*form*-werden-Lassen von geschöpflichen Personen im eigenen Wirken charakterisiert ist.[51] In diesem eigentümlichen Miteinander-Wirken liegt Unmittelbarkeit *beider* vor; die menschliche Person ist gerade nicht ein *Zwischen* zwischen Gott und dem „Adressaten“ göttlich-sakramentalen Wirkens.

Diesem personalen Inanspruchnehmen des Menschen seitens Gottes korrespondiert das mögliche, weil von Gott selbst her in seinem „Bundesschluß“ mit seinem Geschöpf, dem Menschen, begründete Inanspruchnehmen-Können Gottes seitens des Menschen. Die in der Heiligen Schrift vielfältig hervorgekehrte Grund-Zusage Gottes seiner selbst – „Ich will euer Gott sein“ – ist ja die Grund-*Einladung* Gottes im Bundesentschluß seiner göttlichen Liebe, u. a. sich persönlich bereit zu halten *auch* für nicht ursprünglich göttlich-freie, sondern ursprünglich menschlich-freie Intentionen eines Wirkens in Welt und Geschichte. Gott läßt sich leiten von freien Entscheidungen des namentlichen Menschen oder entsprechender menschlicher Gemeinschaften. Er hat sich als offen erklärt für ein Mit-Engagiertwerden in dem, was Menschen aus ihrem eigenen spontanen Entschluß wollen. Wir brauchen hier beispielhaft nur an das Beten, an das Bittgebet vor allem, zu erinnern, an das Für-den-anderen-bei-Gott-Eintreten. Wir wenden hier übrigens nur an, was wir weiter oben schon erkannt und als personale gottgestiftete Lebens- und Liebesgemeinschaft benannt hatten.[52] *Hier* sei gerade auf das für unsere Fragestellung Bedeutsame hingewiesen, daß gerade dieses *Einladen* Gottes, daß der Mensch seine Bitten (wenn auch nicht *nur* solche) äußere, nicht nur die *Verheißung möglichen* göttlichen Engagements meint. Dieses Einladen ist schon Selbstvollzug Gottes auf den Menschen hin, weil freies Sich-erklärtermaßen-bereit-*Halten* für mögliches Wirken. Dieses Sich-bereit-Halten ist nicht *nur* ein gott-immanenter Akt, vielmehr selbst schon *auch* ein transeuntes Wirken, da es die geschöpfliche Person „bewegt", ihr persönliches Bitten-*Können* auch frei zu aktuieren. Gottes tatsächlich gehörte und aufgenommene Bitte, ihn sich Gott sein zu lassen im *eigenen* Leben und *für* dieses, bewirkt *in* der geschöpflichen Person deren Freiheit gerade zu *diesem* Sich-Aktuieren, nämlich zum persönlichen Bittgebet ausdrücklich an Gott. Auch hier dürfte sich wieder herausstellen, wie wenig sachgerecht es wäre und zugleich wie wenig theologisch fruchtbar, im Blick auf Gottes Wirken nur mit der Kategorie der Erst- und Zweitursächlichkeit, aber auch der Prinzipal- und Instrumentalursächlichkeit operieren zu wollen. Ohne deren Einsatz am gegebenen Ort zu widersprechen, soll hier doch für die größere Fülle plädiert werden.

Als Ergebnis unserer Überlegungen können wir festhalten: Die bisher vorgelegten Versuche, das Wirken Gottes in Welt und Geschichte in seinem Wie einsichtig zu machen, zumal solche, die als heute weitgehend anerkannte im Vorausgehenden vorgestellt und besprochen wurden, erweisen sich als theologisch nicht hinreichend geklärt. Sowohl, was ihre faktisch wirksamen Voraussetzungen angeht, wie auch, was bestimmte, wenigstens einschlußweise in ihnen enthaltene Folgerungen für das Verständnis der Welt wie der Geschichte und folglich des Verhältnisses Gottes zu seiner Schöpfung betrifft, hat sich gezeigt, daß dieser Ansatz für eine gültige Lösung der Frage als unzureichend zu gelten hat. Es konnte beispielhaft herausgestellt werden, wo vor allem neu anzusetzen sein wird. Die meist angewandte, zum Teil ausschließlich beanspruchte Kategorie der Erst- und Zweitursächlichkeit oder einer einseitig verstandenen Transzendenz Gottes dürfte erkennbarerweise unzureichend, wenn nicht für die Grundfrage unangebracht sein. Die im zweiten Teil vorgelegten Elemente eines sachgerechten Ansatzes zum Verständnis des Wirkens Gottes in der Welt und in Geschichte, die noch keinen Anspruch auf Vollständigkeit erheben, möchten die Richtung einer Antwort auf die gestellte Frage angeben. Eine volle Ausarbeitung einer solchen Antwort steht noch aus; ihre Einlösung erweist sich gerade auch in Hinsicht auf die heutige Gottesfrage wie auch auf eine glaubwürdige heutige christliche Spiritualität als dringlich.

1 Das Bedenkliche dieses Vorgehens, nämlich mittels einiger weniger Texte das Problem vorzustellen, ohne daß dadurch der Intention und der Aussagen der Werke der zitierten Autoren Unrecht geschieht, ist uns bewußt. Doch möge es der Sache wegen, um die allein es gehen soll, in Kauf genommen werden. Mit der Hervorkehrung oder auch Kritik einzelner Positionen der im folgenden zitierten Autoren verbindet sich keineswegs die Absicht, zu behaupten, *alles* in den angegebenen Werken Ausgesagte sei theologisch nicht haltbar und also zu verwerfen.

2 *E. Schillebeeckx,* Jesus. Die Geschichte von einem Lebenden, Freiburg $^2$1976, 555f; 562f. Die Hervorhebungen stammen von Schillebeeckx selbst.

3 *B. Weissmahr,* Gottes Wirken in der Welt. Ein Diskussionsbeitrag zur Frage der Evolution und des Wunders, Frankfurt 1973, 187. Wir zitieren dieses Werk im folgenden mit Weissmahr 1973. – Vgl. auch *ders.,* Gibt es von Gott gewirkte Wunder? Grundsätzliche Überlegungen zu einer verdrängten Problematik: StZ 191 (1973) 47–61; *ders.,* Zauber – Mirakel – Wunder. Auf der Suche nach einem ausgewogenen Wunderverständnis: BiKi 29 (1974) 2–5; *ders.,* Bemerkungen zur Frage der Möglichkeit eines nicht durch Geschöpfe vermittelten göttlichen Wirkens in der Welt: ZkTh 96 (1974) 428–430; *ders.,* Kann Gott die Auferstehung Jesu durch innerweltliche Kräfte bewirkt haben?: ZkTh 100 (1978) 441–469.

4 Vgl. *Weissmahr* 1973, bes. 142f (mit Anm. 290), wo W. sich selbst ausdrücklich zu dieser Frage äußert und seine Position begründet.

5 Weissmahr beruft sich weitgehend auf K. Rahner, geht jedoch auch mit den Auffassungen anderer Autoren konform; wie etwa Flick-Alszeghi, Smulders, Feiner, Boros, Schoonenberg (vgl. dazu Näheres bei *Weissmahr* 1973). Er selbst bestätigt und vertieft seine Position in zwei Bänden des Grundkurses Philosophie, nämlich in seiner „Ontologie" (Grundkurs III, Stuttgart 1985) und in seiner „Philosophischen Gotteslehre" (Grundkurs V, Stuttgart 1983, Nachdr. Leipzig 1989).

6 Vgl. dazu Weissmahrs eigene Feststellung in seinem Aufsatz über das mögliche Verständnis der Auferstehung Jesu (vgl. oben Anm. 3, bes. 441 mit Anm. 4 und 442.) – Freilich gibt es auch Stellungnahmen, die eher reserviert reagieren, z. B. W. Kern in der Rezension zu Weissmahr 1973: ZkTh 96 (1974) 136–139.

7 Vgl. dazu die Zusammenfassung Weissmahrs, die wir wiedergegeben haben: oben S. 120f. Vgl. ebenso die Texte hier S. 122f, 126f.

8 *Weissmahr* 1973, 70.

9 *Weissmahr* 1973, 71.

10 Vgl. dazu *K. Rahner,* Die Hominisation als theologische Frage, in: *P. Overhage – K. Rahner,* Das Problem der Hominisation (QD 12/13), Freiburg 1961, 57–61; dazu *ders.,* Grundkurs des Glaubens. Einführung in den Begriff des Christentums, Freiburg 1976 (Nachdr. Leipzig 1978) 88–96. – Vgl. *Weissmahr* 1973, 33–39.

11 Daß *alles* Geschehen *in* der Welt durch das Wirken *zweitursächlicher* Kräfte zu erklären ist, und zwar *in Vollständigkeit,* und das eingesehenerweise aus metaphysischer Notwendigkeit (u. a. durch Gottes Transzendenz gefordert), ist der durchgehende Tenor der Aussagen Weissmahrs (und Rahners, wie auch anderer). Die *Absolutheit* dieser Sentenz ist das eigentlich Frag-Würdige; ihr gilt daher der erste Überlegungsgang.

12 K. Rahner schreibt: „Ferner aber ist hier das zu sagen, was schon Thomas von Aquin gesagt hat, wenn er betont, daß Gott durch zweite Ursachen wirkt. Natürlich ist dieser Satz sehr differenziert zu verstehen ..., aber hier kommt es uns zunächst auf den genannten Satz bei Thomas an. Er besagt, wenn man ihn nicht verharmlost, daß Gott *die* Welt wirkt und nicht eigentlich *in der* Welt wirkt. Daß er die Kette der Ursächlichkeiten trägt, nicht aber sich als ein Glied durch sein Handeln in dieser

Kette der Ursachen als eine unter ihnen hineinschiebt" (Grundkurs 93f; vgl. *ders.*, Die Hominisation 58, hier belegt in Anm. 10). – Rahner gibt nicht an, auf welche Texte er sich bei Thomas stützt. In „De potentia Dei" sagt Thomas jedenfalls das genaue Gegenteil: „Respondeo dicendum, quod absque omni dubio Deus in rebus creatis potest operari praeter causas creatas, sicut et ipse operatur in omnibus causis creatis, ut alibi ostensum est; et operando praeter causas creatas potest operari eosdem effectus, quos eisdem mediantibus operatur, et eodem ordine; vel etiam alios, et alio ordine; et sic potest aliquid facere contra communem et solitum cursum naturae."
Andere einschlägige Stellen sagen dasselbe und also gerade nicht, was Rahner wie selbstverständlich als Sentenz des Thomas und als allgemein anerkannt hinstellt. Vgl. auch S. Th. I. 105, 1 ad 3; 2 c. Thomas unterscheidet, was im *ordo communis rerum* wegen der Vorsehung Gottes geschieht, von dem, was gelegentlich durch Gottes unmittelbares Wirken *auch* geschehen kann. Natürlich gibt es hier für uns heute manche Fragen, die noch ihrer Lösung harren. Doch kann Thomas nicht *so* für etwas in Anspruch genommen werden, wie es die Sentenz Rahners suggeriert.

[13] Damit kein Mißverständnis aufkommt, sei eben angemerkt, daß natürlich jedes instrumentalursächlich gewirkte Geschehen *auch* und zuerst von dem her ermöglicht und verwirklicht wird, was mit Erst- und Zweitursächlichkeit bezeichnet wird. Was nämlich als *Eigen*wirken des *instrumentum* im eigen-artigen *Zusammenwirken* von Prinzipal- und Instrumentalursache zu gelten hat, wirkt das *instrumentum* zweitursächlich. Aber zweitursächliches Wirken *als zweitursächliches* will gerade nicht als vermittelndes verstanden sein. Wenn es das (auch) ist (was ja möglich ist), dann nicht aufgrund seiner Zweit-, sondern seiner Instrumentalursächlichkeit. Vgl. *W. Kern,* Instrumentalursächlichkeit, in: LThK V, Freiburg 1960, 716f. – Hier wäre über all das hinaus auch zu bedenken, was mit der Kategorie des *Symbols* und des *Sakramentes* (im weiteren wie im engeren Sinn) gefaßt werden soll; vgl. etwa *J. Splett,* Symbol, in: SM IV Freiburg 1969, 784–789; *R. Schulte,* Sakrament(e), in: ebd. 327–341.

[14] Es sei nochmals auf die apodiktischen Sätze hingewiesen, die wir oben zitiert haben (S. 120f, 122f). Auch ist die eigenartige Logik von Formulierungen zu beachten wie dieser: „Ein Wirken Gottes in der Welt ohne, *und deshalb anstelle* einer geschöpflichen Ursache" (187); so öfter.

[15] *Weissmahr* 1973, 95 und 67; ähnlich 93.

[16] Daß der Begriff „Welt" natürlich in unterschiedlichstem Sinn Verwendung findet, je nach Sachgebiet, das besprochen wird, ist offenkundig. Um so mehr ist deswegen auf ihn zu achten, wenn er ausdrücklich zur Diskussion steht, was in der Frage nach „Gottes persönlichem Wirken in der Welt und in der Geschichte" ganz offenkundig der Fall ist. Biblisch ist der Ausdruck schon vieldeutig; er *kann* das Universum meinen („Himmel und Erde"; „auf der ganzen Erde" u. ä.); er meint oft die Menschenwelt, d. h. die dem Menschen anheimgegebene oder von ihm gebaute, ja auch verunstaltete Welt, was sich mit der Bedeutung der Welt als der bösen zum Teil decken kann; die Welt ist aber auch die der „Mächte und Gewalten". Weiter wird von „*dieser* Welt" im Gegensatz zur „kommenden Welt" gesprochen. Welt als Gottes gute Schöpfung, Welt als Kulturwelt, als die vom Menschen gestaltete Weltwirklichkeit und Welt als das Gesamt der gottwidrigen Mächte, der Sünde, das alles kann „Welt" schon biblisch heißen. Wenn wir, um ein gänzlich anderes Beispiel zu nennen, an Heidegger und seine Philosophie denken, an sein Verständnis des Menschen als „Dasein in der Welt", dann ist klar, daß damit ein wieder ganz anders gefaßter Welt-Begriff vorliegt, mit allen Folgen für Aussagen, die er notwendig impliziert. Könnte es z. B. bei Heidegger einen Ausdruck wie „innerweltlich" geben, gemäß dem gängigen Verständnis in theologischen Aussagen? –

[17] *K. Rahner,* Die Hominisation (vgl. Anm. 10) 59 u. ö.; dazu *Weissmahr* 1973, 35–39.

[18] *K. Rahner,* Die Hominisation (vgl. Anm. 10) 80.

[19] Vgl. dazu nochmals *K. Rahner,* Grundkurs 94: Es gilt, „daß Gott *die* Welt wirkt und nicht eigentlich *in der* Welt wirkt. Daß er die Kette der Ursächlichkeiten trägt, nicht aber sich als ein Glied durch sein Handeln in dieser Kette der Ursachen als eine unter ihnen hineinschiebt. Die Kette selbst als ganze, also die Welt in ihrer Verflochtenheit und nicht nur in ihrer abstrakt formalen Einheit, sondern auch in ihrer konkreten Differenzierung und den tiefgreifenden Unterschieden der Momente am Ganzen der Weltwirklichkeit, ist die Selbstoffenbarung des Grundes. Und er selbst ist in dieser Ganzheit als solcher nicht unmittelbar zu finden. Denn eben der Grund kommt nicht innerhalb des Begründeten vor, wenn er wirklich der radikale, also der göttliche Grund und nicht eine Funktion in einem Geflecht von Funktionen ist". Nochmals ist zu fragen, ob es denn *nur diese* Alternative gibt und von woher das feststehen könnte. *Entweder* göttlicher Grund *oder* Funktion in einem Geflecht von Funktionen (oder, wie andernorts: Ursache unter Ursachen), das ist eine Alternative, die im Blick gerade auf Gott christlichen Verständnisses in dieser Absolutheit nicht gilt, wie z. B. aus dem oben zitierten Text bei Thomas hinreichend ersichtlich ist. Es gibt z. B. eine andere, „dritte" Möglichkeit (weil aus dem Glaubenswissen bekannt), nämlich daß Gott *mit* Geschaffenem, unter geschichtlichen Bedingungen, die nicht er (allein) gesetzt hat, und durch Mitwirken von Geschaffenem, z. B. *als materia* (prima oder secunda; Materialursache) persönlich wirkt, und das ohne geschöpfliche *Wirk*ursache (die Kategorie Erst- und Zweitursache betrifft ja die causa *efficiens!*). Daher ist nicht erwiesen, daß wegen der von Rahner genannten Verflochtenheit aller von *Gott als Grund* begründeten und getragenen (= geschaffenen) Seienden es widersprüchlich wäre, Gott prinzipiell auch selbst *in* diesem Ganzen *als Gott* (als der er ja „mehr" ist denn *nur* Grund) „vorkommen" und sein zu lassen, ohne daß er deswegen notwendig als ein geschaffenen Wirkursachen gleichgearteter Wirkender zu gelten hätte.

[20] Wir beachten auch die eigentümliche Verschränkung, wenn nicht gar (sachlich unberechtigte!) Gleichsetzung von „zweitursächlich" und „geschöpflich", wie sie z. B. bei Weissmahr ständig begegnet; vgl. Weissmahr 1973, 3; 6; 7; 63; 64; 68; 72; 109 (Weltdinge); 157 u. ö. Dem entspricht, daß Gott als Schöpfer identisch gesehen wird mit Gott als Erstursache bzw. Gottes Transzendenz schlicht mit seiner Schöpfer-Transzendenz identifiziert und bedeutungskongruent angesetzt erscheint. Vgl. *Weissmahr* 1973, 141f u. ö.; *P. Schoonenberg,* Ereignis und Geschehen (vgl. unten Anm. 34), 130 (Gott ist in der Welt „transzendent *und deshalb* schöpferisch anwesend"). Vgl. nochmals die eigentümliche „Logik", auf die in Anm. 14 hingewiesen wurde.

[21] Hiermit wird eine prinzipielle, vor allem fundamentaltheologisch anzugehende Frage berührt. Es ist das die nach dem prinzipiellen Ansatz der Philosophie einerseits und der christlichen Theologie andererseits, zugleich aber auch die Frage danach, wieweit ein transzendentaltheologischer Ansatz für die Systematische Theologie zu reichen, in welchem Maße er Richtlinie zu sein vermag. Dasselbe nochmals anders gewendet: Vermag ein transzendentaltheologischer Ansatz ein *hinreichendes* Fundament zu liefern für das, worum sich christliche Theologie in der von ihr geforderten (wenngleich wohl nie voll einzulösenden) *Fülle,* nämlich als *intellectus plenitudinis fidei Ecclesiae credentis,* zu bemühen hat? Mit dieser Fragestellung ist nichts *gegen* einen rechtens durchgeführten transzendentaltheologischen Ansatz und eine entsprechende Ausführung der Systematischen Theologie gesagt, wohl aber die Forderung beachtet, daß nicht der menschliche, wie immer bemühte Intellekt das eigentliche, erste und letzte Kriterium für die Möglichkeit der Einsicht in christliche Glaubensinhalte ist. Nach wie vor dürfte gelten, wenngleich heute in abgewandelter Weise

zu betrachten und zu bewerten, was Thomas deutlich gesehen und z. B. in seiner Summa contra Gentiles ausdrücklich zur Sprache gebracht hat: II. 4.

22 Dem hebräischen Text des Psalmes zufolge ist von der „Erde" und dem „Himmel" wie in Gen 1,1 die Rede, also vom Gesamt der Schöpfung als Werk Gottes. „Himmel" bedeutet daher keineswegs den „Ort" Gottes, von der „Welt" („Erde") des Menschen unterschieden zu verstehen, was andernorts ja gelegentlich der Fall ist: vgl. Ps 115,16. Die Formel „auf der ganzen Erde" gibt die hebräische Formulierung „im Gesamt der Erde" wieder, ist daher zusammen mit (und nicht im Gegensatz zu) „Himmel" zu verstehen als „in der ganzen Welt" und meint die ganze Schöpfung. *In* ihr wird *Jahwe* selbst als herrlich erfahren, gleichsam „neben" allem anderen Erfahrbaren, jedenfalls nicht nur uneigentlich oder „transzendental". Vgl. zu Ps 8 und seine Interpretation auch *H.-J. Kraus,* Theologie der Psalmen (= Bibl. Komm. AT XV/3), Neukirchen-Vluyn 1979, 72–82.

23 Wenn beachtet wird, wie die Heilige Schrift (freilich in der ihr eigenen Weise) von der tatsächlichen und daher möglichen Erkenntnis sowohl der (geschaffenen) Dinge und der Welt insgesamt, wie auch des Menschen und eben auch Gottes spricht, und das offensichtlich gerade nicht in der Weise von gleicherweise Seienden, dann ist die *Gefahr* einer fatalen Verwechslung Gottes mit einem Seienden unter anderen (ihm prinzipiell gleichenden) Seienden ohne allen Zweifel zu sehen. Das darf aber nicht dazu führen, die mögliche rechte Sicht- und Erkenntnisweise *nicht* anzuwenden, zur Sprache zu bringen und gegebenenfalls auch im Namen des christlichen Glaubens einzuklagen.

24 Die Unentschuldbarkeit der Menschen (nicht nur der Heiden!), was den Nicht-Erweis der Ehre Gottes und des Dankes ihm gegenüber angeht, ist ja gerade darin begründet, daß sie der *Selbstoffenbarung Gottes* durch ihre Ungerechtigkeit, „durch das Niederhalten der Wahrheit", die aufgrund von *Offenbarung,* nicht zuerst aufgrund eines Denkergebnisses geschaut und tatsächlich erkannt ist, begegnen. Vgl. auch *H. Schlier,* Der Römerbrief, Freiburg 1977 (Nachdr. Leipzig 1978) z. St.: „Paulus denkt also nicht wie die jüdisch-hellenistische Weisheit an eine Schlußfolgerung und in den Kategorien von Ursache und Wirkung" (54). Es sei auch gefragt, ob der Dativ in V 20 („ *τοῖς ποιήμασιν* ") nicht eher im Sinne des dativus localis denn des dativus instrumentalis, wie meist gesagt, zu verstehen ist (Schlier übersetzt auch: „*an* dem Geschaffenen"). Denn Paulus denkt ja nicht an Schlußfolgerung *durch* die Erkenntnis der Werke *auf Gott hin,* sondern daran, daß Gott sich selbst „in" seinen Werken, „inmitten" ihrer, zu schauen gibt. Vgl. auch den recht zu verstehenden Sinn von „ *νοούμενα καθορᾶται* " (s. Schlier z. St.).

25 Auch hier stellen sich wieder prinzipielle Fragen, vor allem auch fundamentaltheologischen Charakters, ein. Es sei hier ausdrücklich zur Frage erhoben (wenngleich kein Raum ist, eine hinreichende Lösung für sie anzudeuten), ob mit dem in der Formel der „vermittelten Unmittelbarkeit" der Erfahrung und daher Erkenntnis Gottes (und seines persönlichen Wirkens) Gemeinten das in hinreichender Fülle erreicht werden kann, was z. B. die vorhin vorgestellten Texte der Heiligen Schrift (und sie waren nur Beispiele) vor Augen stellen. Reicht es aus, was E. Schillebeeckx einmal so formuliert: „Von uns aus gesehen, gibt es also *vermittelte Unmittelbarkeit.* Zwischen Gott und unserem Bewußtsein von Gott befindet sich unüberwindlich die geschichtliche, menschliche und natürliche Schöpfungswelt, die konstitutives Symbol der realen Gegenwart Gottes für uns ist" (*E. Schillebeeckx,* Christus und die Christen. Die Geschichte einer neuen Lebenspraxis, Freiburg 1977, 792)? Gilt das „Zwischen" oder nicht eben auch das „Mit"? So nämlich, daß wohl *nie ohne* solche Bedingungen, jedoch nicht prinzipiell aufgrund *notwendiger Vermittlung* geschöpflicher Wesen Gott unserer Erkenntnis gegenübersteht? Es sei die Frage gestellt, ob theologisch nicht doch eingehender beachtet und reflektiert sein müßte, daß zunächst

Gott es ist, der *sich selbst* zu erfahren und daher zu erkennen *gibt,* und zwar auch schon im Schöpfungsgeheimnis (das ja nicht einfach nur „Natur“ konstituiert). Unsere Weise, die sog. Natürliche Theologie zu treiben (und dabei „Schöpfung“ eben noch nicht als Gnadengeschehen im Sinne von wahrer, wenngleich erst „beginnender“ und also noch „auffüllbarer“ Selbstmitteilung Gottes zu verstehen), hindert uns zu sehr, das Erkennen nicht stets *nur* vom erkennenden Subjekt her, als *dessen* Tun zu begreifen, sondern zuerst einmal von dem her, von dem das Erkennbare *gegeben* wird, und zwar gerade *besorgt, daß* es erkannt werde. Alle (geschöpfliche) Erkenntnis ist ja nicht zuerst im eigenen Vollzug des Erkennenden begründet. vielmehr in der der Erkenntnis zuvorliegenden, sie allererst ermächtigenden Vor-Gegebenheit des zu Erkennenden. Theologisch gesprochen: Gott selbst besorgt seinerseits unser Erkennen Gottes, und das nicht nur durch Verleihung unseres Erkenntnis*vermögens,* sondern (auch) durch das Sich-selbst-zur-Erfahrung- und also -zur-Kenntnis-*Gebens* als *sein Tun.* Auch philosophisch müßte hier doch eingehender mitbedacht werden, daß nicht der Erkennende das Geschehen *beginnt,* das wir Erkennen nennen, sondern (philosophisch gesprochen) das *Gegeben-Sein* des Erkennbaren, das gerade nicht Passivität (ein „Sich-gefallen-lassen-Müssen“ des Erkanntwerdens) ist, sondern eigentümliches *Wirken* (wie immer näher zu bestimmen). *Unser* „Zugehen“ auf die Wirklichkeit gründet doch wesentlich *auch* in diesem eigentümlichen Sein (= *Akt*-Sein; Wirklich- und Wirksam-Sein) des Erkennbaren, nämlich in seinem ursprünglich Gegeben-Sein. Damit ist aber unser, als in unserer „Endlichkeit“ begründet behauptetes „Unvermögen zu voll-gültiger Erkenntnis“ entschieden relativiert, jedenfalls was die Gotteserkenntnis angeht. Ihre Kraft und ihr Ausmaß sind ja zuerst an dem zu „messen“, was Gott selbst als Sich-zu-erkennen-Gebender (= Offenbarer seiner selbst, das er nicht als Erleidender, sondern als Wirkender ist) *wirkt,* weswegen die darin gründende prinzipielle Offenheit und Mächtigkeit unseres Erkennen-Könnens bleibend mit-beachtet sein will. Theologisches Denken muß jedenfalls stets aufs neue darauf achten, daß es nicht zu einer Einengung der Sicht kommt, wenn nämlich naturwissenschaftliche oder (nur *philosophisch* bedachte) metaphysische Erkenntnisse oder Prinzipien das entscheidende Kriterium für *theologisch* mögliche und gültige Einsichten abgeben, ob bemerkt oder nicht. Es muß stets damit gerechnet werden – so lehrt es die Theologiegeschichte –, daß uns die Glaubenseinsicht (intellectus fidei) dazu bringt, neue, bisher vielleicht nicht erkannte oder beachtete metaphysische Erkenntnisse zu gewinnen zu suchen. Die Geschichte des Gottesbegriffs im Bemühen um die Trinität, speziell im Umfeld des Arius, oder auch das bis heute nicht zur Ruhe gekommene Bemühen um einen für alle theologischen Bereiche gültigen Person-Begriff wären dafür einige Beispiele.

26 Es sei hier ausdrücklich auf die Aussagen des Joh-Prologs hingewiesen, gemäß dem der Logos schon immer *in* der Welt war, da alles durch ihn geschaffen ist (und er also in der Inkarnation auf *neue* Weise in die Welt gekommen ist, als Fleischgewordener). Vgl. dazu insgesamt *R. Schnackenburg,* Das Johannesevangelium I., Freiburg 1967 (Nachdr. Leipzig [2]1974) 197–269.

27 Es sei nochmals betont, daß es uns nicht um die Zurückweisung oder Geringschätzung dessen geht, was in den vielen theologischen Aussagen zu unserer Frage erarbeitet ist; es geht vielmehr darum, auf ausgelassene oder nicht hinreichend ausgewertete Inhalte des christlichen Glaubenswissens aufmerksam zu machen und allerdings für deren Beachtung ausdrücklich zu plädieren, weil es andernfalls zu jener Absolutheit der Aussage kommt, auf die wir oben hingewiesen haben: S. 120f, 122f mit Anm. 8 u. 9.

28 Vordergründig betrachtet, könnte die erste Aussage des Credo als eine über den unvordenklichen Anfang alles Geschaffenen angesehen werden. Doch spricht das

christlich-glaubende Individuum (bzw. die Glaubensgemeinschaft) *zuerst* gerade *von sich selbst* als Glaubendem („Ich glaube an Gott"), und meint daher Gott zuerst als Schöpfer (christlichen Verständnisses!) des *eigenen* Seins (nicht unähnlich der Aussage des Ps 8 u. ä.), der freilich zugleich der Schöpfer der Welt, des Universums ist.

29 Es ist zudem an dieser Stelle wenigstens zu fragen, ob es theologisch sinnvoll ist, „Welt" als das Ensemble alles geschaffenen Seins, als das Universum also, in jener Abgeschlossenheit anzusehen, wie es bestimmte Ansätze bei K. Rahner suggerieren, wenn die entsprechenden Folgen mitbeachtet werden. Vgl. etwa Grundkurs 94 Text s. oben S. 156f Anm. 12. Nicht viel anders begegnet das Verständnis heute oft.

30 Vgl. dazu nochmals die eigenartig selbstverständlich erscheinende, apodiktische Sprechweise bei *Weissmahr* 1973, 67 (Text oben S. 120f mit Anm. 3; S. 122f mit Anm. 8).

31 Im Hinblick auf Sprechweisen, die sich inzwischen eingebürgert haben, nämlich auch im geschöpflichen Bereich von „schöpferischen", „kreativen" Fähigkeiten und entsprechenden Tätigkeiten zu sprechen, ist darauf zu achten, daß das, was *creare* im streng theologischen Sinn genannt wird, ein schlechthin *göttliches* Wirken ist. Es ist der radikale Unterschied zu sehen zwischen dem *Sein* und *Leben* (und Wirken), das den Geschöpfen *kraft Partizipation* am Sein und Leben (Wirken) Gottes, der *allein* das Sein und das Leben kraft seiner selbst ist/hat, *und* dem, was *creare* im strengen Sinn meint. Denn im letzteren gibt es schlechthin kein Partizipieren, wie es für Sein und Leben offenkundig ist (vgl. dazu ausdrücklich *Thomas v. A.*, De potentia Dei 3,4). Daher muß die soeben angesprochene göttliche *Unmittelbarkeit* aufgrund des Schöpferseins Gottes anerkannt und theologisch ausgewertet werden. Es ist bisher kein Grund angegeben, dieses analogielose göttliche Wirken als ein „außerweltliches", als ein nur „von außen" in die Welt Hineinwirken aufzufassen, wobei selbstverständlich der prinzipielle Unterschied sowohl zwischen Schöpfer und Geschöpf, wie auch zwischen Grund/Ursache und Begründetem/Verursachtem gewahrt ist und gewahrt bleiben muß.

32 Vgl. dazu *R. Schulte,* Die Entstehung des (Einzel)Menschen in der Sicht des Dogmatikers, in: *N. Luyten* (Hg.), Aspekte der Personalisation (Grenzfragen VIII), Freiburg – München 1979, 37–101.

33 Hier sei nochmals auf die stets vorausgesetzte, jedoch falsche Alternative hingewiesen: Entweder Gott wirkt absolut allein oder durch Vermittlung der Geschöpfe *als Zweitursachen,* und das so, daß das *Ganze* der Wirkung (des Geschehens) von Gott (als Erstursache) *und* der geschöpflichen Ursache (als Zweitursache verstanden) gewirkt wird und daher als so gewirkt zu gelten hat. Der letzte Teil dieses Satzes stimmt natürlich, weil das zum überkommenen Begriff der Erst- und Zweitursache gehört. Aber es bleibt die Frage, ob diese Alternative richtig und vollständig ist. Es gibt doch auch ein Mit-beteiligt-Sein anderer Art. *Nicht ohne* Geschöpfe zu wirken heißt ja nicht unbedingt und automatisch, mit ihnen *als Zweitursachen* zu wirken, so dazu, daß Gott *nur* als Erstursache zu wirken imstande ist. Es gibt andere Weisen des Mitbeteiligtseins und daher des Beteiligtsein-Könnens. Es gibt z. B. Bedingungen, unter denen und also ohne die nicht gehandelt wird oder werden kann; es gibt die Einbeziehung oder auch sachnotwendige Mitverursachung eines „Materials" (Materialursache!) und Ähnliches, die jeweils materialursächlich und gegebenenfalls auch formalursächlich beteiligt sind, also durchaus ursächlich, aber deswegen gerade nicht im Sinne einer *Wirk*ursache (causa *efficiens*; und nur in ihr ist die Unterscheidung von Erst- und Zweitursache angesiedelt). Daher: Selbst wenn es gälte, daß Gott „seit" dem Schöpfungsbeginn *nie* mehr *ohne* Mitbeteiligung von Kreatur wirkt, so heißt das nicht automatisch und notwendig, sein Wirken sei nur durch Zweitursachen total vermittelt.

33a Mit dieser Aussage ist natürlich keineswegs behauptet, einzelne Teilwissenschaften, so vor allem auch die Naturwissenschaften, könnten nicht mit einem engeren Welt-Begriff operieren; für sie ist das sogar angezeigt. Nur muß klar bleiben, daß es sich dann dabei immer um eine wissenschaftstheoretisch gerechtfertigte *Abstraktion* handelt. Zugleich muß für den christlichen Theologen klar sein, daß er sich für *seine* Wissenschaft diesen Begriff nicht unbesehen von woanders her vorgegeben sein lassen darf, der dann notwendig zu unzureichenden Ansätzen und Aussagen führt.

34 Vgl. dazu den oben zitierten Text: S. 119f. – Vgl. auch *P. Schoonenberg,* Ereignis und Geschehen, in: *H. van der Linde – H. Fiolet,* Neue Perspektiven nach dem Ende des traditionellen Christentums, Wien 1968, 119–161, wo als eine zweite These gesagt wird: „Gott wirkt dieses Heil in einer Geschichte. In der vorigen These wurde schon angedeutet, daß Gott jedem in je *seiner* Geschichte Heil anbietet und schenkt. Hier wird behauptet, daß er auch in *unserer* Geschichte wirkt, also in der Menschheitsgeschichte, die so zur Heilsgeschichte wird" (126) (Hervorhebung durch Sch. selbst). – Und noch ein Beispiel möge angeführt sein, das zeigt, wie selbstverständlich hier oft gesprochen wird: „Allerdings betrachtet die Bibel ‚Geschichte' nicht als das planmäßig abgegrenzte Operationsfeld der göttlichen ‚Vorsehung' – ein anderes unbiblisches Wort (wie ‚Natur'). Geschichte ist vielmehr der Raum, in den Gott von Zeit zu Zeit überraschend eingreift, um Menschen zu helfen, ihnen seine Gebote aufzuerlegen und sie für ihren Ungehorsam zu strafen. Genau um diese außergewöhnlichen Eingriffe Gottes in die menschliche Geschichte geht es aber, wenn wir von den Wundern der Bibel sprechen": *R. H. Fuller,* Die Wunder Jesu in Exegese und Verkündigung, Düsseldorf 1967, 16.

35 Es ist nicht übersehen, daß das sog. moderne Empfinden die Welt tatsächlich „ohne Gott" begreift – oder zu begreifen sucht, jedenfalls so zu leben versucht. Es gilt, was H. Mühlen einmal so formuliert hat: „Die gesamte bisherige abendländische Denkgeschichte wurde beherrscht von der Seinsfrage, in welcher zum mindesten im allerersten, *formalen* Ansatz der Frage alles Seiende *unterschiedslos* auf sein Sein hin befragt wird, und diese hat sich nunmehr gewandelt zur alles beherrschenden Wir-Frage. Das traditionelle Welt-All ist nunmehr reflex zu dem geworden, was es immer schon war: zum Menschen-All, welches sich in das Welt-All hinein auslegt und dieses so in sich hinein integriert" (Die Veränderlichkeit Gottes als Horizont einer zukünftigen Christologie, Münster 1969, 7). Es sind jedoch zwei Dinge, nämlich einmal, wie sich die Menschheit *faktisch* versteht (und eben gegebenenfalls mißversteht, d. h. sich verfehlt, z. B. durch die Sünde und ihre bewußte oder unbewußte Bestätigung im tatsächlichen Leben), und andererseits was im Auftrag des Evangeliums einzuklagen ist. Und von ihm her ist die Welt nicht nur und nicht zuerst allein Menschen-All, sondern All der Lebensgemeinschaft Gottes mit den Menschen, Gott-und-Menschen-All.

36 Es sei hier auch auf die verkürzende Redeweise hingewiesen, die nicht selten in entsprechenden Abhandlungen begegnet, nämlich daß Gott (erst und ausdrücklich) in *Jesus* mit seiner Selbstmitteilung *geschichtlich greifbar* geworden und also da ist. Da ist die nachdrückliche Frage zu stellen, was von *Jahwe* und seinem *Dasein* in der Bundesgeschichte, ja eben auch schon in der „Natur", im Universum, wie davon im Alten Testament die Rede ist, gedacht wird. Es wäre ein prinzipielles, verhängnisvolles Mißverständnis, die Gegenwart Gottes, besser und genauer: des göttlichen Logos, *menschgeworden* in Jesus, in dieser unserer Geschichtswelt gegen die gleichfalls (wenn auch anders) erfahrene Gegenwart *Jahwes* in dieser unserer Geschichtswelt ausspielen zu wollen oder diese geringzuschätzen und daher eher zu übergehen.

37 Welt, auch schon allein als „Natur", als Universum verstanden, als Gesamt der nicht-menschlichen Schöpfung, die dem Menschen als Person gegenübergestellt ist

(wenn das Universum so begriffen werden kann), ist keineswegs erwiesenermaßen ein in sich geschlossenes Ganzes, wie es etwa bei K. Rahner (zunächst) suggeriert erscheint. Er spricht von der „Kette der Ursächlichkeiten", die „selbst als ganze, also die Welt" so ist, daß Gott nicht ein Glied dieser Kette ist; oder von dem „Ganzen der Weltwirklichkeit" (Grundkurs 94). Es bleibt zu beachten, daß nicht einmal naturwissenschaftlich gesehen das Universum als ein sog. geschlossenes System zu gelten hat. Der Theologe sollte sich nicht gehalten sehen, etwas gelten zu lassen, was jedenfalls nicht einmal naturwissenschaftlich angenommen wird.

38 Hier kommt zur Auswirkung, was wir oben angedeutet haben: Wird die am gegebenen Ort sachgerechte und notwendige Unterscheidung „Natur – Gnade" unsachgemäß eingesetzt, dann muß es notwendig zu verkürzenden, wenn nicht verfälschenden Aussagen kommen bzw. dazu, nicht mehr zu beachten, was wesentlich mitbedacht werden muß. Wird „Schöpfung" überhaupt noch nicht als Selbstmitteilung Gottes (wenngleich anfänglichen Charakters) begriffen und wird folglich die „Natur" (des Menschen, aber auch überhaupt) *nur* im Sinne der sog. *natura pura,* als die Bedingung der Möglichkeit jeglicher Selbstmitteilung Gottes betrachtet, *dann* muß doch auch das „Gegenüber" dieser *so* verstandenen „Natur" in der gleichgearteten Abstraktheit angesetzt werden. *Dann* darf nicht von „Gott", sondern nur (z. B.) von Erstursache, von (nur ontologisch abstrakt verstandenem!) „tragendem Grund allen Seins" u. ä. gesprochen werden. Dann darf wahrscheinlich auch nicht einmal von personaler Freiheit des Menschen die Rede sein, da diese kaum ohne den sie konstituierenden personal-freien Anruf Gottes persönlich *aus Liebe* verstanden werden kann. Der Mensch ist ja gerade nicht „da" zuerst und nur als potentia oboedientialis (wenngleich natürlich immer *auch* schon das) für möglicherweise ergehende Offenbarung. Er *ist,* wenn *als Mensch* da, schon Offenbarungsrede Gottes persönlich, und *darin* ist er jene potentia oboedientialis *für* den persönlichen *Gott* (und nicht in einer transzendentalen Abstraktheit). Das Ich-Sagen ist schon das Nach-Sagen des Du-Sagens Gottes im Schöpfungsakt dieses menschlichen Individuums (der „Seele" nach früherer Formulierungsweise). Denn das Sich-als-Ich-Begreifen (-Erkennen) *ist* das Verstehen dieses Du-Sagens Gottes, in welchem Gott ja nicht nur diesen Menschen aus-spricht, sondern au„ sich selbst. Hören ist ein personaler Akt. Im Sich-selbst-von-Gott-her-Hören (= Beginn des Ich-Seins *als* ursprüngliches Du Gottes) „hört" der (namentlich gerufene!) Mensch nicht nur, auch nicht eigentlich zuerst *sich selbst,* sondern *Gott* als den Sprechenden (= Schöpfer), als den Sich-Zusprechenden („aus Liebe gerufen"), als den Leben-Versprechenden (falls der Mensch sich annimmt und einstimmt in den „Ratschluß" Gottes). Sich-Denken wie auch Gott-Denken geschieht ursprünglich und kann nur geschehen als (allererstes) *Antworten* im Sich-Behaupten (= Ich-Sagen) *als* diesen namentlich von Gott ins Sein, d. h. zu sich Gerufenen.

39 Gelegentlich wird in diesem Zusammenhang darauf hingewiesen, daß die jeweils größere (von Gott schöpferisch verliehene) Seinsmächtigkeit geschaffener Wesen dazu proportional entsprechend deren Freiheit größer sein läßt, zugleich aber auch die entsprechende Gott-Abhängigkeit. Beides impliziert gerade keinen Widerspruch. Das je größere In-die-Freiheit-Gestelltsein einer geschaffenen Person verleiht auch die entsprechende Seins- und Wirkmächtigkeit, und das gerade deswegen, weil darin Gott umso intensiver sein Gott-Sein *als* Grund-Sein allen Seins aktuiert. Dem allem ist nicht zu widersprechen. Es wäre aber eine ausgesprochen falsche Folgerung, daß, je mehr freie Wesen Gott erschafft und je mehr Freiheit er ihnen verleiht, er selbst umso weniger sich selbst und seine eigene Freiheit aktuiert und ins Geschehen einbringt. (Andere) Freiheit stiften bedeutet für Gott gerade nicht, sich seiner eigenen Freiheit im entsprechend proportionalen Sinn begeben. Gott muß sich nicht zurückziehen, wenn er anderen Freiheit einräumt. Die neuzeitliche

Angst vor Freiheitsbeschränkung durch Gott oder gar vor Verlust eigener Freiheit durch das „Zulassen" göttlich-freien Wirkens hat keinen Grund! Das bekannte Gesetz der Proportionalität – je größere Freiheit und Seinsmächtigkeit im Geschöpf, dann umso entsprechend größere Gott-Abhängigkeit; u. ä. – gilt doch auch in diesem Sinn: Je größere Freiheit Gott seinen Geschöpfen einräumt und umsorgt, umso engagierter aktuiert er auch seine eigene Freiheit und bringt sie umso „ausgesetzter", „verletzbarer", weil intensiver ins Spiel. So bedeutet die Verleihung personal-freien Wirken-Könnens an die Kreatur gerade nicht, daß Gott sich selbst in entsprechendem Maß aus der Welt und ihrem Geschehen hinausbegibt und daher umso weniger *selbst* zu tun sich entschlossen hätte. (Freilich sollte man aus allen diesen Einsichten nicht wieder vorschnell ein theologisches „Prinzip" machen.)

40 Um an einem schlichten Beispiel zu erläutern, worum es uns hier geht, sei dieses zu bedenken gegeben: Die Geschichte des Miteinanders von *Geschwistern* (gedacht ist jetzt an die Schar der gemeinsamen Kinder eines namentlichen Elternpaares, an eine normale Familie) kann von diesen selbst betrachtet und zu verstehen gesucht werden; und sie kann dann auch weitererzählt werden. Im Verstehen und Darstellen dieser *Geschwister*geschichte wird jedoch ein eigentümlicher „Rest" bleiben. Es bleiben nämlich Fragen offen, die solange keine Antwort erhalten können, als die in *dieser* Geschichte Beteiligten, die Geschwister, *nur* dabei bleiben, ihre *eigene* Geschichte zu bedenken. Sie „vernachlässigen" (abstrahendo) dabei nämlich erstens, daß sie *Geschwister* sind, und das gerade nicht aufgrund ihes eigenen, freien „Wirkens", sondern aufgrund des „Wirkens" anderer, eben der Eltern, die sie aber durch ihren freien Entschluß, *nur* von sich selbst zu sprechen, nicht in ihrer Geschichtsbetrachtung „vorkommen" lassen können (ohne sie deswegen verleugnen zu müssen). Ohne ihr wirkliches Geschwister-Sein können sie aber auch nicht ihre *Geschwister*geschichte schreiben. Daher ist im angenommen Fall das *Geschwister-sein* nur mehr der transzendentale Horizont ihrer Geschichtsbetrachtung, da die Eltern ja nur Grund ihres Geschwisterseins und also auch ihrer eigentümlichen Geschichte *als Geschwister*, nicht aber auch selbst Geschwister sind. Und zweitens lassen sie, wieder abstrahendo, außer acht, daß sie ja in ihrem tatsächlichen konkreten Leben *nie ohne* die Eltern leben, nie das sind, was sie sind, ohne daß die Eltern nicht gerade das besorgen würden und daher immer „mitten unter ihnen" und auf sie hin sind, ohne freilich zu ihnen *als Geschwister* zu gehören. Daher kann *auch* die *Geschwister*geschichte selbst erst dann hinreichend gültig gelingen, wenn nicht mehr nur die Geschwister-, sondern wenn die *Familien*-Geschichte betrachtet wird, wenn also *alles*, was hier konstitutiv ist, in den ausdrücklichen Blick genommen wird. – Entsprechendes dürfte doch für eine „reine" Menschheitsgeschichte *und* für eine solche Geschichte gelten, für die hier theologisch als Geschichte der Lebensgemeinschaft (des „Bundes") Gottes mit den Menschen im Universum plädiert wird.

41 Vielleicht ist hier der Hinweis auf Gottes Creator-Sein dienlich, um das Gemeinte zu erfassen. Das ist ja nicht als ein naturales, sondern als freies und in diesem Sinn „neues" Sein Gottes selbst zu verstehen. Gott ist aus seiner Natur immer *Gott*. Er ist jedoch Schöpfer nicht „aus Natur", sondern aus Freiheit, und also ist er Schöpfer „erst", „seitdem" er seinen freien Entschluß zur Schöpfung (und daher zum Schöpfer-Sein) *verwirklicht(e)*. Auch hier könnte eine falsche Alternative aufgestellt werden: Entweder ist Gott, *weil* er (und sofern er) das *ens necessarium* ist, das, was er ist, naturnotwendig *oder* er ist, was er nicht-notwendig ist (z. B. sein Schöpfer-Sein) nicht „eigentlich" *selbst*. Es sind zwei zu unterscheidende Aussagen, einmal wenn wir sagen, Gott könne nie Nicht-Gott, das ens necessarium könne nicht nicht-sein, *und* wenn wir sagen, Gott könne nicht Nicht-Schöpfer sein (weil er ja tatsächlich Schöpfer ist). In beiden Fällen handelt es sich um Wirklich-

keitsaussagen absoluter Gültigkeit; im ersten Fall jedoch um eine über eine solche metaphysischer Notwendigkeit, im zweiten Fall um eine solche, die aufgrund göttlich-freien Entschlusses gilt. Und doch kommt „heute", d. h. „nachdem" Gott sich tatsächlich als Schöpfer frei bestimmt *hat,* dem zweiten Satz „absolute Gültigkeit" zu (die freilich gerade nicht absolut, ohne Unterschiede, anzusetzen ist).
Es wäre unberechtigt (wenngleich sich viele Generationen bis heute damit schwer getan haben), für Gott nicht auch ein „Werden" gelten zu lassen, eben wegen seines stets vorauszusetzenden absolut-puren Seins, gar aufgrund eingesehener metaphysischer Notwendigkeit. Dagegen spricht im Grund schon das Schöpfungsgeheimnis, aber auch die Inkarnation des göttlichen Logos, der Gott ist (vgl. Joh 1,1–18). Was alles gerade nicht bedeutet, hier läge nicht noch ein weites Feld theologischen Ringens vor uns.

42 So legt z. B. H. Kessler seinen Überlegungen zum „Begriff des Handelns Gottes" reflex einen genau umschriebenen Begriff zugrunde: „Handeln heißt intentional eine Veränderung (= Transformation von Zuständen) in der Welt bewirken oder verhindern. Das ausschlaggebende Moment in dieser Definition ist die Intention des Handlungssubjektes. Denn sie erst leistet die Verbindung der verschiedenen Phasen einer Handlung und ermöglicht es, sie zusammenfassend als Handlung zu verstehen; die auf das Handlungsziel gerichtete Intention umfaßt den ganzen dahin führenden Weg der Handlung mit (Handlungsbogen). Wegen dieser gewollten Intention kann Handeln – im Unterschied zum weiteren Oberbegriff des Verhaltens – nur dem Menschen (nicht etwa dem Tier) zugeschrieben werden. Handeln setzt die Einheit des Ich als Subjekt voraus" („Der Begriff des Handelns Gottes. Überlegungen zu einer unverzichtbaren theologischen Kategorie": *H. U. v. Brackel – N. Mette* [Hg.], Kommunikation und Solidarität. Beiträge zur Diskussion des Handlungstheoretischen Ansatzes von Helmut Peukert, Fribourg – Münster 1985, 120). – Hier soll noch nicht festgelegt werden, was unter den einzelnen zu verwendenden Wörtern und Begriffen, reflex aufgearbeitet, verstanden sein soll. Es soll nur darauf aufmerksam gemacht werden, daß entsprechende Klärungen notwendig sind.

43 Vgl. dazu, was oben schon erarbeitet worden ist, bes. S. 138–142.

44 Man kann die begründete Frage stellen, ob daran nicht u. a. auch die Weise krankt, wie meistens die Wunderproblematik angegangen wird, wenngleich darin heute ein entschiedener Neuaufbruch festzustellen ist. Immer noch scheint das Verständnis des Wirkens, das sich im Wunder vollzieht, nach Maßgabe der physikalisch-mechanischen Kräfte ausgebildet zu werden. Zu bedenken ist aber dieses: Das physikalische In-Bewegung-Setzen einer Kugel bedarf des wirkursächlich Tätigwerdens einer entsprechenden Kraft; dem „Maß" und dem „Einsatz" dieser Kraft *als* Wirkursache entspricht unweigerlich und restlos die resultierende Wirkung, nämlich die Bewegung und erreichte Geschwindigkeit der Kugel, wie auch aus dieser die aufgewendete Kraft errechnet werden kann. Die Wirkung entspricht genau dem „Maß" des aktuierten Ursacheseins der betreffenden konkreten *Wirk*ursache dieses Geschehens. Ganz anders liegt der Sachverhalt, wenn es sich um das Einwirken einer Person auf eine andere Person handelt. Dann besteht gerade keine unweigerliche Korrespondenz zwischen diesem personalen „Einwirken", „Einflußnehmen", „Beeinflussen", „Zu-reden" und der entsprechenden Wirkung. Denn erstens kann eine Person die andere nur dazu „bewegen", die *eigene* Freiheit *selbst* auf das suggerierte Ziel hin zu aktuieren (andernfalls läge kein personales, gerade die Freiheit des anderen beanspruchendes Einwirken, sondern Zwang vor); und zweitens vermag sich Freiheit auch zu verweigern, so daß der erstattete „Aufwand" (der durchaus *auch* eine physische Verausgabung der betreffenden zu-redenden Person mit sich bringen kann) *überhaupt keine* „Wirkung" zeigt, eben weil die andere Freiheit sich *nicht* entschließt, dem „Einflußnehmen" der zu-redenden Person auch zu entspre-

chen. In solchem personalen Horizont ist aber in unserer Frage sicher zuerst einmal anzusetzen.

45 Damit soll natürlich nicht dem anderen Extrem das Wort geredet werden, nämlich von vornherein *nur* mehr *solches* Wirken und Sich-Verhalten Gottes theologisch zu betrachten. Es geht um den ersten und entscheidenden Zugang, der freilich auf die Fülle hin tendieren muß.

46 Hier wirkt sich nun besonders aus, was wir am Anfang unserer Überlegungen zu bedenken gegeben haben: Wir betrachten hier zunächst das christliche Glaubenswissen in dogmatisch-systematischem Interesse, noch nicht aus fundamentaltheologischer Aufgabenstellung. Deswegen beachten wir hier ausdrücklich den Unterschied zwischen den überkommenen und zur Lebens*aufgabe* gestellten, zudem schon intensiv theologisch-wissenschaftlich reflektierten „Inhalten" des christlichen Glaubens einerseits und dem Faktum andererseits, daß dieses selbe Glaubensgut im *einzelnen* Christen oft wenig, manchmal kaum lebendig „gewußt", noch weniger reflex ergriffen ist und es darüber hinaus noch keineswegs einfach selbstverständlich ist, daß dieses Glaubensgut auch im alltäglichen Leben wirklich lebendig gelebt wird und somit zur erlebten Erfahrung gehört. Die Dogmatische Theologie hat ja, als intellectus fidei verstanden, die *Fülle* des christlichen Glaubensgutes zu reflektieren, soweit sie durch die faktisch ergangene Offenbarung zugänglich geworden ist und von der Kirche als der vollen Glaubensgemeinschaft „gewußt" und zu lebendigem Glaubensvollzug „vorgelegt" wird, nicht jedoch jenes Maß an Glaubensgut, das tatsächlich vom jeweiligen Theologen selbst oder den je „heutigen" Christen gelebt und sapiential ausgewertet wird. Deswegen kann für das in diesem Abschnitt zu Sagende keineswegs als Gegenargument angeführt werden (was nicht selten in dieser Thematik vorschnell geschieht), daß nämlich der sog. heutige Mensch solches kaum erfährt, was hier hervorgekehrt wird, und daher seinerseits kaum von solchen Erfahrungen als seinen eigenen sprechen wird. So müßte man dann ja z. B. auch die meisten, wenn nicht gar alle trinitätstheologischen dogmatischen Überlegungen als nicht durch Erfahrung (des sog. heutigen Christen) gedeckt beiseite lassen.

47 Es sei jetzt ausdrücklich beachtet, daß die hier gemeinten Selbstvollzüge der Person tatsächlich *freie* Vollzüge sind, also Freiheitsengagement darstellen; sodann, daß sie *keineswegs* rein person-*immanente* Vollzüge sind, vielmehr jeweils auch ein Moment des *Transeunten* in sich tragen, was freilich nochmals in der Freiheit der Person steht und nicht schon natural vorliegt. Daher sind solcherart Selbstvollzüge der Person auf eine andere hin durchaus *auch* als *Wirken nach außen* zu fassen, und das in dem „Maß", das die betreffende Person ihrem Tun frei eingibt, auf daß es *für* die andere und *in* ihr entsprechend wirksam zu sein vermag. Das Lieben, das Des-anderen-Gedenken, das für den *ursprünglich* Leidenden wirksame *Mit*-Leiden des Freundes usw., alles das kennt unterschiedliche Intensitäten, je nach Maßgabe des personalen „Einsatzes" der sich auf diese Weise selbst vollziehenden Person. Es sei, um ein Beispiel aus der gängigen Schuldogmatik anzuführen, an die Beurteilung der sog. vollkommenen Liebe, der vollkommenen und unvollkommenen Reue und ihre unterschiedlichen Wirksamkeiten erinnert, worin einiges des hier Gemeinten schon zur Sprache gekommen ist, wenngleich nur in einer sehr spezifischen Thematik.

48 Vgl. dazu das oben (S. 119f) gebrachte Zitat, in welchem die diesbezügliche Auffassung Schillebeeckx zutage tritt, die jedenfalls kritisch zu hinterfragen ist. In seiner Sprache: Wenn es gilt, „in unserer Geschichte ‚Zeichen' von Gottes befreiendem Tätigsein mit den Menschen (zu) finden ... – Zeichen, die bemerkt, gesehen und interpretiert werden müssen, weil sie in sich ... doppeldeutig, ambivalent sind und nach Interpretation verlangen" (563; vgl. Anm. 2), so ist, christlich-theologisch

gesprochen, jedenfalls darauf zu verweisen, daß Gottes Wirken zugleich *Gottes* ursprüngliche Sinndeutung mit sich bringt: vgl. was oben, S. 134f zur „Zu-Gabe" des Geistes gesagt wurde. In diesem Sinn besorgt Gott selbst die rechte Interpretation seines Wirkens, die freilich menschlicher Freiheit und daher auch menschlichem „Niederhalten der Wahrheit" (Röm 1,18) und möglicher willentlicher oder auch, aufgrund der „Sünde der Welt" (Ursünde; Erbsündlichkeit), unbemerkter Mißdeutung ausgesetzt ist. Dem göttlichen Wirken eignet nicht ursprüngliche „Doppeldeutigkeit, Ambivalenz", sondern sinn-volle Wahrheit und Wahrhaftigkeit.

49 Vgl. dazu *R. Schulte,* Unveränderlichkeit Gottes: LThK X, Freiburg 1965, 536f; *ders.,* Theologie und Heilsgeschehen, Essen 1969, 55–59.

50 Vgl. das dazu oben S. 138–142 Gesagte.

51 Vgl. dazu 2 Kor 5,12 – 6,4; *R. Schulte,* Mitarbeiter Gottes. Theologische Überlegungen zur Sakramentalität des kirchlichen Amtes, in: *R. Schulte* (Hg.), Leiturgia – Koinonia – Diakonia (FS Kard. König), Wien 1980, 391–427; *ders.,* Die Einzelsakramente als Ausgliederungen des Wurzelsakraments: MySal IV/2, Einsiedeln 1973, 46–155.

52 Vgl. oben S. 138–142.

# Ijob in unserer Zeit

## *Zum Problem des Leidens in der Welt*

Von Hermann Häring, Nijmegen

Ijob gibt es nicht nur im Alten Testament, und Leiden ist keine Erfindung des 20. Jahrhunderts. Nicht nur Israel hat sich der zu verhandelnden Frage gestellt, vielmehr wurzelt die Ijobsgeschichte in einer anderen Kultur.[1] Und wir sollten nicht versuchen, auch noch den Rekord der Leidensmaximierung für uns zu verbuchen. Daß das Christentum die angemessenste aller Lösungen biete, ist zudem vielen Zeitgenossen zweifelhaft geworden. Kritische Beobachter des Weltgeschehens fragen uns, ob wir nicht den Leidensdruck erst geschaffen haben, zu dessen Bewältigung unsere Wahrheit angeboten wird. Was von den Zentren der Macht in den Industrienationen ausgeht, ist – wenn auch in gegenläufiger Legitimation – ohne anderthalb Jahrtausend Christentumsgeschichte nicht zu verstehen. *Bescheidenheit* steht uns also an. Das ist eine Seite des Problems.

Ijob aber ist als Leidender wie nie zuvor zu einer *Schlüsselfigur* der biblischen Tradition geworden, durch seine Parallelisierung mit Jesus, dem am Kreuz Verlassenen, ohnehin christlich kanonisiert. Zugleich steht er als Rebell in einer unüberholbaren Position;[2] denn der Menschheitsprotest gegen Gott im Namen einer unteilbaren Gerechtigkeit, gar in Erinnerung seiner vorbehaltlosen Güte, hat an Aktualität nichts eingebüßt. Wir werden uns an diesem Buch die Zähne noch lange ausbeißen müssen; denn das Leiden hat in unserem Jahrhundert eben doch ein Maximum an Instrumentalisierung und Technisierung erreicht.

Es gibt ein Maximum der uns bedrohenden *Gefahren:* Wir können inzwischen den Erdball vernichten; die Apokalypse, technisch machbar geworden, hat geradezu sakrale Züge angenommen. Bekennende Christen wie Atheisten beteiligen sich in einer Überökumene des Schreckens an diesem Geschäft. Es gibt zugleich ein Maximum des *Schuldzusammenhangs.* Überziehen wir nicht zumal die südliche Hemisphäre mit politischen, wirtschaftlichen und kulturellen Teufelskreisen des Leids, der sozialen und kulturellen Entfremdung? Und es gibt ein Maximum der psychischen und vitalen *Selbstschwächung* in den hochindustrialisierten Staaten. Man schafft Leid scheinbar ab und verlegt es nach innen, läßt es von Gesundheits- und Psychoindustrie verwalten. Leiden wird so zum Selbstläufer und degeneriert zum Selbstmitleid. Bisweilen machen wir die wahrhaft Leidenden zu Helden und Vorbildern, als wären wir schlechter dran denn sie. Wenn also irgendwann über Leiden gesprochen werden muß, dann hier und jetzt. Das ist die andere Seite des Problems. Neben der Bescheidenheit steht also höchste *Herausforderung.*

Summa: Wir haben über das Leiden in der Welt nicht zu sprechen als die verfügend Wissenden, auch nicht als die Virtuosen rationaler und überlegener Argumentation. Wir sind von diesem Antimysterium vielmehr bis hin zur *Sprachlosigkeit* getroffen. Wir haben ein übermenschliches Problem zu besprechen, das uns an die Nieren geht. Seine Kernfrage geht dem Argumentieren voraus; sie bezieht sich auf dessen *Interesse* und betrifft das Berufsethos, sozusagen die Standesehre von uns Theologen. Die Frage ist nicht nur, was wir dazu sagen, sondern zuvor, wem wir unsere Suche nach der Wahrheit des Leidens zur Verfügung stellen.

Mit diesen Hinweisen ist wohl schon deutlich geworden, daß die Komplexität der Probleme kaum in einer Stunde zu lösen ist. Ich bekenne zudem, daß ich keine schlüssigen theologischen, geschweige denn „objektiven" Antworten fand, die sich im Schnellverfahren übermitteln ließen. Auch ist der systematische Ort des Themas innerhalb der Theologie kaum auszumachen. Deshalb treffe ich folgende Vorentscheidungen:

*Erstens:* Der Obertitel *„Ijob* in unserer Zeit" wird nicht exegetisch, sondern systematisch ausbeutend in Griff genommen. „Ijob" seien hier alle diejenigen (Frauen, Männer, Kinder, Gruppen und Völker), die schuldlos leiden und deshalb vor Gott klagen oder gegen ihn rebellieren.

*Zweitens:* Eine Lösung des *Theodizeeproblems* wird nicht erfolgen, vielleicht ein Vorschlag, mit ihm umzugehen. Allerdings verwende ich den Begriff der Theodizee im engeren Sinn: als den Versuch, Gott systematisch-denkerisch gegen die Vorwürfe zu verteidigen, die ihm aus der Existenz des Übels und des Bösen in der Welt erstehen.

*Drittens:* Mit der Theologie und ihren Leistungen gehe ich *selbstkritisch* und nur bruchstückhaft um. Man schließe daraus nicht, daß ich dieser Wissenschaft nichts zutraue oder ihr ein systematisches Konzept ihrer Organisation verweigere. Allerdings ist es immer gut, vor Selbstüberschätzungen auf der Hut zu sein. Nicht ohne Grund geht dieser Glaubenswissenschaft die (denkende und handelnde) Glaubenspraxis voraus, von der her sich die Grenze unserer Reflexion bestimmt. Von dieser Grenze aber muß bei unserem Thema die Rede sein.

*Viertens:* Nicht erst seit P. Ricoeur wissen wir, daß zur angemessenen Reaktion auf das Leiden *Klage* und *Protest* gehören. Wenn in meinen Reflexionsversuchen bisweilen dieses Pathos durchschlägt, nehme man es als Zeichen einer Betroffenheit, ohne die sich das Denken nicht lohnt.

## *I. Ijob, ein anachronistischer Zeitgenosse. Vom Verlust der authentischen Theodizee*

In diesem ersten Teil möchte ich den Ausgangspunkt der theologischen Fragestellung näher umreißen. Im Versuch der Theodizee, so meine *These*, ging die ursprüngliche, im Leiden beheimatete Frage nach Gott verloren. Ijob wurde so zum anachronistischen Zeitgenossen.

Auf die klassische, von Leibniz so genannte und in der Aufklärung ausformulierte Theodizeefrage gehe ich hier nur zu Zwecken der Abgrenzung ein.[3] Das hat zunächst einen pragmatischen Grund. Die Diskussionslinien sind zu verzweigt, als daß sie im Blick auf das Tagungsthema noch einmal gebündelt werden sollten. Ein entscheidender sachlicher Grund kommt aber hinzu: Das Problem des Leidens liegt ja der Theodizeefrage im oben umrissenen Sinn voraus. Sie kommt – jedenfalls in ihrer aufklärerisch klassischen Form – gewissermaßen zu spät, abstrahiert das Leiden etwa zum metaphysischen, physischen und moralischen Übel, betrachtet es so nur noch aus *rationaler Distanz*. Natürlich war bei den Denkern der Theodizee auch Betroffenheit im Spiel; methodisch wurde diese aber nicht genutzt. Gesprächsort war der fürstlich aufgeklärte Salon. Man sprach über das Übel, weniger mit den Leidenden. Die Energien wurden auf Denkakte umgelenkt, die – über Protest, Klage und Glauben hinaus – universale Geltung beanspruchten.

Man übersah damit aber einen entscheidenden Punkt, daß nämlich für die Leidenden und die Glücklichen, gar für die Opfer und die Täter, die Wahrheit des Übels ein je *unterschiedliches Antlitz* hat. Vom Standpunkt des Befriedigten, des herrschaftlichen Subjekts genügt ja immer der Verweis auf eine an Vernunft gebundene Ordnung. Das Übel wird ihm buchstäblich zum Randproblem. Vom Standpunkt des Leidenden, des unterdrückten Objekts aus – und die Unterdrückten haben gerade in der Neuzeit gelernt, sich als Objekte zu fühlen – wirkt eine solche, auf Vernunft gegründete Ordnung aber allenfalls als Theorie; denn sein zentrales Problem wird gerade nicht als sein Zentralproblem erkannt, sondern an den Rand geschoben. Ein solches *Ordnungsdenken* läßt sich also vom Eigeninteresse der Etablierten leiten, ist deshalb als Allgemeinaussage unwahr; faktisch legitimiert es Unrechtszustände, ist deshalb moralisch unrichtig; es verhüllt dies schließlich unter dem Schein des allgemeinen Interesses, ist deshalb – zumindest vom Standpunkt der Leidenden aus – unwahrhaftig.[4]

Wie *H.-G. Janßen* aufgezeigt hat, entstand die Theodizeefrage ja in dem Augenblick, da die final ausgerichtete, in einer metaphysischen Ordnung gegründete Weltsicht problematisch wurde.[5] Die *Freiheit* des selbstverantwortlichen Ichs trat allmählich – im Zuge der chthonischen Entgrenzung der biblischen Tradition – in den Vordergrund. Diese Ent-

wicklung mag an sich nicht unchristlich gewesen sein; man denke nur an den Bedeutungsgehalt von Umkehr, Bekenntnis und Taufe (Röm 10,9).[6]
L. Oeing-Hanhoff hat zudem im Zusammenhang unseres Problems zu Recht die frühneuzeitlichen *Fortschrittstheorien* verteidigt, die ja in ganz neuer Weise mit dem Problem des Bösen zu Rande kommen mußten. Ihr Programm habe nicht gelautet: „Rechtfertigung Gottes durch Weltverbesserung", sondern: „Weltverbesserung nach dem Plan Gottes zur Überwindung der Folgen der Ursünde".[7] Aber die Scheidewand zwischen dem ersten (theologisch sozusagen illegitimen) und dem zweiten (christlich zu lobenden) Programm war doch sehr dünn und zerbrechlich. Nach F. Bacon nämlich werde, so Oeing-Hanhoff, „durch die erwarteten Fortschritte die Herrschaft des Menschen über die Natur, die er im Sündenfall verloren hatte, wiederhergestellt". Als könnten wir über die Folge des Sündenfalls durch Weltverbesserung verfügen, als hätte diese „Herrschaft über die Natur" gerade wegen unserer Sünde nicht zu katastrophalen Folgen geführt,[8] und als habe Leibniz nicht den Beweis für die bestmögliche aller Welten führen wollen, sofern diese – und das war der doppelte Boden seines Weltoptimismus – sich auf die *Bedingungen* menschlich individueller Freiheiten einließ.
Diese Freiheit des herrschaftlichen Subjekts, und nicht das Leid war der *Angelpunkt*. Der Stier war nach christlichen Maßstäben eben nicht bei den Hörnern gepackt, und die religiösen Voraussetzungen des Unternehmens wirkten nur noch faktisch als Kitt. Kant hat, wie man weiß, das Problem erkannt und darauf verwiesen, daß alle Beweise der Güte Gottes nur so lange funktionieren, als religiöse Voraussetzungen und eine letzte unbedingte Zustimmung zur Wirklichkeit im Spiele sind.
Natürlich können wir diese Entdeckung zu Gunsten des Glaubens an Gott interpretieren. Das Problem des Leidens enthält, zu Ende gedacht, irreduktibel eine *religiöse Dimension*, weil es – im Blick auf ein unverfügbares Geschick – nach dem Ganzen der Wirklichkeit und nach dessen urteilender Instanz fragen läßt. Gerade dies aber läßt sich nicht mehr anbeweisen, sondern setzt unser vorauslaufendes Vertrauen voraus. So findet sich nach Kant die Frage ein, „woher . . . der Urheber unseres Daseins uns überhaupt ins Leben gerufen, wenn es nach unserem richtigen Überschlage für uns nicht wünschenswert ist."[9] Das kommt zur Not wohl dem Vorschlag von Ijobs Frau gleich: „Fluche Gott und stirb!" (2,9). Wenn diese Schleusen geöffnet sind, gibt es nichts mehr zu verteidigen; denn dann wird Gott selber zum Feind (30,21).
Kant hat somit die Fundamente des Projekts einer Verteidigung Gottes mit den Mitteln und vor dem Gerichtshof der Vernunft grundsätzlich bloßgelegt und untergraben. Auch Hegel kam nicht mehr dagegen an. Zwar ließ er das Böse in der Vermittlung des Begriffs zu sich kommen,

doch stellte er sich dem radikal Faktischen nur bedingt. Er ignorierte die Differenz zwischen gegenwärtigem Weltstand und der noch ausstehenden Versöhnung und suchte so – Leid wird nicht unbedingt aufgehoben, es hört eben auf – die *eschatologische Dimension* der Religion philosophisch, d. h. im Denken zu beerben. Gott, die voraussetzungslos vorausgesetzte, damit bleibend kritische Instanz der Welt, spielt dann im Grunde keine Rolle mehr, obwohl (oder weil) Hegel ihn absolut begreifen will.[10]

Sobald sich also zwischen Gott und die Frage nach dem Leid eine dritte vermittelnde Bezugsinstanz (in unserem Fall: menschliche Freiheit und Vernunft) einschmuggelt, wird das Problem des unerklärten Leidens verdrängt. Die Theodizee entpuppt sich als Rechtfertigung Gottes zu *Lasten der Leidenden.* Der Gang des öffentlichen Bewußtseins der letzten eineinhalb Jahrhunderte bestätigt diese Vermutung nur zu gut. Die Theodizeefrage, gut gelöst, machte sich überflüssig, enthüllte damit ihre häretische, zumindest eklektische Tendenz.[11] Den Leidenden nutzt dieser Gott nichts mehr.

Die Denkenden aber erinnern sich seiner erst dann, wenn es ihnen selbst schlecht geht. Er wird zum Notstromaggregat, das im Fall ernster Bedrohung aktiviert werden muß (und dann natürlich eingerostet ist).[12] Die Theodizeefrage formuliert in modernen Diskussionen dann nur noch ein punktuelles aber *privatisiertes Problem,* zumal das Leiden seine öffentliche Würde verloren hat. Mit O. Marquards spitzer Zunge formuliert: „spätestens wenn das Flugzeug mehr als 1000 Meter durchsackt, glauben wir alle an Gott". Wenn das aber der Glaube ist, den wir verteidigen, dann trifft uns auch Marquards konsequent hinzugefügte Beobachtung, „daß durch Eltern mißhandelte Kinder (was sollten sie anders tun?) sich besonders stark an ihre Eltern anklammern"[13]. Dem damit angezeigten religionspsychologischen Problem sind wir hilflos ausgeliefert, solange unsere Erinnerung an Gott erst mit dem Problem des Bösen beginnt. Feuerbachs Entfremdungs- und Projektionstheorie behält dann ihre Gültigkeit.

Wir sollten diesen Zusammenhang auch nicht vergessen, wenn wir innerhalb des Glaubens die Güte Gottes verteidigen. Wo vom Bösen als dem Preis der Liebe, wo vom Wagnis Gottes, und wo von den unvermeidlichen Kosten der zu Gott und zur Vollendung führenden Geschichte, wo vom Zusammenhang von Sünde und Strafe gesprochen wird, wo transzendentalphilosophische, evolutionstheoretische, pädagogische oder gar ästhetische, strukturtheoretische oder asketische Kategorien aufgerufen werden, wo zwischen Nichtigem und Schatten unterschieden wird, stets muß der Status solcher Aussagen genauestens beachtet werden. Nicht einmal der Aufruf zum Vertrauen auf Gott ist dieser Unterscheidung der Geister entzogen. Es sind dann Aussagen, die nie zur Verharmlosung des Leidens, sondern nur innerhalb des *Totalanspruchs* von Gottes Reich gelten können, d. h. innerhalb einer glaubwürdig öffentlichen Glaubenspraxis selber, und d. h. wiederum: innerhalb einer Verbindlichkeit, die nur durch eine Situation des Teilens gekennzeichnet sein kann.

Das ist dann keine Frage des Helfen-Wollens und der Betroffenheit (auch Ijobs Freunde kommen, um zu trösten, trauern und schweigen mit ihm sieben Tage und sieben Nächte lang; 2,13). Es ist eine Frage der *gemeinsamen Situation*, auf die sich der Tröstende einläßt, der Annahme fremden Leidens als sein eigenes, deshalb auch der Selbstbeschränkung in den eigenen Aussagen, bis hin zum bleibenden Schweigen.[14] Sobald aber unsere Erklärungssplitter auch nur den Anschein erwecken, als könnten sie darüber hinaus Gültigkeit beanspruchen, als könnten sie Protest und Rebellion wegerklären, nehmen auch sie das Leiden nicht ernst. Selbst dort, wo auf die „Kenosis" eines niedersteigenden Gottes, auf dessen freiwillige Selbsteinschränkung verwiesen wird,[15] ist diese Gefahr nicht gebannt.

Für all diese plausiblen Erklärungen brauche ich ja keine christliche Theologie. Es kommt dann ja im Grunde nur zu einer „Einschränkung der göttlichen Allmacht", die der Ohnmacht Gottes eben soweit nötig Rechnung trägt, und „deren Grenzfall die göttliche Inexistenz ist"[16], mit Stendhal formuliert: Die einzige Entschuldigung für Gott ist die, daß er nicht existiert.[17] Das aber kann die Lösung nicht sein. Wo es aber so weit gekommen ist, ist Ijob zum Narr geworden, als Leidender und als Rebell, da er in beiden Interpretationen seine Sache nicht mehr vor Gott tragen kann.

Ijob *ist* zum *Narr* geworden, und aus den genannten Gründen war die Theologie an diesem Ereignis beteiligt. Wir versuchten, das Leiden zum Randproblem zu machen und von anderen Prinzipien her zu erklären, den Rebellen Ijob zumindest auf den geduldig Leidenden zu reduzieren. Protest roch uns zu wenig nach Christentum. So ergibt sich eine erschreckende Koinzidenz zu den andern, die Ijob ebensowenig mehr nötig haben. Literatur und Philosophie sind voll von Besprechungen des Leids, voll von Resignation, Angst und Verzweiflung, voll von der inflationären und hilflosen Frage nach dem Lebenssinn. Außerhalb der jüdischen Literatur aber ist Ijob weitgehend verschwunden, weil Gott als Adressat des Protests verschwunden ist. Ijob ist zum anachronistischen Zeitgenossen geworden, der seinen Protest ins Leere ruft. Sein Schrei findet keinen Widerhall.

Es gibt Adressaten und Gründe des Protests, gewiß. Wir protestieren gegen den allmächtigen Staat, gegen Unterdrückung, gegen die Folgen des Nordsüdgefälles, gegen die Idee einer machbaren Welt. Wer protestiert noch gegen Gott,[18] wer bringt ihn aporetisch zur Sprache?[19] Ich vermute, daß eine leidverdrängende, weil nur abstrakt tröstende Theologie an diesem Verlust ihren Anteil hat. So gilt es, im Interesse für die Leidenden die Sprache der Klage und des Protests zurückzugewinnen, der höchste Ehrlichkeit erfordert. Kant sprach von einer „authentischen Theodizee". Sprechen wir also theologisch über das Leiden, dies in der Tendenz wider eine vorschnelle Theodizee.[20] Dem dienen die Klarstellungen des zweiten Teils zu Begriff und Kontext des Leidens in der Welt.

## *II. Leiden in der Welt*

Unser Ziel also lautet: Hinter die Theodizeefrage zurück, die Ijob zum Verstummen gebracht hat. Schieben wir also das unverschuldete Leiden der Welt nicht an den Rand einer ontologischen und kosmischen Ordnung, sondern beziehen wir es im Interesse der Leidenden auf Gott. Ist das überhaupt ein mögliches, ein theologisch sinnvolles Programm, und wie läßt sich dieses Leiden auf Gott beziehen?

Bevor ich darauf antworte, möchte ich zunächst (sozusagen vor-theologisch) den Problemzusammenhang näher klären: Was meint Leiden in der Welt, und wie läßt es sich auf Gott beziehen? Meine *These* lautet: Das Leiden hat seine eigene, öffentlich unverzichtbare Autorität, sofern seine, nur seine Wahrheit im Einverständnis der Redenden und Hörenden zur Sprache kommt.

„Leiden in der Welt" ist ja eine Formel, deren Pathos die Schärfe des Begriffs übersteigt. Das ist verständlich; denn Leiden ist keine objektive Größe. Es ist zu unterscheiden von Schmerz, von Hunger, Verlust, Alleinsein, von Altwerden und Abschied. Es ist deren (mögliche) *Innenseite*, erfahrener Angriff auf die geistige Integrität von Menschen. Leiden findet seine Spuren deshalb immer innerhalb der Regeln einer Kultur, einer Klasse, eines Lebensplans, einer psychischen Konstitution.

Das führt zu einer wichtigen Einschränkung. Viele Leidenssituationen können und sollten natürlich bewältigt werden. Es gibt ein Leiden, das – um einen Begriff unserer Normalität zu nehmen – „gesund" ist. Man wird Kinder zu Widerstandsfähigkeit gegen und zum Umgang mit Leid erziehen müssen. Die Kraft und Humanität einer Kultur ist auch daran zu messen, ob und wieweit sie es vermag, Leid zu verarbeiten, in gemeinsamen Horizonten, Praktiken und Utopien aufzuheben. Das Vermögen einer Religion, konkret zu *trösten* und zu erneuern, gegen die zerstörende Macht des Leidens Kräfte zu mobilisieren, ist davon nicht wegzudenken.[21] Deshalb hat eine christlich tröstende Literatur zu allen Zeiten ihren Sinn.

Um dieses getröstete oder bewältigte Leiden geht es hier nicht. Es geht

mir um den übergroßen Rest, der *trostlos* oder trotz des Trostes übrigbleibt. Leiden – qualitativ mehr als ein momentanes Erleben – ist ja immer auch lebensgeschichtlich individualisiert. Es kann aus dem kulturellen und sozialen Zusammenhang einer Gemeinschaft herausreißen. Genau das ist ja sein Problem. So wird es zur vereinsamenden und entmenschlichenden Erfahrung,[22] zur Negation, die den Identitätskern der Leidenden bis hin zum sozialen oder physischen Tod berührt. Leiden macht immer irgendwo stumm. Über diese Leidensdimension können wir weder politisch noch technisch, jedenfalls nicht im direkten Zugriff verfügen. Die Weltverbesserung, so wie sie neuzeitlich begann, hat geradezu zur „Überbewältigung"[23], damit zu einer schlechten Verinnerlichung und Privatisierung, zur Verdrängung des Leidens geführt. Viele sind dessen Opfer, erfahren in ihm die Verschränkung von innerer Freiheit und Gefangenschaft, von Selbstwertgefühl und innerem Abgrund.
Wenn ich recht sehe, hat die christliche Tradition gerade in diesen Entfremdungssyndromen das Ineinander von Freiheit und Schuld thematisiert,[24] Leidenserfahrung bisweilen zu schnell als Schulderfahrung und ungläubige Gottferne interpretiert und somit auf den Leidenden selber zurückgeworfen. „Solange das Leiden dauert, ist es oft ungeheuer qualvoll", schreibt Kierkegaard, „doch nach und nach lernt man mit Gottes Hilfe, glaubend bei Gott zu bleiben, selbst im Augenblick des Leidens, oder doch so hurtig wie möglich wieder zu Gott hinzukommen, wenn es gewesen ist, als hätte er einen kleinen Augenblick einen losgelassen, während man litt. So muß es ja sein, denn könnte man Gott ganz gegenwärtig bei sich haben, so würde man ja gar nicht leiden."[25]
Leiden in der Welt also, die Summe der Leiden, der verborgensten zumal? Die christliche Tradition hat sich ihrer oft angenommen. Kierkegaards Lösung heißt allerdings, Gottes Hilfe auf die Spitze der Verinnerlichung treiben. Denn das ist nur die eine Seite des Problems. Alles Leid wird ja möglich, weil wir *im Leibe*, als Beziehungswesen in einer Umwelt leben, weil wir als Texte in Kontexte eingeschrieben, verletzlich, abhängig, eben keine autarken Inseln sind. So kann Leid auf der einen Seite gesehen werden als die Verlängerung des körperlichen Schmerzes und der körperlichen Entbehrung, bis in die Personmitte hinein (als „seelischer Schmerz", wie man das gelegentlich nennt). Auf der anderen Seite heißt Leid Erfahrung des Verlustes von Um- und Mitwelt.
Die oben relativierten, objektivierbaren Gesichtspunkte kehren also als die Einfallspforten und bleibenden Statthalter des Leidens zurück und sind im Blick auf Gottes Reich ernstzunehmen. Wir sind angewiesen auf Nahrung, Raum, auf Wärme und Kontakt, auf Stimme und Gehör, auf Eltern und Kinder, auf Frauen und Männer, auf deren Gemeinschaft, auf Gesellschaft und Institutionen, Geschichte und Kultur, auf Praxis.[26]

Leiden beginnt dort, wo Leben in diesen Basiskontexten eingeschränkt, behindert oder zerstört, wo – im Blick auf den Beginn von Gottes messianischem Reich – gesündigt wird. Leidende nehmen die *Todesrichtung* wahr, die in diesen Beziehungsbrüchen liegt. Es legt sich ihnen nahe, in derselben Negation von innen nach außen zu reagieren. Leiden ist die naheliegende, sozusagen die spezifisch menschliche Antwort auf den leiblich vermittelten Weltentzug.[27] Der Text, den ich mit meinem Leben geschrieben habe (oder schreiben wollte) bricht ab (oder kam nicht zustande), fügt sich nicht mehr in einen Kontext der Gemeinschaft ein, vielleicht auch deshalb, weil mir dieser Kontext, der Adressat meines Verhaltens, genommen ist.[28] Ich nenne auf diesem Hintergrund drei, für den christlichen Glauben wichtige Punkte.

*1. Leiden ist in der Welt*

Ich schlage vor, das „Leiden in der Welt" nicht ausschließlich in diesem Zusammenhang, aber streng von diesen Basisbedingungen her zu begreifen, weil sie die Opfersituation der Leidenden verdeutlichen. „Leiden in der Welt" meint dann nicht additiv die Summe individualisierter Erfahrungen von Ohnmacht, sondern zielt auf deren Zusammenhang: die materiell vermittelte Welt, also das *Außen und Miteinander* der Menschen als den Ort, der unser aller Leben miteinander verflicht. Es bindet uns in ein System endloser Beziehungen ein, weil das Leben der einen immer das Umfeld des andern ist, weil wir eine gemeinsame Lebensbasis teilen und für andere immer schon zu deren Anteil werden. Leben heißt deshalb, Welt zu teilen und mitzuteilen, Brot zu brechen, aus gemeinsamen Bechern zu trinken. Gottes Reich beginnt, wo Milch und Honig fließen. Wo die Mitteilung unterbrochen, die Gabe vorenthalten wird, beginnt das Leiden.

Leiden ist deshalb primär in der Welt, dem Ort unserer gegenseitigen Abhängigkeit und Solidarität, zu Hause, bevor es zum verinnerlichten und oft genug verdrängten, destruktiv vergifteten Selbstläufer wird.[29] Es kann sein, daß die Natur selber zuschlägt. Krankheiten, Naturkatastrophen, Hungersnöte machen dann die Fragen anschaulich. Seitdem aber viele Gefahren der Natur vorhergesehen, beherrscht und ausgeglichen (oder wenigstens verlagert) werden können, hat sich das Problem selber verlagert. Leiden hat mehr denn je mit der Weltöffentlichkeit zu tun, die wir Menschen gestalten. Wir nehmen Leiden deshalb mehr denn je wahr als *politisches Problem,* die Leidensfrage auf der Ebene des politischen Ethos, dies im Sinne eines Verhaltens, das Leid (sprich: Ausbeutung, Armut, Rassismus, Sexismus und Imperialismus) verhindert, als auch im Sinn eines Verhaltens, das Leid (sprich: Not, Verzweiflung, Vereinsamung, Angst und Entfremdung) heilt. Beide Male steht – biblisch gesprochen – die politisch-ökonomisch verankerte

Frage nach der Befreiung als dem Beginn von Gottes Reich an. Nicht mehr das Erdbeben von Lissabon, sondern die Leichenberge von Auschwitz, die Folterkammern und die Elendsviertel in den Metropolen der Dritten Welt, die Anonymisierten der Industrienationen bilden den Kern des Problems, dies nach einer 2000jährigen Geschichte des Christentums. Die Frage nach der göttlichen Vorsehung ist auf diesen, mit unserem Handeln verschränkten Hintergrund zu stellen.

*2. Das Leiden hat seine eigene Autorität*

Nur Leidende können authentisch über ihr Leiden sprechen. So hat das Leiden eines Menschen, einer Gemeinschaft oder eines Volkes seine eigene Autorität. Gewiß gibt es gemeinsame Sprachmöglichkeiten, Symbole und Ritualisierungen, Auffangbecken uralter Erfahrungen. Sie helfen denjenigen vielleicht, die überlebten und neu zu beginnen wissen. Doch man täusche sich nicht. Tote werden nicht wieder lebendig. Ein abgeschossenes Bein, eine verpfuschte Jugend oder 15 Jahre Kerkerhaft gibt niemand zurück. Es bleibt stets ein unabgegoltener Rest, über den nur die Leidenden selbst, wenn überhaupt, berichten können. Dieser Sachverhalt ist, was unsere Sprachfähigkeit (und die Offenbarung Gottes) betrifft, von höchster Bedeutung. Es geht hier nicht wie oben um das Verhältnis von Theorie und Praxis, sondern um das Verhältnis von *Erkennen und Blindheit*.[30] Wer kann über das Leiden etwas sagen, der es nicht erlebt oder erhört hat? Und: wer kann mit dem unabgegoltenen Rest, den Wunden oder allenfalls Narben leben, wenn er sie nicht wie alle Lebensgeschichte wenigstens im nachhinein teilen, mitteilen kann? Das ist allerdings von gemeinschafts- und gesellschaftspolitischer Bedeutung. Leidende, deren Leiden öffentlich wahrgenommen wird, erzeugen Angst. Mitmenschen und die Öffentlichkeit sind gezwungen, sich zu ihnen in Abgrenzung oder Solidarisierung zu verhalten. Deshalb wird das Leiden in vormodernen Gesellschaften oft tabuisiert, in hochtechnisierten Gesellschaften nach Möglichkeit neutralisiert. Das öffentlich wahrgenommene Leiden ruft nämlich nach seinen Ursachen und Bedingungen. Der Zeuge und Märtyrer wird von jedem autoritären System gefürchtet, weil er durch sein Geschick Machtstrukturen aufdeckt und Ungerechtigkeiten widerlegt, weil er die Gewaltlogik der Machthaber, der Besitzfetischisten und der egoistisch Neutralen am eigenen Leibe entlarvt.[31] Deshalb sind die Leidenden nicht Objekt unserer sozialen Kompetenz, sondern Vermittler, Erschließer, und – sobald sie bereit sind, den Tätern im Einverständnis von ihrem Geschick zu berichten – gefährliche *Propheten* der Wahrheit. Wer die Wahrheit liebt, wird von ihnen alles lernen müssen. In ihrem Eingedenken liegt vielleicht noch die einzige Möglichkeit einer offenen, vom Zwang der Gewalt befreiten Zukunft.

*3. Leiden kann mitteilbar sein*

Es ist nicht die Zeit, um ausführlich auf eine letzte Dimension des Leidens einzugehen. Leiden ruft nicht nur nach Solidarität, erschließt nicht nur die Wahrheit der Welt, sondern schafft im Glücksfall eine neue, gemeinsame Sprache.[32] Ich verweise also auf das Ineinander von Reden und Schweigen, auf die stumm machenden Grenzerfahrungen, aber auch auf das *Wunder der Sprache*, die dem Schweigen dann folgen kann. Das Ijobbuch vermittelt eine paradigmatische Situation: Tod und Errettung liegen ineinander. Trotz aller Belohnung macht Gott Ijobs Leiden nicht rückgängig. Aber es hört auf. „Der Entrinnende ist weder (nur) Täter noch (nur) Opfer und Objekt ... Das Unheil, von dem der Entrinnende kündet, ist real und, solange noch ein Entronnener erzählen kann, nicht die ganze Wirklichkeit, nicht Totalität."[33] Geschichte ist nie total; „Gottes Vorsehung" ist höchstens eine Grenzmetapher, die bedingungsloses Vertrauen evoziert.

Allerdings, mit der Rettung sind die Probleme nicht aus der Welt geschafft. Zeit verschwindet nie im Gewesenen. Untersuchungen an Überlebenden in Auschwitz zeigen, welche bleibende tödliche Bedrohung in den Entronnenen steckt, bis hin zu dem Schuldgefühl, überhaupt noch am Leben zu sein.[34] Aber es gibt *Gegenerfahrungen*, vielleicht bei ein und denselben Opfern in gegenseitigem Streit. Wo Leidende zu sprechen, den Text ihres Lebens wieder zu schreiben beginnen, sind sie auf dem Wege zu neuem Leben. Die Kraft ihrer Wahrheit liegt aber nicht in der Reproduktion dessen, was geschehen ist und die Todesrichtung immer neu zu beleben vermag. Die Kraft dieser Wahrheit liegt in der Chance, das Geschehene einem Adressaten oder einer Adressatin mitzuteilen, die bei ihnen sind. Solche Mitteilung gelingt aber nur dann, wenn die Mitleidenden bereit und fähig sind, am Geschick auf die ihnen mögliche Weise teilzunehmen, also solidarisch zu hören.

Damit ist eine theologisch bedeutsame Erkenntnis gewonnen: Nicht die Erinnerung, nicht das Eingedenken an sich ermöglicht befreiende Wahrheit, obwohl es allemal besser ist als Vergessen. Erinnerung kann auch verhärten, banal und zur Lüge werden. Die Rede von den Juden als den Gottesmördern ist dafür nur ein Beispiel. Es bedarf zugleich des Einverständnisses derer, die zu sprechen beginnen, und solcher, die bereit sind, zu hören und das Gesagte auf sich zu beziehen. Dazu bedarf es aber der Empathie,[35] der Kraft also, bei den Leidenden, Getöteten, Übervorteilten unter den Bedingungen ihres Leidens zu sein, sie als die Leidenden anzunehmen, ihnen so ein Stück des eigenen Lebens anzubieten. Das ist mit *Solidarität* gemeint. Daraus erwächst die Bereitschaft, die Bedingungen des Leidens, der Gewaltgeschichte zu überschreiten. Das ist die Spannkraft, für die – wie W. Benjamin einmal sagt – „jede Sekunde die kleine Pforte" ist, „durch die der Messias treten" kann.[36] In der christlichen Tradition reden wir dann vom Geist, dessen Autorität in dieser Welt, im Erweis seiner Kraft mitteilbar sein muß. Wird diese Forderung aber nicht durch die Ohnmacht des Leidens selber widerlegt? Hier endlich stoßen wir an die theologische Dimension unserer Frage.

### *III. Ein machtloser Gott?*

Versuchen wir also, das unverschuldete Leiden der Welt im Interesse der Leidenden auf Gott zu beziehen. Ijob, sagte ich im ersten Teil, ist zum anachronistischen Zeitgenossen geworden. Weil wir uns nicht auf seine Selbstverteidigung (die sich in der Neuzeit dann atheistisch als Anthropodizee zu Lasten Gottes wiederholt) einließen, konnten wir auch nicht aus der Spannung schöpfen, in der Ijob selber steht und die er – beispielhaft für viele Leidensabläufe – durchmißt. Meine *These* lautet: Trotz widerstreitender biblischer Behauptung macht das Leiden der Welt die Ohnmacht des rettenden Gottes offenkundig. Christlich bleibt zu fragen: welcher Art ist die Ohnmacht, in die Gott angesichts des Todes Jesu geraten ist?

R. Girard machte auf eine Dimension des Ijobbuchs aufmerksam, die meist vergessen wird.[37] Ijobs Freunde, allesamt modern anmutende Verteidiger einer abstrakten Gerechtigkeit, verweigern Ijob ihre Solidarität. Ihre Botschaft lautet: Finde dich ab mit deinem Geschick, anders wird unser ganzes System von Tun und Ergehen, von Sünde und Strafe, damit aber der zentrale Stabilisator unserer Gesellschaft erschüttert. Nimm die Rolle des *Sündenbocks* und Außenseiters zu unser aller Beruhigung auf dich. Ijob soll also zu aller Erbauung die Rolle des stummen Dulders ohne Widerrede auf sich nehmen. Wie man auch zu Girards Sozial- und Religionstheorien stehen mag, so hat doch diese Interpretation ihre eigene Plausibilität. Gegen diese sakral legitimierte und sozial stabilisierende Rolle aber, gegen diesen „Gott" der umfassenden Ordnung findet Ijob nur noch einen Ausweg letzter, vielleicht absurder Radikalität. Er kann nur noch Gott selber zum Zeugen anrufen (16,19: „Schon jetzt lebt im Himmel mir ein Zeuge"), nur noch an dessen „letztes" Wort appellieren (19,25: „Ich aber weiß, mein Anwalt lebt . . ."). Ganz ähnlich vertraut der gottverlassene Jesus auf Gott, so wie eben in einer guten Vorsehungspraxis der Appell an Gott gegen unsere Gotteserfahrung auszutragen ist. Was aber in dieser Situation ausgetragen wird, ist wohl nicht einfach (wie C. G. Jung meint) die Rebellion gegen ein – christlich inzwischen überholtes – Gottesbild.[38] Gottesbilder überholen sich nicht. Es ist der Einsatz für einen offenen, kritisch versöhnenden Raum, der unsere sozial akzeptierten Gottestheorien übersteigt. Und doch liegt auch darin nicht einfach die Lösung; denn Ausgleich ist

dem Buch eben nicht auf die Fahnen geschrieben. Wie gesagt: Zwar protestiert Ijob gegen Gott, dennoch ruft er ihn zum Zeugen an, zugleich aber *verstummt* Ijob vor dem Kosmos. Er stellt also die auf ihn bezogene Frage zurück. Aber auch seine Theologenfreunde sind nicht gerechtfertigt. Protest und Annahme finden keinen Ausgleich; die Verluste bleiben. Dennoch – sozusagen das Schlimmste, was einem Theoretiker des Protests passieren kann – wird Ijob am Ende neu *beschenkt*; er ist gerettet. So ärgerlich einfach ist die empirische Lösung des Geschehens.
Es mag uns in vielen Einzelfällen möglich sein, der Spur der Geschichte gerade in ihrem Ablauf zu folgen. Man kann sagen: Die Lösung liegt im Ablauf der Geschichte[39]: Die Unglücklichen hadern mit Gott, die Geretteten danken ihm und sind glücklich. Geschichten legen sich aber nur in neuen Geschichten authentisch aus. Wie aber, wenn die Folgegeschichten eben nie zu diesem glücklichen Ende kommen, wenn andernorts die rettende Macht Gottes ausbleibt? Wie, wenn wir Gott gerade darin recht geben, daß er Ijob verbietet, die Wirklichkeit von seiner persönlichen Perspektive auszumessen? C. F. Geyer schlägt in Anlehnung an Ricoeur vor, die Ijobgeschichte im Blick auf die aktuelle Frage nach Gott „metaphorisch" zu deuten: Kein Sinn um jeden Preis, das ist die eine Seite, die andere aber liegt im Problem, daß wir die *Suche nach Sinn* nie aufgeben können. Ein tragisches Element bleibt. Keine fixen Antworten hier, und doch die stete Suche nach der Transzendenz und nach Erlösung dort. Die Ijobdichtung verweist also darauf, „daß die Suche nach fixierbaren Antworten eben jenem Sinnverlangen entspringt, gegen das sie Einspruch erhebt"[40].
So unbiblisch scheint mir diese Antwort nicht zu sein. Die Mythen auch der biblischen Tradition sprechen in diesem Zusammenhang ja von Macht und Gegenmächten, verlegen dann den Sieg auf das Ende. Es gibt ja eine nie voll aufzuholende und von uns Christen gern verdrängte Kehrseite des Glaubens an den einen Gott. Dies ist verständlich; denn dieser Glaube läuft unseren durch und durch zwiespältigen Alltagserfahrungen voraus. Wir alle haben noch unsere Götter. Kommt der Sieg des rettenden Gottes also nicht zu spät?
Genau hier beginnt die Herausforderung der biblischen Tradition. Diese lebt ja nicht aus leerer Hoffnung, sondern aus einer *erfahrenen Rettung* in Gottes Macht. Es ist die entscheidende Herausforderung an dieses urjüdische Dokument. Der jüdische Religionsphilosoph *H. Jonas*, dessen Mutter in Auschwitz blieb, zeigte in einem erschütternden Vortrag, daß in Auschwitz Gott kein tragendes Thema mehr gewesen ist: „nicht Treue oder Untreue, Glaube oder Unglaube, nicht Schuld und Strafe, nicht Prüfung, Zeugnis und Erlösungshoffnung, nicht einmal Stärke und Schwäche, Heldentum oder Feigheit, Trotz oder Entbehrung hatten da

einen Platz. Von alledem wußte Auschwitz nichts, das auch die unmündigen Kinder verschlang ... Dehumanisierung durch letzte Erniedrigung und Entbehrung ging dem Sterben voran. Es war die gräßlichste Umkehrung der Erwählung in den Fluch, die jeder Sinngebung spottete."[41] Damit war für ihn die Vorsehung als Institution einer der Welt leitenden Macht am Ende.

Für ihn ist Gott also nicht mehr der Allmächtige. Gott zieht sich zurück und wird schwach. Jonas weiß, welchen Bruch er damit mit der Tradition seiner Vorväter vollzieht, auch wenn er sich auf Gedanken der Kabbala berufen kann.[42] Er, der mit der Autorität des Leidenden spricht, scheint mir aufgrund seiner Erfahrungen unwiderlegbar zu sein. Doch provoziert er natürlich die Gegenfrage, ob es überhaupt noch einen Sinn hat, an einen schlechthin *ohnmächtigen* Gott zu glauben. Bedarf es nicht – um der Leidenden willen – des tödlichen Mutes, um gegen alle Erfahrung das urbiblische Wort vom machtvoll rettenden Gott durchzuhalten? Ist Gott also, wenn er schon auf seiten der Leidenden steht, überhaupt noch stark genug, sie zu retten? Wie also ist Gottes Macht oder Ohnmacht zu denken? In diese Frage ist, wie bekannt, in den letzten Jahrzehnten Bewegung gekommen. An die Frage, ob Gott leiden könne,[43] mußte sich notwendigerweise die Frage nach Gottes Ohnmacht – im Protest gegen Gottes thronende Übermacht zu Recht[44] – anschließen; denn wer verletzlich ist, ist schwach. Daß Gott sich in seinem Sohn schwach gemacht hat (Phil 2, 5–11), ist dabei ein christlich naheliegender Gedanke.

Dabei hängt nach Ausweis der deutschsprachigen Theologie aber alles an seiner *trinitarischen* Vermittlung. Die Differenz zwischen Vater und Sohn, als Selbstunterscheidung von seiten Gottes gedacht, sowie deren Versöhnung im Geist muß den – leider sehr irdischen – Problemknoten tragen, der sich in der menschlichen Leidenserfahrung schnürt. Dabei weiß ich nicht, ob die lästige Alternative von Ohnmacht und Übermacht wirklich produktiv genutzt ist. Bisweilen, so mein Eindruck, wird das Leiden doch wieder verharmlost, als sei es im Glauben jenseitig schon aufgehoben. Bisweilen herrscht die Gefahr, daß sich in Gott das menschliche Leiden einfach wiederholt oder *verdoppelt*.[45] Damit ist niemandem gedient, die widerständige Hoffnung auf eine rettende Macht zudem vorschnell verloren.

Erwähnt sei jedoch E. Jüngel, der nicht einfach zwischen Allmacht und Ohnmacht, sondern zwischen Allmacht und Gegenwart unterscheidet. „Die Allmacht Gottes als Entzug seiner Gegenwart und die Gegenwart Gottes auch als Entzug seiner Allmacht denken zu lernen", ist für ihn das systematische Ziel seiner Überlegungen.[46] Ich vermute, daß hier ein Ansatz genannt ist, der Ijobs Problem für unsere Gegenwart herausstellt und besprechbar macht. Allmächtig also ist Gott *abwesend*, also verborgen. In seiner Gegenwart aber, weil er also in diese Welt eingeht, verdeckt er das Ausmaß seiner Macht. Die Frage aber bleibt offen, welcher Art die Ohnmacht und Allmacht, diese Gegenwart und Ferne ist. Doch führt diese Spur zur jüdischen Tradition bis hin zu deren Erprobung in Auschwitz zurück. Ich denke an den von D. Sölle zitierten Bericht *E. Wiesels* von einem Jungen, der am Galgen im Konzentrationslager qualvoll endet, in dem der zum Zuschauer verurteilte Häftling gleichwohl Gott (welchen auch immer, gleich als rettenden oder als mitsterbenden) erkennt.[47] Die Parallele zum Tod Jesu liegt auf der Hand. D. Sölle schlägt denn auch vor, diese Geschichte – ohne dem Grauen des Geschehens und der Würde jüdischen Denkens Abbruch zu tun – christlich, d. h. vom Tod Jesu her oder doch wenigstens so zu deuten, daß dieser Tod in die Deutung des Geschehens aufgenommen wird.[48] Der Tod des Jungen als Wiederholung dessen, was am Kreuz geschah? Diese Geschichte, die nun doch wieder alle Fragen nach Gottes Macht und Ohnmacht offen läßt, als eine Möglichkeit, uns dem Geheimnis des Leidens (und wenn Sie wollen, der Trinität) theologisch sinnvoll zu nähern? Ich meine in der Tat, daß die Frage nach Gottes Macht und Ohnmacht, an sich betrachtet, so *aporetisch* bleiben muß wie diese Geschichte, solange die Dialektik von Leben und Tod keine lebenspraktische Vermittlung erfährt. Deshalb ist nicht nur Ijobs Frage als Frage Jesu („Warum hast du mich verlassen?“, Mk 15,34) neu zu entdecken, sondern in Ijob auch unsere Frage an Gott angesichts dessen was mit Jesus selber geschehen ist; denn wenn Gottes Vorsehung je eine Niederlage erlitten hat, dann doch wohl an jenem Freitag, an dem aus christlicher Perspektive das Ende der Zeit begann (Mt 27,51–53). Jesus als der neue Ijob, das ist nur die eine Seite. Unsere Aporie muß sich für Christen, wenn überhaupt, lösen an Jesu Leiden und Tod, den wir als Gottes geliebten Sohn bekennen. Die Frage also lautet: Warum mußte *Jesus* leiden und welcher Art ist die Ohnmacht, in die Gott dabei geraten ist?

## *IV. Warum mußte Jesus leiden? Zu Situation und Erfahrung der Liebe*

*Vergleichen* wir noch einmal Jesus und Ijob. Sie haben beide gelitten; beide sind auf ihre Weise verstummt, Jesus endgültiger als Ijob. Ijob repräsentiert den Gerechten Israels, wer immer das auch sei. Zu simpel und bürgerlich wäre also die Idee, bei Ijob habe sich alles nur um Besitz, Gesundheit und Familie gedreht. Gerechte sind immer Männer der gemeinschaftsfördernden Tat. Das Recht der Klage, das Unabgegoltene des Leidens wird an ihm demonstriert. Er nimmt eine in Jesus wiederholte Erfahrung vorweg.

Allerdings, Ijob ist nur eine *literarische Fiktion*, Jesus dagegen eine historische Person. Das konkrete, öffentliche Thema seines Lebens – Beginn des Reiches Gottes durch die Tat der Liebe – ist bekannt. Dieses Thema, nicht ein blindes Geschick, war der Grund seines Todes. So hat Jesus eine *prophetische* Funktion. Dasselbe bei der literarischen Figur „Ijob" zu erwarten, wäre nicht falsch, aber Unsinn; denn was bei ihm als Problem formalisiert, sozusagen abstrakt herauspräpariert ist, kehrt angesichts des Geschicks Jesu in eine Lebenspraxis des Glaubens und der Liebe eingebettet zurück.

Die abstrakte und aporetische Frage also bleibt: Wie kann Gott den Gerechten peinigen oder dessen Unheil nicht verhindern? Sie hat sich bei Jesus aber zur Frage konkretisiert, wie denn Gott dieses Unternehmen des beginnenden Reichs scheitern läßt, ihm nicht beisteht. Allerdings kann man diese Frage – die *Ostererfahrung* der Jünger ernstnehmend – auch umkehren: Wie, um Gottes willen, begann in diesem Desaster, wenn die ersten Frauen und Männer recht haben, Gottes Reich? Damit steht aber nicht mehr Gottes (All)macht oder Gerechtigkeit auf dem Spiel, sondern die Art und Weise, in der Gott allem Anschein zum Trotz mächtig ist. Die an sich unbiblische, aristotelisch zudem verdorbene Redeweise von Gottes Omnipotenz hat den Blick für diese Frage verstellt.[49] Biblisch gibt es Macht und Gegenmächte. Die Frage ist, welcher wir uns anzuschließen bereit sind. Im Blick auf Jesu Leiden und Tod verschiebt sich also unser Problem. Wir beobachten nicht mehr nur Ijob. In der Nachfolge Jesu werden wir seine Fragen zu *konkretisieren* haben. Christen sind doch wohl Menschen, die Jesu Thema zu ihrem eigenen machen, für das Heil der Welt eifern. In Jesu Leiden hat das Leiden in der Welt für uns Christen allererste Verbindlichkeit erreicht. Wir greifen zu diesem Zweck auf die drei Hinweise zum Leiden zurück.

*1. Leiden ist in der Welt*

Eine Theologie, die sich nun christologisch diesem Satz stellt, ist aufs schärfste herausgefordert. Nicht Gottes Ohnmacht, sondern der Zustand der Welt wird uns zum *ersten Problem.* Wir werden es uns vorerst verbieten müssen, schlüssige, durch Tradition und Argument gestützte Lösungen vorzutragen. Das Leiden in der Welt, sehr eng mit der Zivilisation zumindest des Westens verbunden, straft sie Lügen. Mit Erschrecken werden wir zunächst auf die zur Alternative geschärften Fragen antworten müssen, warum der Beginn des Gottesreiches zur Vertröstung verdampfen, der Aufruf zur Umkehr zur Stabilisierung von Machtkonfigurationen verkommen, die Sünde zur inneren Haltung und einem Katalog privater Verhaltensweisen schrumpfen, die Gnade sich zum Übernatürlichen transformieren, das Heilsangebot sich in Institutionen der Heilsverwaltung einschließen konnte.

Diese Fragen sind nicht neu. Umso schlimmer, wie wenig Wirkung sie bislang zeigten. Daß die biblische Tradition dagegen von einer *prophetisch-politischen Spiritualität* getragen ist,[50] brauche ich hier nicht eigens auszuführen. Hinreichend bekannt ist, daß sich jüdische und christliche Propheten – der eschatologische Prophet allen voran – sehr massiv und unmittelbar auf das Spiel der Mächte von Leben und Tod einließen zugunsten des Lebens, somit zum Kampf gegen Leiden und Tod. Wir müssen entdecken lernen, auf welche Praxen sich unser Denken bezieht. Angesichts der Leiden der Welt werden wir uns an ein in der Wahrheit *parteiliches* Denken gewöhnen müssen. Genauer: in aller hermeneutischen Besonnenheit werden wir, sollten wir entdecken, wie sich unsere Parteilichkeit für Gott im Mächtespiel der Welt realisiert. Die ganze Leidenschaft, die uns durch Jahrhunderte im Kampf gegen die Sünde zu Gebote stand, gelte dem Einsatz für eine bessere Welt.
Gott kann ja, wenn er ein *rettender Gott* ist, in einer Welt von Tätern und Opfern, von Vorenthaltenden und Benachteiligten, von Tötenden und Getöteten nicht in gleicher Weise auf der einen und auf der anderen Seite stehen. Ein Gott aller wäre schlußendlich niemandes Gott. Und seine Vorsehung hat ja wohl, wenn er ein Gott des Lebens ist, eine eindeutige Perspektive und Plausibilität. Die Mächtigen stürzt er vom Throne, und die Hungrigen werden mit Gütern erfüllt (Lk 1,52f). Es ist das Verdienst emanzipatorischer Theologien, auf diese Mitte heilsgeschichtlicher Zukunft zu verweisen. Es ist die Dimension eines christlich guten Handelns, Vorbedingung für die Neuentdeckung der Frage nach Gott. Kurz: Wir müssen lernen, das Leiden entschieden zu bestreiten.

## 2. *Das Leiden hat Autorität*

Das Leiden der Leidenszeugen, sagten wir, ist von höchster politischer Bedeutung. Für J. Moltmann steht damit die *Grenze der Kirche* zur Debatte. Jesus, der Messias, ist nämlich nicht nur im Wort der Verkündigung gegenwärtig („Wer euch hört, hört mich“, Joh 20,23), sondern auch in der Person der Armen und Entrechteten („Was ihr dem Geringsten meiner Brüder getan habt . . .“, Mt 25). Die Grenzen der Kirche hören gerade nicht vor den Gedemütigten auf: Diese haben ihre eigene, christologisch gewürdigte Autorität.[51] Das ist nicht nur eine moralische, sondern eine christologische, also für jede Kirchenordnung normierende Aussage. Der praktischen Struktur des jesuanischen Worts[52] entspricht eine hermeneutische Struktur unserer Solidarität. Die kirchliche Verkündigung, die sich dem Wort vom Kreuz verpflichtet wissen muß, wird ohne die gegenwärtige Erfahrung der Leidenden blind. Auch innerhalb der Gemeinden ist mit christlichem Recht zunächst das *Schweigen* derer erfordert, die mitzuleiden bereit sind.

Die Legitimationsstrukturen kirchlicher Rede entsprechen zumindest in den Großkirchen diesen Erfordernissen nicht. Ijob bleibt zum Schweigen verurteilt. Nicht grundlos hat man ihn in einer langen Geschichte christlicher Interpretation zum stillen und doch auch themalosen Dulder gemacht,[53] der angesichts der großen Rätsellöser seine Stimme nicht mehr erheben durfte. Dieser Mangel betrifft die Dimension eines christlich legitimen *Erkennens*. Es ist unverzichtbar für die Rekonstruktion der Frage nach Gott. Kurz: Wir müssen lernen, das Leiden neu zu benennen.

3. *Leiden ist mitteilbar*

Das ist schließlich die Dimension der christlichen Lebenspraxis, die Handeln und Glauben umschließt. Zur Ethik und Hermeneutik kommt die *Erfahrbarkeit* von Gottes Reich. Die christlich-christologischen Assoziationen liegen auf der Hand. Das Eingedenken an Jesu durch und durch politischen Tod bedarf der Reflexion. Es ist die Frage, ob und wie wir uns in der Nachfolge auf das Lebensthema Jesu, die Liebe, einlassen, der das Leiden zur Not selbstverständlich wird. Ich betone „selbstverständlich", weil das – gegenüber allem Verdacht der ethischen Reduktion – keine ethische Leistung, vielmehr Gabe des Geistes ist. Kirche ist eine Gemeinschaft der Entronnenen.

Ich sehe an diesem Punkt den Schlüssel und die Auflösung des besprochenen, eigentlich theologischen Problems, der Frage nach dem schweigenden Gott, nach der Eigenart seiner Ohnmacht. Die Antwort auf die Frage nach Gottes Macht ist in der *Situation* und in Erfahrungen *der Liebe*, des befreienden Zueinanders, des Aufbruchs in eine Zukunft des Lebens gegeben. Es sind Erfahrungen, die den wahren Christen den Tod wert sind, in denen er zum Glauben befreit wird.[54] An diesem Punkt kreuzen sich Mystik und Politik wohl so, daß Gott – ich verweise nur auf vielfältige Zeugnisse der Befreiungstheologie – auch öffentlich wieder zum befreienden Ereignis des Tuns und der Sprache wird.[55]

Als *heuristische Regel* gelte deshalb, entsprechend der oben geforderten Unterscheidung im Prozeß des Erinnerns: wer sich auf die Seite der Leidenden stellt, wer ihnen öffentliche Autorität einräumt und mit den Leidenden sein Leben teilt, der weiß auch den Bericht von Jesu Tod im Geiste auszulegen, der erträgt diesen Tod als seinen eigenen, ohne ihn zu domestizieren. Er macht das Leiden – dieses hochgefährliche, bisweilen auch fanatisierende Phänomen – vor Gott und als Frage an Gott in seinem sehr verletzlichen Lebenskonzept wieder besprechbar.

Ich spreche von einer „heuristischen Regel" und weiß, daß sie auch für mich und für meine Gemeinde gefährlich werden kann. Es gibt auch in Jesu Tod einen stummen und unabgegoltenen *Kern*, schon bei Markus als Gottverlassenheit thematisiert.[56] Jesus ist seinem Geschick nicht wie

Ijob entkommen. Sein „Ecce homo" zeigt nicht nur, wer wir sind, sondern macht einen Geschlagenen, den „ebed jahwe", zum *Maß* der Menschen.[57] Entscheidend ist für ihn das Problem der Opfer, erst in dessen Folge die Frage der Schuld. Warum mußte Jesus leiden? Weil er in der Erfahrung ursprünglicher Liebe[58] die Opfer als Opfer angenommen und Gottes Macht gegen alle Gewalt angekündigt hat.

### *V. Die Wirklichkeit verändern? Einige Folgerungen*

Die Frage, ob wir Jesus von Ijob her, also als den zweiten Ijob interpretieren können, scheint mir sekundär zu sein. Beide leiden sie, beide haben sie – auch Ijob ist das zuzugestehen – eine Wahrheit zu verkünden. Was mich eher verwundert, ist dies, wie wenig wir Christen es bei Jesu Tod ausgehalten, gegen den Tod Jesu protestiert, wie wenig wir uns dafür Ijobs Stimme gegen alle seine Theologenfreunde geliehen haben. Gott hat ihn uns gegeben. Wie konnte er ihn unter diesen Umständen wieder nehmen? Nach den Maßstäben welcher Gerechtigkeit konnte Gott ihn, den wir seinen Sohn nennen, als von Gott Verfluchten sterben lassen? Mußte und muß dagegen nicht Protest aufkommen? Sind wir nicht eher trotz seines Todes erlöst?

Auffällig ist, wie verdeckt die Frage im Neuen Testament verhandelt wird. „Wir aber hofften, er sei es, der Israel erlösen sollte" (Lk 24,21). Eine deutlich kritische Kontur hat das Wort des Petrus in anderer Richtung: „Dieser Jesus, den ihr gekreuzigt habt, lebt" (Apg 2,36). Als Skandal wird der Tod am Schandpfahl jedoch empfunden.[59] Auch Jesus ist, von Gott gerettet, einem Schicksal entronnen, das nicht hätte eintreten dürfen. Am besten zeigen noch die Prozeßberichte das Unerhörte, in das sich selbst die Jünger – Männer ohne Ausnahme – verwickeln ließen. Einmal sensibel geworden müßte uns auffallen, wie leicht uns die gängigen, theologisch hochreflektierten Antworten über die Lippen gehen. S. Kierkegaard bemerkt einmal bissig, es gebe Menschen, die darin Professor sind, daß Jesus Christus für die Menschen gestorben ist.[60]

So ist es Zeit, eine Aporetik der *Erlösungstheorien* im Blick auf das Phänomen zu erstellen: daß sie den Ärger und den Protest über Jesu Tod verschwinden lassen, daß sie die heilsgeschichtliche Interpretation vom politischen Ablauf lösen, daß sie den Zynismus der Gewalt gegen den Gewaltlosen nicht zum Potential des Aufstands wider alle Gewalt gemacht haben, daß sie die Erfahrung der felix culpa zu früh ansetzten und wider Willen instrumentalisierten.

Zu untersuchen wären die *„sakrifiziellen"* Lösungen, die in der Metaphorik des kultischen Opfers bleiben, dies zumal in einer Zeit, da der

Opferkultus nicht mehr als erfahrbare Gegenfolie dienen kann. R. Girard hat wohl mit seinem Verdacht recht, daß Gewalt, dem Sakralen ohnehin aufs engste verschwistert, innerhalb eines kultisch-sakrifiziellen Horizonts eher verdeckt und legitimiert als aufgehoben wird. Der Tod Jesu wird möglicherweise ein zum Zwecke unserer Erlösung notwendiges, zu preisendes, kultisch überhöhtes Mittel.[61]

Zu untersuchen wären die *ontologischen* Lösungen, in denen das Schwergewicht so sehr auf die Inkarnationsidee fällt, daß Jesu Tod nur noch zur Vollendung des in der Menschwerdung begonnenen Erlösungswerkes wird. Das Unrecht von Jesu Tötung hat in dieser Konzeption sein Grauen grundsätzlich verloren. Nicht grundlos geht dieses Theoriemodell bruchlos einher mit dem Theorem eines apathischen Gottes. Von dieser Voraussetzung her ist der spezifische Beitrag des christlichen Glaubens zur Frage des Leidens verdrängt.

Zu untersuchen wären schließlich auch die *geschichtstheoretischen* Lösungen, in denen dieser Durchgang durch den spekulativen Karfreitag bei allem Schmerz apriorisch notwendig, deshalb unvermeidbar und gut ist.

Fragen habe ich schließlich an die *ekklesiozentrischen* Modelle, die Jesu Tod und die Geburt der Kirche allzu unkritisch aufeinander beziehen. Auch die Kirche kann nicht ihren Weg gehen, ohne vor der Todesdifferenz zwischen Jesu und ihrem Leben zu schweigen. Auch sie nimmt Gottes Reich nicht vorbehaltlos vorweg. Auch sie kann den damals Leidenden nur neu in denen hören, die jetzt die Leidenden und die Sterbenden sind.

Kurz, alle Systematik ist daran zu messen, ob sie sich vom Bericht dieses Todes unterbrechen und verwirren läßt, ob sie etwas von der Mystik eines Not bekämpfenden Leidens wiederbringt, das uns auch heute – mehr außerhalb Europas als bei uns – begegnet. Die Frage nach dem Tod Jesu kehrt sich dann allerdings zur Ijob *befriedigenden Erfahrung* um. Der Tod und das Leiden der Ungezählten darf jetzt in Jesu Tod, unter das Thema einer Liebe aufgenommen werden, die die Macht des Todes übersteigt.[62]

Allerdings darf auch ich nicht in den Fehler verfallen, den ich der Theologie unseres Kontinents angekreidet habe, den der mangelnden Empathie und der vorschnellen Domestikation. Um der *Leiblichkeit* der Auferstehungsbotschaft willen darf das gerade nicht geschehen. Ich erinnere deshalb an den Vorwurf einiger Befreiungstheologen an uns, daß wir ständig die Glaubensexplikation verändern, statt die Wirklichkeit, in der wir leben. Es muß uns im Gegenzug auffallen, daß Befreiungstheologen und andere emanzipatorische Theologien in der Regel nicht vom „Leiden" – eine abstrakte und subjektivierende Kategorie – sprechen. Sie reden von den Armen, der Folter, der Liquidation, von der Marginalisierung der benachteiligten Gruppen, von den Zentren und Rändern ökonomischer Macht, kurz, von den Leiden in der Welt, wie sie sich konkretisieren. Sie haben das Schwergewicht ihres theologischen Geschäfts von historischen auf soziologische Kategorien verlegt. Wenn sie im Kampf für eine menschlichere Zukunft Hoffnung, Kraft, eben die „Macht der Armen" (Gutierrez) erfahren, dann setzen sie etwas ins Leben um, worüber wir um so lieber reden: den Glauben an Gottes beginnendes Reich, den sie empirisch auszutesten wagen.

Auferstehungsglaube und Befreiungserfahrung interpretieren sich dann gegenseitig. Deshalb sind sie vermutlich dichter bei den *Ostererfahrungen* als wir. Die Jünger aber glaubten nicht trotz, sondern aufgrund der Erfahrung dieses Leidens, das im Dienst des Reiches Gottes göttliche Verheißung in sich trägt. Ijob ist damit nicht vergessen, aber seine Frage wird zum Impuls für den Auszug aus den Geschichten gegenwärtiger Gewalt.

Wir gingen davon aus, daß die Verdrängung des Leidens in der klassischen Teodizeefrage schließlich Gott selber verdrängte. Am Ende der Überlegungen legt sich die Vermutung nahe, daß die Annahme des Leidens zugunsten der Leidenden die Macht Gottes erst wieder *erscheinen* läßt. Es ist allerdings die sehr gewaltlose, verborgene, vergebungsbereite und verletzliche Macht der Liebe. Unsere Auferstehungshoffnung rechnet damit, daß diese gewaltlose Macht der Liebe am Ende nicht im Tode versinkt, sondern als Liebe *Gottes* das letzte Wort behalten wird. Wer darauf vertraut, wird nicht verkrampft eine bessere Zukunft erzwingen müssen. Er wird jedoch glaubend alle Phantasie für Gottes Zukunft einsetzen, alle erdenkliche Güte unter Menschen als Güte Gottes bezeugen können.

*Anmerkungen*

1 Zur Ijobfrage: *K. Barth,* Hiob (Baseler Studien 49), Neukirchen-Vluyn 1966; *J. Ebach,* Leviathan Behemoth, Paderborn 1984; *O. Keel,* Jahwes Entgegnung an Ijob, Göttingen 1978; *H.-P. Müller,* Das Hiobproblem, Darmstadt 1978; *R. Rendtorff,* Das Alte Testament, Neukirchen-Vluyn 1983, 263ff; *A. Weiser,* Das Buch Hiob (Das Alte Testament Deutsch, 13), Göttingen 1963.

2 Vgl. z. B. auch *E. Bloch,* Studien zum Buch Hiob, in: *ders.,* Wegzeichen der Hoffnung, Freiburg/Br. 1967, 176–190.

3 *Y. Congar,* Schicksal oder Schuld? Das Problem des Übels und des Bösen, in: *J. Hüttenbügel* (Hg.), Gott – Mensch – Universum, Graz–Wien–Köln 1974, 653 bis 675; *C.-F. Geyer,* Leid und Böses in philosophischen Deutungen, Freiburg 1983; *G. Greshake,* Der Preis der Liebe. Besinnung über das Leid, Freiburg 1978; *U. Hedinger,* Wider die Versöhnung Gottes mit dem Elend. Eine Kritik des christlichen Theismus und A-Theismus, Zürich 1972; *H.-G. Janßen,* Das Theodizee-Problem der Neuzeit. Ein Beitrag zur historisch-systematischen Grundlegung politischer Theologie, Frankfurt/M. 1982; *H. Küng,* Gott und das Leid, Zürich 1967;

*W. Sparn,* Leiden – Erfahrung und Denken. Materialien zum Theodizeeproblem, München 1980.

4 *A. van Harskamp,* Theologie: tekst in context, Op zoek naar de methode van ideologiekritische analyse van de theologie, geïllustreerd aan werk van Drey, Möhler en Staudenmaier, Nijmegen 1986, 32–45.

5 *W. Oelmüller* (Hg.), Leiden (Kolloquium Religion und Philosophie 3), Paderborn 1986, darin: *H.-G. Janßen,* Theodizee als neuzeitliches Problem versöhnender Praxis, 40–50; *ders.,* Theodizee-Problem, Sparn, 19–27.

6 Bedenkenswert ist immer noch der Aufsatz von *R. Bultmann,* Das Verständnis von Welt und Mensch im Neuen Testament und im Griechentum (1940), in: Glauben und Verstehen II, Tübingen [3]1961, 59–78; *ders.,* Adam, wo bist Du? Über das Menschenbild in der Bibel (1945), aaO., 105–116.

7 *L. Oeing-Hanhoff,* Thesen zum Theodizeeproblem, in: *Oelmüller* (Hg.), aaO., 213 bis 228.

8 Ein erster Versuch umfassender systematischer Auswertung wurde vorgelegt von *J. Moltmann,* Gott in der Schöpfung. Ökologische Schöpfungslehre, München 1985. Aus exegetischer Sicht ist zu verweisen auf *O. H. Steck,* Welt und Umwelt, Stuttgart 1978. Lesenswert ist *H. E. Richter,* Der Gotteskomplex, Hamburg 1979.

9 *I. Kant,* Über das Mißlingen aller philosophischen Versuche in der Theodizee, in: *W. Weischeidel* (Hg.), Werke in zehn Bänden, Darmstadt, Bd. IX, 105–124. Zur Interpretation: *Geyer,* Leid, 108–113.

10 *Geyer,* Leid, 119–122.

11 *H. Lübbe,* Theodizee als Häresie, in: *Oelmüller* (Hg.), Leiden, 167–176.

12 *Ders.,* 144, 203, 209.

13 *O. Marquard,* Leiden, in: *Oelmüller* (Hg.), Leiden, 214.

14 Zur Gefahr der Instrumentalisierung des Bösen s. *H. Häring,* Das Problem des Bösen in der Theologie (Grundzüge 62), Darmstadt 1985, 45–67.

15 *Oeing-Hanhoff,* „Was wäre denn das für eine Allmacht, die nicht die Macht der Selbstbeschränkung hätte, um so endliche Freiheit zu ermöglichen!" (*Oelmüller* [Hg.], Leiden, 225). Auch so werden Gottes und menschliche Freiheit noch als Konkurrenten gedacht. Dies abstrakte Argument ist zudem mißbrauchbar für Gehorsams- und Niedrigkeitsideologien aller Art.

16 *Marquard,* aaO., 215.

17 F. Nietzsche zitiert diesen „Atheisten-Witz" und fügt hinzu: „Was war der größte Einwand gegen das Dasein Gottes bisher? Gott ... (Ecce Homo 3, Werke II, 1088).

18 Deshalb sind die Tagebücher von F. Stier für die Theologie ein kostbarer Besitz: Vielleicht ist irgendwo Tag. Aufzeichnungen, Freiburg [5]1986; An der Wurzel der Berge. Aufzeichnungen II, *K. H. Seidl* (Hg.), Freiburg 1984.

19 *E. Biser,* Atheismus und Theologie, in: *J. Ratzinger* (Hg.), Die Frage nach Gott, Freiburg 1972, 89–115.

20 *H. Häring,* Wider eine vorschnelle Theodizee, in: *J. Buch, H. Fries* (Hg.), Die Frage nach Gott als Frage nach dem Menschen, Düsseldorf 1981, 63–85.

21 *P. L. Berger,* Auf den Spuren der Engel. Die moderne Gesellschaft und die Wiederentdeckung der Transzendenz, Frankfurt/M. 1981; *H. Lübbe,* Religion nach der Aufklärung. Grund der Vernunft – Grenze der Emanzipation, Graz 1986.

22 Zur Frage der Erfahrung: Themennummer Conc 14 (1978), Heft 3: Glaube und Erfahrung; D. Mieth, Dichtung, Glaube und Moral, Mainz 1976; *E. Schillebeeckx,* Christus und die Christen. Die Geschichte einer neuen Lebenspraxis, Freiburg 1977, 24–57; *J. Track,* Erfahrung Gottes. Versuch einer Annäherung: KuD 22 (1976), 1–21.

[23] *B. Waldenfels,* Das überbewältigte Leiden. Eine pathologische Betrachtung, in: *Oelmüller* (Hg.), Leiden, 129–140.

[24] So etwa *Augustinus, Luther, Pascal, Kierkegaard (H. Häring,* Problem des Bösen, aaO., 84–128).

[25] *S. Kierkegaard,* aus Tagebücher I, gefunden in *U. Goldmann-Posch,* Tagebuch einer Depression, Berlin/W. 1985.

[26] *E. Schillebeeckx* hat anstatt eines positivistischen Einstiegs oder einer spekulativen Anthropologie ein Koordinatensystem des Menschen und seines Heils entworfen. Dazu gehören: Leiblichkeit, Mitmensch-Sein, gesellschaftlich-institutionelle Strukturen, Geschichte und Kultur, die Korrelation von Theorie und Praxis, ein „parareligiöses Bewußtsein", sowie die unreduzierbare Synthese dieser sechs Dimensionen (Christus und die Christen. Die Geschichte einer neuen Lebenspraxis, Freiburg 1977, 715–725).

[27] *M. Merleau-Ponty,* Phänomenologie der Wahrnehmung, Berlin/W. 1974; *ders.,* Die Struktur des Verhaltens, Berlin/W. 1976; *H. Rombach,* Strukturontologie. Eine Phänomenologie der Freiheit, München 1971.

[28] *R. Piepmeier,* Philosophische Reflexionen zum Phänomen des Leidens, in: *Oelmüller* (Hg.), Leiden, 66–82.

[29] *E. Fromm,* Anatomie der menschlichen Destruktivität, Stuttgart 1974.

[30] *J. Ebach,* Die Welt, „in der Erlösung nicht vorwegenommen werden kann" (G. Scholem) oder: Wider den „Trug für Gott" (Hi 13,7). Thesen zum Hiobbuch, in: *Oelmüller* (Hg.), Leiden, 20–27; *ders.,* Leviathan und Behemoth, Paderborn 1984.

[31] Themanummer „Martyrium heute": Conc 19 (März 1983), 167–246.

[32] *U. Eibach,* Die Sprache leidender Menschen und der Wandel des Gottesbildes: ThZ 40 (1984) 34–63. Der Leser wird unschwer erkennen, wieviel ich – über den Bezug dieser Anmerkung hinaus – diesem kundigen und im besten Sinn erfahrenen Beitrag verdanke.

[33] *Ebach,* aaO., 21.

[34] *W. G. Niederland,* Folgen der Verfolgung, Das Überlebenssyndrom – Seelenmord, Frankfurt/M. 1980.

[35] *D. Sölle,* Leiden, Stuttgart 1973, 45–78.

[36] *W. Benjamin,* Über den Begriff der Geschichte, Anhang B, in Illuminationen. Ausgewählte Schriften, Frankfurt/M. 1977, 261.

[37] *R. Girard,* La route antique. Des hommes pervers, Paris 1985.

[38] *C. G. Jung,* Antwort auf Hiob (1952), Zürich 1972.

[39] Den prozessualen Charakter des Buches betont *E. Ruprecht,* Leiden und Gerechtigkeit bei Hiob: ZThK 73 (1976) 424–445, 444f.

[40] *C.-F. Geyer,* Wirkungsgeschichtliche Aspekte, 38; *ders.,* Zur Bewältigung des Dysteleologischen im Alten und Neuen Testament: ThZ 37 (1981), 219–235.

[41] *H. Jonas,* Der Gottesbegriff nach Auschwitz, in *O. Hofius* (Hg.), Reflexionen in finsterer Zeit, Tübingen 1984, 61–86. Vgl. auch *H. Kushner,* Wenn guten Menschen Böses widerfährt, Gütersloh 1986.

[42] *A. J. Heschel,* Gott sucht den Menschen. Eine Philosophie des Judentums, Frankfurt/M. 1980; *G. Scholem,* Von der mystischen Gestalt der Gottheit. Studien zu Grundbegriffen der Kabbala, Frankfurt/M. 1977, 77–82; *J. Moltmann,* Gott in der Schöpfung, aaO., 98–105.

[43] *H. Küng,* Menschwerdung Gottes. Eine Einführung in Hegels theologisches Denken als Prolegomena zu einer künftigen Christologie, Freiburg 1970, 622–631; *J. Moltmann,* Der gekreuzigte Gott. Das Kreuz Christi als Grund und Kritik christlicher Theologie, München 1972, 255–267; *W. Kasper,* Das Böse als theologisches Problem, in: *F. Böckle u. a.* (Hg.), Christlicher Glaube in moderner Gesellschaft, Bd. IX, Freiburg 1981; Das Böse in der Perspektive des christlichen Glaubens, 187–192, 192.

[44] *D. Sölle,* Leiden, aaO., 26–39.
[45] *H. Häring,* Het kwaad als vraag naar Gods macht en machteloosheid: Tijdschrift voor theologie 26 (1986), 351–372; *Eibach,* aaO., 55–58.
[46] *E. Jüngel,* aaO., 137.
[47] Zitiert bei *D. Sölle,* Leiden, aaO., 178.
[48] *Dies.,* aaO., 180–182.
[49] *U. Eibach,* aaO., 51, A. 41; *Häring,* Het kwaad, aaO., 358f.
[50] *A. Rotzetter,* Plädoyer für eine prophetisch-politische Spiritualität. Mystik im Alltag der Welt: Geist und Leben 59 (1986), 6–19.
[51] *J. Moltmann,* Kirche in der Kraft des Geistes. Ein Beitrag zur messianischen Ekklesiologie, München 1975, 141–152.
[52] *H. Peukert,* Wissenschaftstheorie, Handlungstheorie, Fundamentale Theologie. Analysen zu Ansatz und Status theologischer Theoriebildung, Düsseldorf 1976, Teil D.
[53] *C.-F. Geyer,* Wirkungsgeschichtliche Aspekte der biblischen Hiobdichtung, in: *Oelmüller* (Hg.), Leiden, 28–39.
[54] *H. Häring,* Verlossing – ondanks Jezus' lijden en dood?, in: *H. Häring u. a.* (Hg.), Meedenken met Edward Schillebeeckx, Baarn 1983, 171–187.
[55] Themanummer „Ijob und das Schweigen Gottes": Conc 19 (November 1983), 667 bis 737.
[56] *H. Gese,* Psalm 22 und das Neue Testament: ZThK 65 (1968), 1–22; *E. Jüngel,* Gott als Geheimnis der Welt, Tübingen 1977, 503f; *J. Moltmann,* Der gekreuzigte Gott. Das Kreuz Christi als Grund und Kritik christlicher Theologie, Stuttgart 1972, 105–147; *X. Tiliette,* Der Kreuzesschrei: EvTh 43 (1983), 3–15.
[57] *H. Häring,* Problem des Bösen in der Theologie, aaO., 28–43.
[58] *K. Rahner,* Über die Einheit von Nächsten- und Gottesliebe, in: *ders.,* Schriften zur Theologie VI, Zürich 1965, 277–298.
[59] *E. S. Gerstenberger, W. Schrage,* Leiden, Stuttgart 1977, 118–162.
[60] *E. Kierkegaard,* in: *Heiber-Kuhn* (Hg.), Søren Kierkegaards Papirer X,3, A 121.
[61] *R. Girard,* La violence et le sacré, Paris 1972. Zur Einführung: *R. Schwager,* Brauchen wir einen Sündenbock? Gewalt und Erlösung in den biblischen Schriften, München 1978; *ders.,* Der wunderbare Tausch. Zur Geschichte und Deutung der Erlösungslehre, München 1986.
[62] Zur seltsam verkehrten Dialektik von Tod und Leben in der westlichen Theologie: *F. J. Hinkelammert,* Die ideologischen Waffen des Todes. Zur Metaphysik des Kapitalismus. Mit einem theo-politischen Nachwort von Kuno Füssel, Freiburg/Schweiz 1985, 222–267.

# Thesen zum Bittgebet

Von Gottfried Bachl, Salzburg

Das Thema *Bittgebet* am Ende einer Tagung über den Begriff der Vorsehung und des Handelns Gottes bringt die Versuchung mit sich, noch einmal alle Probleme aufzuwühlen und die Zuhörer, wissende Fachleute, mit Wiederholungen zu langweilen. Deshalb scheint es mir sinnvoll, mein Konzept von der Sache in einer Reihe von Sätzen vorzustellen. Das gibt einen gewissen Überblick, vielleicht auch eine Art Zusammenfassung, hat den Vorzug der Kürze und ermöglicht, wenn Lust dazu vorhanden ist, die Diskussion. Bei einigen der Thesen, der zweiten, vierten und fünften, habe ich die Vermutung, daß sie Aspekte berühren, die deutlicher reflektiert werden sollten. Diese will ich ausführlich erläutern.

## *I. Thesen*

1 Die Bibel bietet dem Glauben eine kritische Einweisung in die Wahrheit des Bittgebetes. Die sachliche Notwendigkeit dafür liegt in der Tatsache, daß der spontane Akt des Wünschens nicht eindeutig ist. Es ist möglich, daß sich der Mensch darin selbst verfehlt und im Ruf nach dem Handeln Gottes ins Leere geht. Deshalb verbindet das Evangelium die Verheißung der Geduld Gottes, der den glimmenden Docht nicht löscht, mit der prophetischen Warnung vor dem Geplapper. Die theologische Reflexion darüber hat ihr Recht und ihre hilfreiche Funktion, wenn sie sich innerhalb dieser Spannung bewegt.

2 Das biblische Kerygma der Bitte kann nur dann angemessen ausgelegt werden, wenn unterschieden wird zwischen der Bitte als Mangelbewältigung und der Bitte als Weg der Freiheit. Die Bitte ist zwar de facto oft beides, aber grundsätzlich ist sie der unüberholbare Modus, wie Freiheiten füreinander sind. Ihre Funktion als Nothilfe ist ein mögliches Moment daran und bleibt der Vermittlung der Freiheit untergeordnet. Das Bittgebet ist also zu verstehen als selbstzweckliches Vollendungsgeschehen, das durch nichts ersetzt und nicht überholt werden kann.

3 Die Möglichkeit und den Sinn des Bittgebetes bestreitet sowohl die Mystik der monistischen Tendenz wie die Philosophie der Autonomie. Im Programm der Emanzipation und im Projekt der mystischen Einung ist der Gegenstand des Protestes der Schmerz des Anders-Seins, der im Bittgebet erscheint und ausgehalten werden muß. Die Aufhebung des

alles unterbrechenden Unterschiedes soll einmal durch die nichtende Verschmelzung nach oben, dann durch die Reduktion nach unten geschehen.

4 Das franziskanische Experiment mit dem Betteln setzt genau auf das Risiko des Anders-Seins. Als prophetische Zeichenhandlung erregt es die Aufmerksamkeit auf die Urgestalt der Freiheit, erinnert an die Würde des Menschen in Abhängigkeit und Not und zeigt hin auf die Weise Gottes, der sich in Jesus der Ohnmacht der Freiheit aussetzt und ein Bittender wird.

5 Die Bitte an Gott ist der Urakt des Glaubens, denn die Elemente der Bitte sind auch die Elemente des Glaubens: der Verzicht auf die Verfügung über Gott, den absolut Anderen, die Kontemplation seiner Andersheit und der Ruf an seine Freiheit.

6 Der Gott der Liebe ist der Grund des Bittens, nicht die Fremde zwischen ihm und den Geschöpfen.

7 Die Überlieferung ist erfüllt vom Streit der Alternativen, ob es erlaubt sei, um alles zu bitten, oder ob es nur einen Gegenstand gebe, Gott selbst. Die Lösung liegt in der Gebetsanleitung der Bibel, daß um das Reich Gottes zu bitten sei. Denn Gott gibt Anteil am Sein, gewährt Gemeinschaft, er ist Emmanuel, Gott mit uns und für mich. Der Glaubende bittet Gott um alles, aber nicht ohne Ordnung und Unterscheidung. Die Balance zwischen der Forderung, ihn um seiner selbst willen zu suchen, und der Einladung zur Bitte um die Lebensgüter ist es, die jede Lehre vom Gebet einzuüben hat.

8 Weil die menschliche Freiheit nicht möglich ist, es sei denn als Geschehen der Kommunikation zwischen Menschen, kann auch die Bitte an Gott nicht zum Alleingespräch der Seele mit Gott werden. Sie ist Ausdruck des geschöpflichen Mit-Seins: Fürbitte.

9 Der Bittende bezieht sich auf den Gott, der in und an der Welt handelt, in ihrem natürlichen Bestand und in ihrem geschichtlichen Ereignis. Das heißt:

(1) Das Bittgebet wird gesprochen im Status des Geschöpfes. Der Bittende behauptet und erwartet nicht, in seinem Gebet werde alles, was ihn an Notwendigkeit umgibt und bestimmt, in Freiheit aufgelöst. Wohl aber glaubt er, daß alle bestehende Notwendigkeit in die Klammer der endgültig frei machenden Liebe gesetzt ist, so daß er getrost die Ananke erleiden kann.

(2) Die Bitte wendet sich an den Gott, der seiner Welt schaffend gegenwärtig ist und dieser ihr rauhes Gesetz und das Drama der Geschichte zumutet. Nicht die Aufhebung dieses Weges kann ihr Anliegen sein, sondern die mutige Einstimmung in das Spiel und die existentielle Entsprechung in Tat und Wahrheit.

(3) Die Bitte meint den Gott, der den ersten und dauernden Akt der

Gabe und Zumutung überbietet durch die Teilnahme an der endlichen Existenzform. Gott drückt sich aus und handelt in der gesamten Grammatik des Lebens Jesu. In der Teilhabe an seinem Verhältnis zu Gott werden die Menschen zu Organen des göttlichen Tuns in der Welt. Darin erscheint die neue und endgültige Sinngestalt der Welt, das Reich Gottes. Bitte und christliches Handeln sind untrennbar verbunden.
(4) Die Bitte richtet sich an Gott, der für die Welt an ihrem Ende und im Tod ihrer Wesen noch Möglichkeiten weiß und realisieren wird. Der alte Ruf nach dem Kommen des Reiches, das *Maran atha* der Apokalypse sollte nicht gedeutet werden als Verwerfung der Schöpfungswelt, sondern als Gebet um das Wunder, daß an ihr die letzte Absicht Gottes deutlich erscheine, als Bitte um die Liebe.[1]
10 Die Wahrnehmung der Antwort Gottes ist der Akt der Hoffnung, die nicht ohne Anhalt an konkreten Erfahrungen ist. Das Erhörtsein ist zwar nicht am einzelnen Ereignis als dessen Teilfaktor greifbar, aber es gibt Momente, in denen dem Glaubenden Gewißheit erfahrbar wird: als Vorschein des Sinnes von Ereignissen, die zunächst auseinander und gegeneinander stehen, absurd oder gleichgültig erscheinen und nun aus der Perspektive des gereiften Glaubens wahr werden, sinnvolle Figur des Lebens. „Wer seines Lebens viele Widersinne/versöhnt und dankbar in ein Bildnis faßt“[2], der weiß, daß er erhört ist und erfährt den Trost der Übereinstimmung im Wirbel des Schicksals und der Geschichte.
11 Weil in der Zeit der Welt die Momente der Epiphanie gebrochen sind vom unleugbaren Ausstand der Evidenz, ist die Bitte mit der Klage verbunden und kann in diese übergehen.
12 Der Trost des Erhörtseins übergreift die Zustände der Erfüllung und Nichterfüllung. Er besteht im Vertrauen, daß *der Vater weiß,* im bleibenden Schmerz der Nicht-Evidenz.
13 Die Kirche repräsentiert den bittenden Christus und stiftet Vertrauen in den Sinn des Bittgebetes in dem Maß, als ihr die Praxis der Freiheit gelingt und die sakramentale Zeichenhandlung geschieht, als erfahrbare Bewegung auf den gegenwärtig kommenden Gott zu, in heutiger Analogie zur Bettelarmut, zur alten Übung der Wallfahrt und der Gastfreundschaft.
14 Es ist kein Zweifel, daß sich der Bittende an Gott *selbst* wendet. Auf der Suche nach Kategorien, in denen die Erscheinung dieses *Gott selbst* beschrieben werden kann, ist nicht zu vergessen, daß die Regel des vierten Laterankonzils auch für die Lehre vom Bittgebet gilt: jede behauptete Ähnlichkeit zwischen dem Schöpfer und dem Geschöpf ist begleitet von größerer Unähnlichkeit.[3] Die Unsichtbarkeit und Unverfügbarkeit Gottes bricht die Vorstellung eines Gesprächs, wie es zwischen weltlichen Personen möglich ist. Auch die Summe der Erhörungserlebnisse erlaubt dem Glaubenden nicht mehr als die Wahrnehmung

von Signalen der Zuwendung Gottes, keineswegs die Konstruktion geschichtstheologischer Zusammenhänge.

## *II. Erläuterungen*

Die wissenschaftliche Beobachtung der Tierwelt hat ergeben, daß es dort zahlreiche Vorspiele gibt für die sozialen Aktionen der Menschen. Dazu gehört auch die Bitte. Die Tiere verfügen über ein reiches Muster an Gesten, Lauten und Ausdruckshandlungen, die es zum Beispiel der hilflosen Brut ermöglichen, Futter zu erbetteln, oder im Kampf als unterlegenes Tier zu überleben. Demutsgebärden. Grußzeremonien und Gebärden der Beschwichtigung sind unentbehrliche Mittel des geregelten Zusammenlebens.[4] Es zeigt sich, daß das Bittverhalten zuerst einmal der Gestaltung faktischer Stärkeverhältnisse dient. Dadurch hat das schwächere Lebewesen die Chance, seinen Mangel oder seine Ohnmacht zu kompensieren. Das ist allerdings nur möglich, weil diese Signale in der Art oder in der Gruppe bekannt und akzeptiert sind und daher garantiert ist, daß darauf entsprechend reagiert wird.

Das soziale Leben der Menschen ist nicht denkbar ohne die Bitten,[5] und auch hier ist es zunächst die „Mangelbewältigung durch Bittverhalten", die sie unentbehrlich macht.[6] Die Situation des Bittenden, eines Individuums oder einer Gruppe, ist Mangel und Ohnmacht, innen oder außen, seelisch oder leiblich, in verschiedenen Graden.

Die Macht und die Lebensgüter sind ungleich verteilt. Das Gefälle zwischen dem Vermögenden und dem Bedürftigen ist also nicht nur das zwischen dem Besitzer und dem Armen, sondern auch wohl grundsätzlicher zwischen dem Mächtigen und dem Ohnmächtigen.

Das bestehende soziale Gefüge und die darin vorhandene Rollenverteilung werden geachtet. Die Bitte zielt nicht auf die Änderung oder Abschaffung der gegebenen Ordnung, sondern auf einen Ausgleich innerhalb dieser und so auf die Sicherung der Existenz.

Die Bitte ist nur dann ein sinnvolles und praktisch realisierbares Verhalten, wenn die Situation von einem solidarischen Übereinkommen bestimmt ist, in der gemeinsamen Gruppenbindung des Bittstellers und des Bittempfängers oder in einem Bezugssystem, das von beiden anerkannt wird.

Die Bitthandlungen sind daher in hohem Maß geregelt. Die Ritualisierung bedeutet, daß der Bittende bestimmte Schemata und Gesetze zu beachten hat, damit sein Signal verstanden wird und beim Adressaten die gewünschte Reaktion auslöst. Das bedeutet keineswegs Beschränkung auf ein einziges Muster, vielmehr ist eine verhältnismäßig große Variation der Ausdrucksformen möglich. Die soziale Bedeutung des

Bittens liegt auf der Hand, ist allerdings anders als beim instinktsicheren Tier nicht endgültig und unveränderlich bestimmt, sondern offen auf sehr verschiedene Realisation. Sie ist nicht garantiert, sondern abhängig von Entscheidungen. Die Bitte kann an der Willkür des Empfängers scheitern, sie kann zur listigen Strategie werden, die tragende Solidarität kann zerbrechen oder gar nicht zustande kommen. Thomas von Aquin hat in seinen Überlegungen zum Bittgebet die Rationalität dieser Struktur immer wieder hervorgehoben. Er sieht in der Bitte, wie im Befehl auch, das Mittel, anders nicht zugängliche Ziele zu erreichen. Wir sprechen vom Befehl oder Gebot, wenn wir Ziele erreichen durch Personen, die uns untertan, in unserer Macht sind. „Man spricht aber von der Bitte, wenn (die Personen) nicht in unserer Macht und nicht uns untertan sind, oder auch vom Flehen, wenn sie über uns stehen. Daher ist wie der Befehl so auch die Bitte und das Flehen ein Akt der Vernunft . . . Und folgerichtig also ist das Gebet ein Akt der Vernunft, die das Verlangen des Willens auf den hinrichtet, der nicht unter unserer Macht steht, sondern über uns, nämlich auf Gott."[7] Die Bitte ist ein Akt der Überwindung des Machtgefälles innerhalb einer sozialen Beziehung zugunsten der Unterlegenen. Sie ist das Mittel des Machtersatzes, wenn es darum geht, die Beschränktheit der eigenen Verfügungsgewalt zu überwinden. Thomas geht also aus von einer Analyse der Erfahrung und faßt den Begriff der Bitte instrumentell. Sie ist aus der Sicht dessen, der geringe, jedenfalls nur beschränkte Macht hat, unter Umständen das einzige Mittel, zum Ziel seines Strebens zu kommen. Dieses stößt in der Welt immer wieder auf das nicht Verfügbare und muß daher seinen Weg suchen durch Instanzen, die über mehr oder über alles verfügen. Ist das Ziel erreicht, oder wurde die Situation der Ohnmacht auf anderem Wege, etwa durch eigene Leistung behoben, wird die Bitte überflüssig und sinnlos. Sie ist überholbar. Der Mensch ist allein das bittende Wesen, weil er mit Vernunft seine Ohnmachtslage erkennen und Auswege finden kann. Vor Gott gibt es nur das Mittel der Bitte, anderen Menschen gegenüber auch andere:

„Dem also steht es im eigentlichen Sinn zu, zu beten, dem es gegeben ist, Vernunft zu haben und einen Überlegenen (über sich), den er anflehen kann. Nichts aber ist den göttlichen Personen überlegen, die Tiere dagegen haben keine Vernunft. Daher steht es weder den göttlichen Personen noch den Tieren zu, zu beten, sondern es ist die Eigenart des vernünftigen Geschöpfes."[8] Das Streben und die Ziele bezieht Thomas allein auf die Macht und die Vernunft. Die Bitte wird verstanden als deren Strategie unter den Bedingungen der Ohnmacht.[9] Thomas hat bei anderer Gelegenheit[10] zumindest angedeutet, daß er in der Bitte noch mehr sieht, weil sie über allen Mangel hinweg mit dem Vollzug der freien Beziehung zu tun hat. Die Theologie hat aber, so weit ich ihre

Tradition überblicke, in ihren Aussagen zum Bittgebet vor und nach Thomas fast allein diese Perspektive beachtet, die er in der Summe analysiert. Sie nötigt sich von der Erfahrung her auf, und die Situation des Geschöpfes gibt dieser Logik alle Plausibilität. Der Frosch kann keinen Storch verschlucken und die Henne keinen Fuchs erlegen. Aber ist damit alles gesehen, was wir tun, wenn wir bitten?[11] Mir scheint, daß dieses Verständnis der Bitte den Vorgang nicht vollständig erfaßt. Da es nicht zentral auf die Freiheit zielt, kann damit nicht erklärt werden, warum die Bitte, wie die Bibel es will, ein bleibender, unüberholbarer Modus der Beziehung zu Gott ist. Als Mangelbewältigung zwischen Menschen ist sie ersetzbar. Vor Gott bleibt zwar die Ohnmacht, aber das absolute Zuvorkommen Gottes erledigt die Bitte, wenn sie nur der Seinsnot gilt. Sie hat einen anderen Grund in Folgendem. Wenn der Mensch bittet, verwirklicht er seine Freiheit in einer ursprünglichen Weise, die auf keine andere Form zurückgeführt werden kann. Die Bitte ist geradezu die höchste und das Wesen der Freiheit voll ausdrückende Kategorie. Das ist keine ad hoc-Übertreibung, sondern kann in vergleichender Beobachtung an der Bitthandlung erwiesen werden.
Bei der Beschreibung der Bitte geht man für gewöhnlich aus von der Situation der Not, in der sich ein Mensch befindet. Es ist kein Zweifel, daß damit der Ursprung genannt ist, an dem sich im Alltag des Lebens die Notwendigkeit des Bittens am häufigsten ergibt, jedenfalls für das unmittelbare Urteil. Die Empfindung eines bestimmten Mangels jedoch, in der sich ein Mensch auf andere Menschen bezieht, verweist auf die ursprünglichere Lage, die nicht mehr auf eine andere hinterschritten werden kann: das Gegenüber der Freiheiten. „Der Begriff Freiheit ist . . . ab ovo ein Kommunikationsbegriff. Freiheit ist primär nicht die Eigenschaft eines individuellen Subjekts, die allein für sich bestehen und begriffen werden könnte; vielmehr ist der Begriff des individuellen Subjekts erst durch jenen Kommunikationsbegriff verstehbar. Empirisch bedeutet das: ein Mensch allein kann nicht frei sein. Freiheit ist nur dort möglich, wo Freiheit sich anderer Freiheit öffnet."[12] Ob nun Mangel oder Erfüllung, Fremde oder Vertrautheit, Einung oder Gegensatz und alle noch möglichen Weisen dieses Gegenübers gegeben sind, es ist die Ursituation des Menschen, die menschliche Situation von allen anderen unterschieden, einzigartig. Bei dieser ist anzufangen und nicht bei irgendeiner bestimmten Form, in der sie erscheint. Denn das fundamentale Verhältnis ist immer das Verhältnis der Freiheiten, und die erste und letzte Frage heißt: wie öffnet sich Freiheit anderer Freiheit? Die Antwort kann nur lauten: in der Weise der Freiheit. Dafür gibt es drei elementare Bedingungen:
1. Im Zueinander der Freiheiten ist das Erste und Entscheidende die Erkenntnis, daß es nur möglich ist jenseits der Macht der Verfügung.

Kommt es zustande, dann immer als unableitbarer Anfang in gegenseitiger Ohnmacht, der sich realisiert im Verzicht auf alle Mittel der dinghaft zwingenden Herstellung. Die Öffnung der Freiheiten füreinander ist zugleich die Unterbrechung der natürlichen Wirkungsmöglichkeiten, der Austritt aus deren Logik, eine grundsätzliche Negation.

2. In der Unterbrechung ergibt sich die positive Gegenseitigkeit. Nicht in dem Sinn, daß die eine Freiheit als nützlich für die andere angesehen, in ihrer Funktion bewertet wird, sondern im Akt unbedingter gegenseitiger Wahrnehmung und Anerkennung: in der Kontemplation. Vernehmendes, seinlassendes, zustimmendes Verweilen voreinander, absichtslose Schau des anderen, das macht den Augenblick aus, in dem die Freiheiten einander ihre Ursprünglichkeit zugestehen.

3. Daß sie sich finden und verbinden zum gemeinsamen Werk, bedarf es des Rufes oder des entsprechenden Gestus. Das Wort allein ist das Medium, in dem die Freiheiten aufeinander wirken, schwebend, ohne Stütze, nur aus sich sinnvoll.

Eben die Verbindung dieser Momente in einem Vorgang der freien Zuwendung nennen wir Bitte. Das Notwendigste ist im Bereich der Freiheit nicht durch Nötigung zu gewinnen. Die Lage, in der es zur Bitte kommt, ist nicht erst Mangel und Not, sondern immer schon die Lage der Freiheit, und Bitte nicht nur, auch nicht zuerst die Strategie der Nothilfe, sondern die Brücke zwischen den Freiheiten. Daß Freiheit andere Freiheit braucht, kann nur dann negativ definiert werden, wenn das Kriterium die autarke Selbstbestimmung, das an sich genügsame und in sich allein befriedigte Subjekt ist. Dann ist Freiheit „die Überwindung aller Andersheit, die souveräne Einsamkeit, die unbeschränkte Herrschaft über das andere, das nur mich zu mir selbst zu bringen hat, ... die absolute Monologizität, das Selbstgespräch ad infinitum".[13] Das andere, der Bezug auf das andere muß folgerichtig als Verfall und Verfremdung des Eigentlichen angesehen werden. Die Bitte wird zum stärksten Ausdruck dafür. Sie wird kritisiert und verteidigt aus dieser Sicht.[14] Die Würde, um die es immer geht, liegt für den Bittsteller aber nicht in der notvollen Unterlegenheit als solcher, sondern in der Freiheit selbst, in der Gegenseitigkeit der Begabung, im ursprünglichen Mitsein, das aller besonderen, im konkreten Mangel begründeten Abhängigkeit voraus ist. Darum gibt es für die Bitte eine universale Kompetenz, im Unterschied etwa zum Befehl, der nur in bestimmten Zuständigkeiten möglich ist. Jeder Mensch kann bitten, er befindet sich von Anfang an und immer in der Notwendigkeit, sein Leben in dieser Form zu gestalten. Niemand ist darüber durch Macht erhaben, denn das Gut der Freiheit kommt in allen Verhältnissen nur in der bittenden Gegenseitigkeit zustande. Es ist wahr, daß das reale Gefälle der Macht der Ort ist, an dem Bitte geschehen kann, daß sie manchmal das einzige Mittel dar-

stellt, um einen Ausgleich zu schaffen, und das wohl immer, in allen Vollzügen der Freiheit, die Machtdifferenz mitgegeben ist. An deren Überbrückung kann aber auch mit anderen Mitteln gearbeitet werden, etwa der Forderung, des Vertrages oder des Widerstandes. Auf dieser Ebene kann die Bitte nur in einer Richtung geschehen, vom Bedürftigen zum Besitzer, nicht umgekehrt. Im Begriff des Thomas von Aquin gesprochen: die Bitte als Nothilfe ist am Platz, wenn bestimmte, partikuläre Ziele erreicht werden sollen, die nicht mit dem Bittsteller und dem Bittempfänger identisch sind. Das sind jedoch nicht die einzigen Ziele, die angestrebt werden. Das Ziel heißt auch immer: zwischen dem Überlegenen und dem Ohnmächtigen soll Beziehung sein. Dann geht es um die Personen selbst, die sich gegenüberstehen in und über allen konkreten Machtdifferenzen. Auf dieser Ebene gibt es erst recht die Bitte, und nur sie, nicht mehr nur als Mangelbewältigung, sondern als Weg der Freiheit. Der real Mächtige erreicht den real Unterlegenen als Person, als Freiheit nur mit der Bitte. Alle anderen Methoden sind unangemessen. Wie die Bitte als Nothilfe und die Bitte als Weg der Freiheit im Leben realisiert, in welchem Verhältnis dieser Unterschied praktiziert wird, das macht die Geschichte des sozialen Verhaltens aus.
Grundsätzlich geht es darum, ob und in welchem Maß erkannt wird, wie in allen Verhältnissen der Abhängigkeit die Frage nach der Freiheit gestellt ist, ob bewußt wird, daß die Mangelbewältigung aller Art hingeordnet ist auf das Gelingen der Freiheit und alle Arbeit am Machtgefälle dem einen Zweck dient, dieses freiheitsgemäß zu machen.
Die Bitte als Nothilfe ist ein Mittel, um ein bestimmtes Ziel zu erreichen. Sie bedient sich der angesprochenen Person in deren nützlicher Funktion und ist daher von jedem Akt des Zuvorkommens überholbar. Warum noch bitten, wenn einem schon im voraus gegeben ist? Das ist auf dieser Ebene die logisch erzwungene Frage. Die Bitte als Weg der Freiheit dagegen ist kein Mittel, sondern selbstzweckdienliches Geschehen, denn sie zielt auf die Person selbst, nicht bloß auf deren Funktion, und sie kann auch im Fall der höchsten Verwirklichung der Freiheit, in der Liebe, nicht überholt werden. Im Augenblick der vorauseilenden Zuneigung wird offenbar, daß die Bitte der notwendige, bleibende und allein mögliche Ausdruck dafür ist. Deshalb sagen die Liebenden nicht: die Bitte ist nun überflüssig geworden, sondern sie erleben den stärksten Bewegungsgrund für das Bitten. Natürlich braucht die Bitte auf dieser Ebene und erst recht, wo sie Nothilfe ist, ihre Artikulation, die Darstellung der Lage, in der sich der Bittende befindet, die Werbung um den anderen Willen, die Signale, man könnte sagen: die ganze Gewinnungsarbeit. Es gibt einen Wandel im Verhältnis der Bitte: aus der Dämmerung, Ungewißheit und Spannung in die Helle des gegenseitigen Kommens, die Getrostheit und Ruhe. Sie setzt einen Rahmen von geordneter

Freiheit voraus, denn weder der Notwendigkeit noch der absoluten Willkür gegenüber kann sie sinnvoll ausgesprochen werden. Aber noch einmal: Wie innig immer die Beziehung im Augenblick der Erhörung wird, wie überflüssig an diesem Punkt alle Anstrengung erscheinen kann, die Fremde zwischen dem einen Willen und dem anderen Willen zu besiegen, es wird nie dazu kommen, daß die Bitte erlischt. Das geschieht erst dann, wenn das Verhältnis der Freiheit bricht.
Im Vergleich zu anderen Formen der Gestaltung des Verhältnisses zwischen Personen wie Befehl[15], Forderung, Vertrag, Vorschlag, Zwang kommt der Bitte die höhere Ursprünglichkeit zu, weil in ihr die Freiheit in ihrer vollen Wahrheit erscheinen kann. Sie besteht im Verzicht auf jede Sanktionsmacht, enthält die Evidenz, daß „Freiheit das schlechthin Erfüllende für Freiheit" ist,[16] und öffnet sich auf die universale Gegenseitigkeit. Die Bitte, die oberflächlich als das Leichteste erscheint, weil sie nichts kostet, ist das Anstrengendste. Im vollen Begriff zeigt sie das ganze Risiko der Freiheit. Die Furcht vor dieser wird notwendig zur Furcht vor der Bitte und zu ihrer Ablehnung.

Zur vierten These:
Als Franz von Assisi die Erste Regel für die Gemeinschaft seiner Brüder niederschrieb, gab er ihnen dieses Gebot: „Wenn die Brüder durch die Welt wandern, sollen sie nichts unterwegs tragen, weder Ranzen noch Taschen, noch Brot, noch Geld, noch Stecken . . . Jedem Bitter sollen sie willig sein, und nimmt einer, was ihnen gehört, nichts zurückverlangen."[17] Sie sollen auch selbst um ihren Lebensunterhalt bitten nach dem Beispiel Jesu Christi, der „sich nicht geschämt hat, für uns arm und Gast zu werden und von Almosen gelebt hat . . ."[18] Auch in der späteren endgültigen Regel blieb trotz aller Mäßigungen das Ideal der Bettelarmut aufrecht. Bonaventura hat in der Phase des Übergangs zum großen Orden der Kirche als Theologe und Generalminister die Aufgabe vor sich gesehen, die Regel in ihrem Sinn zu bewahren, aber auch den neuen Notwendigkeiten Rechnung zu tragen und im Streit mit den Professoren der Pariser Universität das Betteln zu verteidigen. In seinen Schriften über die Armut entwirft er die Utopie der Bitte, die in ihren theologischen Grundzügen den Sinn des Bittgebetes berührt.[19]
Das strikte Verbot, Geld zu nehmen und zu besitzen, begründet Bonaventura ausführlich mit sieben Beweisen.[20] Es geht neben der Vermeidung des Verdachtes auf Habgier beim Predigen und der Konzentration auf das Wort Gottes im Grunde um die Lockerung der Existenz aus ihrer Zementierung in den institutionellen Lebensgarantien: die Brüder des heiligen Franz müssen heraustreten aus der Sicherung des Lebens in der Welt, deren stärkstes Mittel und Symbol das Geld ist. Der Verzicht darauf soll eine Erinnerung sein an den Stand der Unschuld im Para-

dies, ja dessen Erneuerung. Wäre der Mensch nicht gefallen, hätte es nie Eigentum gegeben, alle Lebensgüter wären gemeinsam gewesen. Das Besitzstreben bindet den Menschen am stärksten an die Welt und hindert ihn am freien Umgang mit allem.[21] Daher muß die vollkommene Freigebigkeit eingeübt werden, alles zu geben, den Inbegriff des Besitzes, das Geld. So wird der Bruder frei zum Bitten. Bonaventura zitiert Hieronymus: „Niemand bittet vollkommener, als wer nichts für sich haben will."[22] Wenn die sorgenvolle Verklammerung an die Notwendigkeiten der Welt gelöst ist, kann sich der Arme ganz der göttlichen Geberbereitschaft und Fürsorge, der Vorsehung überlassen. Das vollkommene Vertrauen setzt ganz auf die Bitte und die Erhörungswilligkeit des angesprochenen Gottes. Der Verzicht auf das Geld ist schließlich nichts anderes als Nachfolge Christi, Übernahme der Weise, wie sich Gott in der Welt bewegt.

Ohne Geld ist der Mindere Bruder für den nötigen Lebensunterhalt angewiesen auf seine Arbeit und auf das Betteln. Dieses ist nicht die einzige Art, wie die Franziskaner das Nötige erwerben sollen, aber es ist ausdrücklich in der Regel vorgesehen, und Bonaventura meint, daß damit der Sinn des Ordens auf dem Spiel steht. Die leidenschaftliche Entschiedenheit, mit der er die Angriffe auf die Bettelarmut abgewehrt hat, ist zu verstehen aus seiner Theologie, die im Betteln die prophetische Zeichenhandlung sieht, in der das Reich Gottes am überzeugendsten vorgelebt wird. Gewiß, die Motive lagen auch in der Absicht asketischer Läuterung, Übung der Demut und Bedürfnislosigkeit. Betteln war eine Schande; von der Barmherzigkeit anderer leben, bedeutete auch nach dem damaligen Prestigekanon höchsten Ehrverlust, und es war schwierig, weil das Betteln auch der Broterwerb der Faulenzer, Landstreicher und Schmarotzer war. Den Minderen Brüdern fiel es nicht leicht, ihrerseits den rechten Stil zu finden.[23] Die Kritik der Machtpraxis in der Kirche und im Staat war ein weiteres Ziel, der Wille, zu den „gemeinen und verachteten Menschen" zu gehören, den Armen, Schwachen, Kranken und den Bettlern aus Not.[24] Aber der Grund für Askese, Kritik und Solidarität lag doch in der Einsicht, daß das Betteln die Weise darstellt, wie sich Gott verhält, wie das Verhältnis zu Gott gelebt werden soll, die Logik des Reiches Gottes als freies Bitten und Empfangen. Das Zeichen dafür ist der *nackte Christus* in der Welt. Er war arm und ein Bettler, hatte nichts, was ihm der Teufel hätte rauben können: „Sein ganzes Leben war ein Weg der Armut."[25] Der nackte Jesus am Kreuz ist das Bild, an dem die Brüder ihre eigene Lebensform finden und sehen, daß die Wege Gottes so gelegt sind, nicht in der Sicherung der Weltmächte und nicht im Einsatz der Allmacht als zwingender Durchsetzung von oben, sondern in der Wehrlosigkeit der Bitte: „Obwohl alles ihm gehörte und ihm von allen geschuldet war, hat er dennoch nicht seine Macht eingesetzt, um es zu fordern. Denn er hat es nicht verlangt mit dem Befehl der Autorität, sondern in der Weise des armen Bettlers ..."[26] Das Betteln als freigewählte Lebensform ist die Prophetie der kommenden Gemeinschaft mit Gott. Sie stößt auf den Widerstand der irdischen Notwendigkeiten und den Einspruch des gesunden Menschenverstandes, der die verantwortliche Sicherung des Lebens mit anderen Mitteln erzielen will.

Zur fünften These:
Auf die Frage: Wie verhält sich das Ganze, in dem die Menschen leben, und in welches Verhältnis ist alles einzelne in dem Ganzen gestellt? gibt die Bibel die Antwort: Alles ist von „Angesicht zu Angesicht" (1 Kor 13,12). Nicht als wäre alles beseelt oder ein duhaftes Gegenüber, was die erfahrbare Welt ausmacht. Aber doch entschieden so, durch alle Phasen und Zeiten der Offenbarung hin, daß der Mensch mit seiner ganzen Welt, mit ihren anonymen Mächten, ihren Lebewesen und ihren Sachen, ihren personalen Beziehungen und ihren notwendigen Kausalitäten, vor eine letzte Instanz gehalten wird, die nichts als *du* ist. Alle Prozesse der neutralen Ursachenfolge, die Ballung der geschichtlichen Faktoren sind dem absoluten *Halt* ausgesetzt. Alles wird angehalten in seinem Fluß, und alles wird gehalten in seiner Fremde und Gesichtslosigkeit. Die Wirklichkeit in ihrer unübersehbaren Erstreckung ist in die Klammer gesetzt: „Ich bin das A und das $\Omega$, der Erste und Letzte, der Anfang und das Ende" (Offb 22,13). Dieses unbedingte *Ich bin* rückt alles in seine Gegenwart, über alles Wirkliche und Mögliche hinaus.
Daß es schwierig ist, Gott Person zu nennen und personal mit ihm umzugehen, ist von der Kritik, die im Glauben selbst ihren Ursprung hat, in unermüdlichem Kreisen um diese Frage bewußt gemacht worden, immer aufs neue mit dem Ergebnis: *Vor Gott sein ist der absolute Ernstfall des Personalen.* Die Innigkeit der Beziehung ist begleitet vom Wissen um ihre einmalige Andersheit. Das ist also Gegenwart, Anwesen, Angehen, Betroffenmachen, Ruf, Schwebe der Freiheit und das klare Gegenteil zur Alternative des Zufalls oder der Notwendigkeit, in welcher der Mensch kein Verhältnis gewinnt, weil er zuletzt nichts ist als das gleichgültige Objekt gleichgültiger Prozesse. Der Glaube enthält das schärfste Bewußtsein der personalen Differenz, in die der Mensch gestellt ist. Der Mensch ist Existenz im Empfang und im Geben. Im Empfang zuerst und absolut allem voraus, weil er sich selbst nur hat aus der Gabe Gottes und über seine Konstitution als Geschöpf hinaus Gott selbst empfängt auf die unüberbietbare Gemeinschaft mit ihm. Im Geben aber auch, weil er sich im Glauben erfaßt, als Gegebenen bejaht und sich der Selbstmitteilung Gottes ergibt. Das Spiel der Freiheiten

also, angefangen, geleitet, getragen von der Macht der Freiheit Gottes, aber gespielt auch von der menschlichen mit ihrem Einsatz. Die Dramatik der Spannung zwischen dem Geben Gottes und der menschlichen Spontaneität, Bewegtheit, Unruhe, Lebendigkeit sind die Merkmale der biblischen Form der Beziehung zu Gott. Der hohe Grad der Erregung ist für Stoiker, Gnostiker, Mystiker, alle Philosophien der metaphysischen Anpassung und Ruhestellung des Menschen das Ärgerliche und Naive. Das Bittgebet wird von dieser Verachtung getroffen, ist es doch, gerade auch in der Gebetsanleitung Jesu, die Selbstunterscheidung des Menschen vor dem ewigen Ursprung seines Lebens, das *Ich bin* des Geschöpfes aus der Gnade des Schöpfers. Im Streit mit der philosophischen Kritik hat die Theologie gezeigt,[27] daß die Freiheit Gottes zur Freiheit des Menschen nicht im Gegensatz der vernichtenden Konkurrenz steht, sondern im Verhältnis der positiven Mehrung: je näher zu Gott, desto freier wird der Mensch, desto mehr er selbst, desto unterschiedener auch und ursprünglicher in sich. Der Glaube, das einmalige Spiel der Freiheiten, ist, wenn er sich in seinem elementaren Gehalt ausspricht, Bitte.[28] Die Unterscheidung zwischen der Bitte als Mangelbewältigung und der Bitte als Weg der Freiheit scheint allerdings im Verhältnis zu Gott sinnlos geworden zu sein, denn der Mensch „hat vor Gott nichts darzustellen und hat ihm nichts zu bringen als sich selbst – und sich selbst nur als den, der alles von ihm empfangen hat“[29].

Es ist wahr: Was er ist und daß er ist, hat der Mensch von Gott. Das setzt ihn als den Bedürftigen schlechthin. Aber die göttliche Tat der Schöpfung und der Erlösung zielt nicht darauf, das Nichts des reinen Hungers entstehen zu lassen, sondern gerade darauf, daß ein Ursprung wird, auf den sich die göttliche Freiheit als Freiheit beziehen kann. Daraus folgt: Die Situation des Geschöpfes ist in ihrer Endlichkeit und Armut beides, der Anlaß für die Bitte als Bewältigung seines Mangels und der Ort, wo die Bitte als Weg der Freiheit geschieht. Alles hat der Mensch nur im unendlichen Gefälle, aber wenn er es hat, dann immer im Modus der Freiheit. Der Mangel in der Abhängigkeit ist getragen von dem positiven Gegenüber der Freiheit Gottes zur Freiheit des Menschen.

Ich habe drei Momente der Bitte genannt, die in jedem Vollzug der Freiheit vorkommen: den Verzicht auf die Verfügung über den anderen, die Kontemplation seiner Andersheit und den Ruf an die andere Freiheit. Sie sind auch die Elemente des Glaubens, in dem sich der Mensch auf Gott bezieht. Der Glaube hat die Struktur der Bitte. Das Ziel ist das Reich Gottes, das vollkommene Gelingen der freien Beziehung, dem die einzelnen Ziele der Nothilfe untergeordnet sind. Das Bittgebet hebt daher, wenn es im Geist und in der Wahrheit Jesu geschieht, seine instrumentelle Funktion auf in die Selbstzwecklichkeit des Gegenübers und Miteinanders. Die Kritik der Mystik am Bittgebet richtet sich mit Recht gegen eine fromme Praxis, die es nur mehr als Notaggregat, nur als Mittel zum Zweck des Gütererwerbs benützt und Gott in die Funktion menschlicher Wünsche zwingt. Sie erinnert daran, daß im Bitten selbst der Augenblick absichtslosen Verweilens vor dem Angesprochenen nötig ist und in diesem Augenblick alle Formen des Gebetes – Lob, Bitte, Dank und auch die Klage – ineinander verbunden sind. Der religiöse Panhedonismus[30] und Instrumentalismus, der das christliche Beten zuweilen überwältigt, ist allerdings nicht zu überwinden, indem man die Bitte als dessen egoistische oder magische[31] Deformation eliminiert, sondern indem man bedenkt, was Bitten heißt. Die Einübung in das Bittgebet, die in der Bibel geschieht, wiederholt eintönig die Mahnung, sich dem Willen Gottes anzuvertrauen. Nicht mein, sondern sein Wille soll geschehen. Wir wissen längst, daß sich Anpassungen dieser Art von der List der Seele leicht als Strategien zur Überwindung des fremden Willens gebrauchen lassen. Der Sinn dieser Übereignung liegt allerdings ganz anders in der absoluten Anerkennung, die der anderen Freiheit, Gottes Freiheit, um ihrer selbst willen entgegengebracht wird. Autonomie, Sein aus sich selbst, ist nicht zu verwirklichen außerhalb des Bezuges der Freiheit auf andere Freiheit, es gibt sie jedenfalls für den Menschen nur relativ, in Beziehung.[32] Wir können von Gott nicht sagen, daß er um selbst zu sein, auf die Schöpfung angewiesen ist, seine Freiheit nur verwirklicht wird an der Grenze der anderen, geschaffenen Freiheit. Darum bleibt das unumkehrbare Verhältnis: der Mensch hat seine Freiheit von Gott, daß er bitten und sich in Freiheit auf ihn beziehen kann. Aber was Gott aus der heiligen Gnade seiner Freiheit hervorgehen läßt, wird nun auch für ihn zum Gesetz der Freiheit. Gott, der als Vater, Sohn und Geist gegenseitig ist, schafft Gegenseitigkeit, in der er sich nur im Modus der Freiheit verhalten kann. Gott bittet die geschaffene Person, weil sie nur so in seiner Allmacht werden und sein und sich vollenden kann. Die Überlegenheit Gottes, Allwissenheit, Allmacht, Allgüte, kann sich in allen möglichen Formen äußern. Wenn sie sich auf Freiheit bezieht, bleibt ihr nur der Modus der Freiheit, sofern sie diese als solche bewahren will: die bittende Werbung. Diese Bitte Gottes an die andere, geschaffene Freiheit ist nicht Gebet zu nennen. Das Wort bleibt reserviert für die Bitte des Menschen an den Ursprung seiner Freiheit, aber sein Bittgebet ist erst möglich im Raum seiner Gegenseitigkeit, in die sich Gott hineinbegeben hat. Das Reich Gottes, die vollkommene Gemeinschaft, wird die Frucht aus dem dramatischen Spiel der Freiheiten sein, zustande kommen aus reinem Anfang der Gnade Gottes, die sich die geschöpfliche Freiheit gewinnt. Theologen wie Origenes haben darum auch nicht gezögert, Gott als den höchsten Könner der Bitte zu beschreiben, weil in ihm alle

Macht in die Kunst des Gewinnens geschmolzen ist.[33] Die Angst der endlichen Freiheit um sich selbst wird gelöst im Glauben an ihren Schöpfer. Sie stammt aus einer unbedingten Achtung und begegnet auf ihrem Weg zu Gott der immer härter werdenden Zumutung ihrer selbst, sie begegnet in Gott der Freiheit, nichts anderem. Denn alle Befehle, Gesetze, Gebote und das gesamte Potential der Drohungen haben doch in der Bibel keinen anderen Sinn als die Freiheit unüberhörbar in Erinnerung zu rufen. Alle von oben erzwungenen Demutsakte, Unterwürfigkeiten und gewaltsamen Krümmungen dienen dem Ziel, daß „wir mit freiem Mut zum Thron der Gnade treten" (Hebr 4,16). Christus selbst, sagt Paulus, tut das Werk der Versöhnung bittend: „Wir bitten an Christi Statt, laßt euch mit Gott versöhnen" (2 Kor 5,20). Er ist der Ort der Begegnung und Verbindung der göttlichen mit der menschlichen Freiheit, weil er auch die Bitten der Menschen vor Gott vertritt (Hebr 5,1–10). Die Bitte ist also nicht nur „die Autoritätsform des Evangeliums"[34], sondern die fundamentale Form der Kommunikation zwischen Gott und der Menschheit, in der die Würde der Bittenden aller Verachtung entzogen ist. So gehören Glaube und Bitte zusammen. Der Glaube „läßt sich vom Bitten nicht loslösen. Ja, in bestimmter Hinsicht gilt auch umgekehrt, daß das Bitten unlösbar ist vom Glauben. In vollem Ernst nämlich kann man keine Bitte vortragen, ohne an ihre Erhörung zu glauben. Der Glaube begleitet das Bitten nicht nur, er ist dessen immanente Kraft, die Energie, die es überhaupt erst realisiert."[35]

*Anmerkungen*

[1] Vgl. dazu den vorzüglichen Aufsatz von *H. Kessler,* Der Begriff des Handelns Gottes. Überlegungen zu einer unverzichtbaren theologischen Kategorie. In: *H. U. von Brachel – N. Mette* (Hg.), Kommunikation und Solidarität, Fribourg/Münster 1985, 117–130.

[2] *R. M. Rilke,* Stundenbuch. Das Buch vom mönchischen Leben. Ausgewählte Werke 1, Leipzig 1938, 17.

[3] DS 806; NR 280.

[4] Vgl. *R. H. Hinde,* Das Verhalten der Tiere, Bd. I–II, Frankfurt/M. 1973, besonders 1. 86. 105. 329. 564; *J. Eibl-Eibesfeld,* Grundriß der vergleichenden Verhaltensforschung, München 1967, 111, 114, 121–124, 131, 133–147, 154, 207; *N. Tinbergen,* Tiere untereinander, Berlin/W. 1955.

[5] Vgl. *J. Eibl-Eibesfeld,* Die Biologie des menschlichen Verhaltens, München 1984, 616–639; *E. S. Gerstenberger,* Der bittende Mensch. Bittritual und Klagelied des Einzelnen im Alten Testament, Neukirchen-Vluyen 1980, 17–20; sozialwissenschaftliche Literatur dort 18 A 3.

[6] Vgl. *Gerstenberger,* Der bittende Mensch 18–19.

[7] In IV Sent d 15 1 4 a 1 sol 1.

[8] Sth II-II q 83 a 10 c.

[9] Bitten ist die Sache dessen, der auf dem Gnadenweg empfängt im Unterschied zu den göttlichen Personen, die empfangen auf dem Weg der gleichrangigen Natur, also wohl in einem Modus der Notwendigkeit; STh II-II q 83 a 10 ad 1. In diesem

Sinn ist die Bitte Interpretation des Verlangens gegenüber einer überlegenen Macht, Darstellung und Proklamation des Mangels; STh II-II q 83 a 1 ad 1.

[10] Z. B. im Compendium Theologiae II, 2 und in seiner Auslegung des Vaterunsers Prolog II.

[11] *H. Schaller,* Das Bittgebet. Eine theologische Skizze, Einsiedeln 1979, 29–56, versucht eine Anthropologie der Bitte zu skizzieren. Er hält sich dabei an den Rahmen, den Thomas entworfen hat. Das Bittgebet ist demgemäß Anzeige der Not des Geschöpfes. Die Verteidigungsrede bei Gericht dient als Modell. Auf dieser Basis wird das Bitten gegen kritische Einwände als würdiger Vollzug des Menschlichen verteidigt. Der Bezug auf die menschliche Freiheit fehlt. Vgl. auch sein Buch: Verbirg nicht dein Angesicht vor mir. Vom christlichen Bitten und Klagen, Mainz 1982, 17–52. Das gilt für alle Andeutungen zur Struktur der Bitte, soweit sich solche in der Literatur finden, auch für *Gerstenberger,* Der bittende Mensch 17–47.

[12] *H. Krings,* art. Freiheit in: HphG 2, 493–510, hier 507. Neben diesem Artikel habe ich noch andere Arbeiten zu Rate gezogen, vor allem: *J. Heinrichs,* Ideologie oder Freiheitslehre? Zur Rezipierbarkeit der thomanischen Gnadenlehre von einem transzendentaldialogischen Standpunkt: ThPh 49 (1974) 395–436; *ders.,* Sinn und Intersubjektivität. Zur Vermittlung von transzendentalphilosophischem und dialogischem Denken in einer „transzendentalen Dialogik": ThPh 45 (1970) 161–191; *M. Theunissen,* Der Andere. Studien zur Sozialontologie der Gegenwart, Berlin/W. 1965; *M. Müller,* Philosophische Anthropologie, hg. von *W. Vossenkuhl,* Freiburg i. Br. – München 1974.

[13] *Müller,* Philosophische Anthropologie 122.

[14] Vgl. z. B. *Schaller,* Das Bittgebet 45–56.

[15] Im Historischen Wörterbuch der Philosophie, hg. von *J. Ritter,* Darmstadt 1971ff, gibt es wohl einen kurzen Artikel zum Stichwort Befehl, 1, 774–775 *(H.-P. Schramm),* aber die Bitte wird nicht erwähnt. Zum Befehl vgl. auch *M. Scheler,* GW 2, 142, 199, 211–221; *Theunissen,* Der Andere, 113, 115, 380–388; u. *Brümmer,* Was tun wir, wenn wir beten 14–15, 46; *I. Nedoncelle,* The Nature and Use of Prayer, London 1964, 9.

[16] *Krings,* HphG 2, 506.

[17] Nr. 14. zit. nach *Franz von Assisi,* Die Werke, Hamburg 1958 (RK 34) 20–21.

[18] Nr. 9 zit. nach Werke 18.

[19] Die wichtigsten Schriften Bonaventuras zum Armutsideal: Apologia pauperum Opera VIII (Quaracchi) 233–330; Determinationes quaestionum circa Regulam FF. Min. I–II, 331–374; Expositio super Regulam Fratrum Minorum 391–437. Vgl. dazu *E. Gilson,* Die Philosophie des heiligen Bonaventura, Köln 1960², 73–83; *S. Clasen,* Der heilige Bonaventura und das Mendikantentum. Ein Beitrag zur Ideengeschichte des Pariser Mendikantenstreites (1252–1272), FS 27 (1940) V bis VIII. *G. Wendelborn,* Franziskus von Assisi. Eine historische Darstellung, Leipzig ²1982, 168–176; *K. Bosl,* Armut Christi. Ideal der Mönche und Ketzer. Ideologie der aufsteigenden Gesellschaftsschichten vom 11. bis zum 13. Jh., München 1981.

[20] Expositio cap IV/8 Op VIII 412–413.

[21] Vgl. die Versus de nummo in den Carmina Burana Nr. 11: „In terra summus rex est hoc tempore nummus" (dtv 2063), München 1979, 30.

[22] Ep 52, 6.

[23] Expositio Cap VI/21 Op VIII, 423; Gilson, Die Philosophie 553–555.

[24] Erste Regel Nr. 9, zit. nach Werke 18, Bonaventura, Determinationes quaestionum I q IV Op VIII, 430 ab.

[25] Apologia cap VII, 40; im Armen, auf den Bettel angewiesenen Christen, hat sich Gott ganz gegeben, „denn der bittenden Seele gab er nicht Geld, sondern die Person, gab er nicht den Knecht, sondern den Sohn, mit dem er alles gab, was er war,

alles, was er hatte, alles, was er vermochte", Vigilia Nativitatis, sermo 1, Op IX, 89a.

26 Expositio cap VI/22 Op VIII, 424; vgl. cap VI/2 Op VIII, 399; Vitis mystica cap II/3 Op VIII; 161; vgl. Art. Nudité DSAM XI, 508–517 (R. Gregoire, A. Solignac).

27 *G. Greshake,* Grundlagen einer Theologie des Bittgebetes, in *G. Greshake - G. Lohfink* (Hg.), Bittgebet Testfall des Glaubens, Mainz 1978, 32–53, bes. 36–42; *O. H. Pesch,* Freisein aus Gnade. Theologische Anthropologie, Freiburg i. Br. 1983, 316–324 (Nachdr. Leipzig 1986, 325–334).

28 *G. Scherer,* Reflexion–Meditation–Gebet. Ein philosophischer Versuch, Essen 1973, 75–88; *F. Ulrich,* Gebet als geschöpflicher Grundakt, Einsiedeln 1973, 37–45; *K. Riesenhuber,* Gebet als menschlicher Grundakt, in: *G. Stachel* (Hg.), Munen muso. Ungegenständliche Meditation (FS Enomiya-Lasalle), Mainz 1978, 317–339.

29 *K. Barth* KD III/4, 107.

30 *H. Bremond,* Das wesentliche Gebet, Regensburg 1936, 29–32.

31 Vgl. *O. Karrer,* Gebet–Vorsehung–Wunder, Luzern 1941, 10, 56f, 64, 85ff, 98ff; er neigt zur Gleichsetzung von Bitte und Magie: 79f; diese ist nicht schon gegeben mit dem inständigen Ruf an die andere Freiheit, sondern erst, wenn an dessen Stelle die Methode zwingender Verfügung tritt und das Moment der Ohnmacht und des Verweilens übersprungen wird. Vgl. *J. Splett,* Antwort gerufener Freiheit. Philosophisches zum Gebet, in: *J. de Vries/W. Brugger* (Hg.), Der Mensch vor dem Anspruch der Wahrheit und der Freiheit (FS Lotz), Frankfurt/M. 1973, 239–255; bes. 249–251.

32 *Scherer,* Reflexion–Meditation–Gebet, 88–96; *J. Heinrichs,* Freiheit–Sozialismus – Christentum, Bonn 1978, 18–24, 100–116.

33 *H. de Lubac,* Geist aus der Geschichte. Das Schriftverständnis des Origenes, Einsiedeln 1968, 269–289.

34 *E. Jüngel.* Die Autorität des bittenden Christus, in: *ders.,* Unterwegs zur Sache. Theologische Bemerkungen, Tübingen 1972, 187.

35 *M. Theunissen,* Der Gebetsglaube Jesu und die Zeitlichkeit des Christseins, in: Jesus, Ort der Erfahrung Gottes. Mit Beiträgen von B. Casper u. a. Freiburg i. Br. 1976, 27.

# QUAESTIONES DISPUTATAE

Die zuletzt erschienenen Bände:

**98** **Christliche Grundlagen des Dialogs mit den Weltreligionen**
A. Ganoczy, H.-W. Gensichen, C. J. v. Korvin-Krasinski, H. Seebaß, W. Strolz, C. Thoma, H. Waldenfels. 192 Seiten. ISBN 3-451-02098-X

**99** **Heilsgeschichte und ethische Normen**
K. Demmer, B. Fraling, F. Furger, K. Rahner (Vorw.), H. Rotter (Hg.). 160 Seiten. ISBN 3-451-02099-8

**100** **Heinrich Fries/Karl Rahner, Einigung der Kirchen – reale Möglichkeit**
**Erw. Sonderausgabe** mit einer Bilanz „Zustimmung und Kritik" von H. Fries. 3. Auflage, 192 Seiten. ISBN 3-451-20407-X

**102** **Ethik im Neuen Testament**
F. Böckle, J. Eckert, W. Egger, F. Furger, P. Hoffmann, K. Kertelge (Hg.), G. Lohfink, R. Schnackenburg, D. Zeller. 216 Seiten. ISBN 3-451-02102-1

**103** **Stefan N. Bosshard, Erschafft die Welt sich selbst?**
Die Selbstorganisation von Natur und Mensch aus naturwissenschaftlicher, philosophischer und theologischer Sicht. 2. Auflage, 264 Seiten. ISBN 3-451-02103-X

**104** **Gott, der einzige.** Zur Entstehung des Monotheismus in Israel
G. Braulik, E. Haag (Hg.), G. Hentschel, H.-W. Jüngling, N. Lohfink, J. Scharbert, E. Zenger. 192 Seiten. ISBN 3-451-02104-8

**105** **Auferstehung Jesu – Auferstehung der Christen**
I. Broer, P. Fiedler, H. Gollinger, I. Maisch, J. M. Nützel, L. Oberlinner (Hg.), D. Zeller. 200 Seiten. ISBN 3-451-02105-6

**106** **Seele – Problembegriff christlicher Eschatologie**
W. Breuning (Hg.), R. Friedli, G. Greshake, E. Haag, G. Haeffner, O. H. Pesch, H. Verweyen. 224 Seiten. ISBN 3-451-02106-4

**107** **Liturgie – ein vergessenes Thema der Theologie?**
A. Angenendt, D. Emeis, M. M. Garijo-Guembe, A. Kallis, K. Kertelge, A. Th. Khoury, K. Lüdicke, F. Merkel, J. J. Petuchowski, K. Richter (Hg.), R. Sauer, H. Vorgrimler, P. Weimar. 2. Auflage, 192 Seiten. ISBN 3-451-02107-2

**108** **Das Gesetz im Neuen Testament**
J. Beutler, I. Broer, G. Dautzenberg, P. Fiedler, H. Frankemölle, K. Kertelge (Hg.), J. Lambrecht, K. Müller, F. Mußner, W. Radl, A. Weiser. 240 Seiten. ISBN 3-451-02108-0

**109** **Theorie der Sprachhandlungen und heutige Ekklesiologie**
L. Averkamp. (Einf.), W. Beinert, N. Brox, E. Coreth, F. Courth, K. Demmer, A. Halder, F.-L. Hossfeld, P. Hünermann, R. Schaeffler. 184 Seiten. ISBN 3-451-02109-9

**110** **Unterwegs zur Kirche.** Alttestamentliche Konzeptionen
W. Breuning, H. F. Fuhs, W. Groß, F.-L. Hossfeld, N. Lohfink, J. Schreiner (Hg.), Th. Seidl. 200 Seiten. ISBN 3-451-02110-2

**111** **Hans-Josef Klauck, Judas – ein Jünger des Herrn** 160 Seiten. ISBN 3-451-02111-0

**112** **Der Prozeß gegen Jesus**
J. Blank, I. Broer, J. Gnilka, K. Kertelge (Hg.), F. Lentzen-Deis, K. Müller, W. Radl, H. Ritt, G. Schneider. 240 Seiten. ISBN 3-451-02112-9

**113** **Tiefenpsychologische Deutung des Glaubens?** Anfragen an Eugen Drewermann
H. Bürkle, E. Dassmann, F. Furger, A. Görres, W. Kasper, R. Schnackenburg, J. Splett, J. Sudbrack. 176 Seiten. ISBN 3-451-02113-7

**114** **Jürgen Moltmann, Was ist heute Theologie?** 104 Seiten. ISBN 3-451-02114-5

HERDER FREIBURG · BASEL · WIEN